# GIANE

# GIANE

## VIDA, ARTE E LUTA

### Guilherme Fiuza

PRIMEIRA PESSOA

PESQUISA: Débora Thomé

REVISÃO: Ana Grillo e Rafaella Lemos

ÍNDICE REMISSIVO: Gabriella Russano

PROJETO GRÁFICO E DIAGRAMAÇÃO: Marcia Raed

DIAGRAMAÇÃO DO CADERNO DE FOTOS: Ana Paula Daudt Brandão

CAPA: Raul Fernandes

FOTO DE CAPA: Christian Gaul

IMPRESSÃO E ACABAMENTO: Lis Gráfica e Editora Ltda.


CIP-BRASIL. CATALOGAÇÃO-NA-FONTE
SINDICATO NACIONAL DOS EDITORES DE LIVROS, RJ

F585g

Fiuza, Guilherme, 1965-
    Giane / Guilherme Fiuza; Rio de Janeiro: Sextante, 2012.
    304 p.; il.; 16x23 cm

    ISBN 978-85-7542-877-1

    1. Gianecchini, Reynaldo. 2. Atores – Brasil – Biografia. I. Título.

12-8208                                          CDD: 927.92
                                                 CDU: 929:7.071.2

Todos os direitos reservados, no Brasil, por GMT Editores Ltda.
Rua Voluntários da Pátria, 45 – Gr. 1.404 – Botafogo
22270-000 – Rio de Janeiro – RJ
Tel.: (21) 2538-4100 – Fax: (21) 2286-9244
E-mail: atendimento@esextante.com.br
www.sextante.com.br

# Sumário

# Nota do autor

Saí com pressa de um almoço com o editor Hélio Sussekind, numa tarde de abril de 2012. Tínhamos acabado de fechar o projeto de um livro que eu deveria entregar à Editora Sextante em um ano. Era pouco tempo. Já tinha me prometido não entrar mais em empreitadas biográficas com prazos "jornalísticos", isto é, tendo que escrever um livro inteiro com a corda no pescoço desde o primeiro dia. Por isso minha pressa já ali na calçada, em frente ao shopping onde tínhamos almoçado.

Enquanto nos despedíamos, Hélio comentou de passagem que estava tentando contatar Reynaldo Gianecchini. Queria produzir um livro contando a história do ator, mas não estava conseguindo falar com ele. Me ofereci, por amizade, para tentar o contato através de Marília Gabriela. Não custava nada.

Cheguei ao meu escritório e mandei um e-mail para a jornalista Maria Helena Amaral, minha amiga, diretora dos programas de Gabi. Pedi a ela que, se possível, fizesse chegar a Gianecchini o interesse da Sextante em conversar com ele. Alguns minutos depois, Maria Helena me ligou.

Estava vibrante no telefone – o que não queria dizer nada, porque Maria Helena é vibrante. Mas havia um motivo especial: por uma enorme coincidência, quando abrira meu e-mail, Gianecchini estava na frente dela. Estavam gravando com ele o *Marília Gabriela Entre-*

*vista*, no GNT, e ela já tinha transmitido o meu recado. E tinha mais: Giane estava disposto a falar de sua vida para o meu livro.

A enorme coincidência se transformara num enorme mal-entendido. Meu e-mail não fora suficientemente claro, e lá estava eu tendo de explicar, constrangido, que o livro não seria feito por mim. Meu papel no projeto era só mandar um e-mail.

Apesar da minha explicação, agora bem clara, de que eu assinaria no dia seguinte o contrato para outro livro, acho que Maria Helena nem ouviu essa parte. Continuou animada com o "meu" projeto de escrever sobre Gianecchini e passou meu telefone a ele. Giane me ligou, esclareci novamente o mal-entendido e fiquei de almoçar com ele para terminar de fazer a ponte com a editora e sair de cena.

Avisei logo ao Hélio Sussekind que o contato com o ator estava feito. Ele agradeceu, mas disse que minha missão não estava completa: faltava escrever o livro.

Eu disse que ele estava louco, porque tínhamos acabado de acertar outro projeto. Ele respondeu que louco estava eu, recusando a grande história do momento.

No que conheci Gianecchini pessoalmente, deixei no ato de ser só o intermediário. Muito além do estrelato e da luta pela vida, ali estava uma pessoa rara, passageiro de uma trajetória surpreendente que quase ninguém conhecia (nem o Hélio): Giane vivera em menos de 40 anos o que a maioria não vive em mais de 80.

A ficha caiu. Só havia um problema: pelo cronograma do novo projeto, em vez de um ano, eu teria quatro meses para entregar o livro. Hélio encontrou a solução científica: "Depois você descansa." E eu concordei. Afinal, quem faz questão de dormir todas as noites?

Os dois estavam loucos. Ainda bem.

As quase 50 horas de entrevistas com Gianecchini e com atores, diretores, autores, médicos, familiares, amigos e outros – bem como a pesquisa jornalística e documental cobrindo quatro décadas – não teria sido possível sem a assistência precisa da jornalista Débora Thomé.

A produção deste livro em tempo recorde seria inviável sem a "operação de guerra" comandada pelo editor Marcos da Veiga Pereira, diretor da Sextante, e todos os membros da sua força-tarefa.

A jornalista Sylvia Abramson, companheira de todas as jornadas, tirou o texto das gravações quase em ritmo de psicografia. A produtora Erika Freddo enfrentou (e venceu) todas as bruxas da informática que tentaram sabotar o projeto.

Agradeço, sempre, aos mestres da pena com os quais tive o privilégio de aprender uma ou outra coisa: Zuenir Ventura, Domingos Oliveira, Pedro Cardoso, Fernando Gabeira, Fernando Morais, Ruy Castro, Antônio Torres, João Saldanha, Euclydes Marinho, Denise Bandeira, Nelson Motta e Agamenon Mendes Pedreira.

Meu agradecimento também às fontes e personagens desta história, incluindo o próprio Reynaldo Gianecchini, por aceitarem minha proposta de que falassem de tudo, mesmo quando fosse mais cômodo não falar; e especialmente a Maria Helena Amaral, que sempre sabe antes de mim o que eu vou fazer.

Nessa maratona, vários dos meus entrevistados resistiram a horas seguidas de gravação. E aí o recorde ficou com Gianecchini: eu nunca tinha visto, em 25 anos de carreira, alguém capaz de dar entrevista por sete horas sem parar. Por maior que seja a resistência física, ali pela quarta hora a cabeça começa a falhar e o trabalho desanda.

Não com o Giane. Mas agora já sei por quê: tudo com ele é diferente. Duvida? Então veja com os seus próprios olhos.

# Que não é o que não pode ser que não...

A movimentação no oitavo andar do hospital Sírio-Libanês, em São Paulo, indicava urgência. Um vaivém repentino de enfermeiras agitadas, transparecendo certo nervosismo, prenunciava o provável atendimento a algum paciente grave – que logo surgiu no corredor. Mas não estava de maca nem acompanhado por médicos.

O paciente que provocava o alvoroço entre as enfermeiras estava ótimo. Caminhava sozinho, cumprimentando a todos com um dos sorrisos mais famosos do Brasil.

Em passos firmes, corpo atlético precariamente coberto pela roupa hospitalar, o ator Reynaldo Gianecchini se deslocava em direção ao elevador com amplo apoio da equipe de enfermagem. Eram várias moças de branco para apontar-lhe o caminho, ampará-lo, perguntar-lhe se estava tudo bem mesmo, chamar o elevador, esperar o elevador. Seu destino era o segundo andar do hospital, onde ficava a sala dos aparelhos de ginástica.

Jamais se vira ali tanta mobilização da enfermaria com um paciente que estivesse indo malhar.

E as enfermeiras ficavam um pouco mais nervosas quando o ator, diante de tanta solicitude, olhava nos olhos de uma delas e soltava um "obrigado" com seu timbre grave de veludo. Definitivamente, elas não podiam deixá-lo sozinho.

Foi assim que a empresária de Gianecchini, Márcia Marbá, de passagem pelo hospital, deparou-se com o quadro peculiar: o ator fazendo esteira em trajes hospitalares, com uma bela enfermeira ao lado vigiando os movimentos da massa de 86kg compactados em 1,85m de altura, mal contida naquele tecido sumário. Márcia ainda pôde ouvir parte do que a enfermeira dizia ao paciente.

Era uma orientação sobre roupas adequadas para ginástica – o que, na literatura médica, queria dizer papo furado. Mas nem tudo ali era superficialidade: os olhares pareciam bem profundos.

No final do atendimento, a dedicada enfermeira levou de presente mais um sorriso fulminante do astro. Já sozinha com ele, Márcia não se fez de distraída:

– Pelo amor de Deus, Giane. Até aqui?! Isso é um hospital, cara...

O sorriso acendeu de novo, agora na versão não angelical:

– Isso é um hospital, mas eu não tô morto, né?

A roupa de ginástica ainda não tinha chegado, mas ele já tinha mandado buscar. A temporada no Sírio talvez lhe desse tempo para algumas sessões de malhação. Ou para muitas. Havia uma série de exames previstos, além dos vários que Gianecchini já fizera nas semanas anteriores, por causa de um quadro de saúde instável.

Todos os exames tinham tido resultado idêntico: um grande ponto de interrogação. Mas o último recomendara a internação – para investigação de uma hipótese mais grave.

Os dois primeiros exames da nova série, no entanto, também não chegariam a conclusão alguma. A essa altura, sentindo-se muito bem, o ator sentenciou à sua empresária:

– Tá vendo, Márcia? Os médicos não encontram nada. Estão procurando uma coisa que não existe.

A coisa que não existe tinha dado seu primeiro aviso mais de um mês antes. Na noite de 28 de maio de 2011, Reynaldo Gianecchini foi jantar com cinco fãs no hotel Hyatt, em São Paulo. Não era uma concessão à tietagem. Ele não teria saído de casa naquela noite se não fosse um compromisso profissional.

Os cinco acompanhantes tinham ganhado o jantar com Gianecchini num sorteio. A promoção fazia parte da campanha publicitária do papel higiênico Neve, estrelada pelo ator. No comercial de TV, uma mulher impressiona a amiga chamando seu mordomo para mostrar a maciez do produto de folha tripla. "Alfredo" chega com o papel higiênico numa bandeja e a patroa acaricia a "folha tripla" do empregado galã – paletó, camisa e pele.

– Que aveludado! – exulta a amiga, acariciando também.

Quando o olhar de estátua do mordomo Gianecchini dá uma escorregada em direção às moças derretidas, ele é friamente dispensado:

– Se anima não, Alfredo. A gente tá falando do Neve.

A piada com a beleza do ator transformou o comercial em sucesso instantâneo – num momento em que a vida real do "Alfredo" não estava nada engraçada.

Após um problema administrativo em seu escritório particular, o ator sofrera um forte baque financeiro. Uma varredura contábil indicara uma séria perda de patrimônio, e ele passara por uma fase de grande abatimento. Foi nesse momento que Márcia Marbá o conheceu, procurada para assessorá-lo e, objetivamente, gerenciar a corrida atrás do prejuízo.

De saída, o caminho natural era intensificar o trabalho de Gianecchini com publicidade – terreno em geral fértil para ele. Não associaria sua imagem a qualquer produto, mas também não ficaria seletivo demais. Surgiu, então, dentre as propostas consideráveis pelo nível do cachê, a campanha de um shopping center no Piauí.

Márcia achava que uma personalidade nacional não deveria se desgastar no varejo das propagandas regionais, mas o anunciante pagava bem e o projeto era sério. O ator bateu o martelo:

– Tudo bem, vamos encarar. Qual é o nome do shopping?

– Pintos Shopping.

– Pintos?!

Era o nome familiar do empreendimento, que era bastante tradicional em Teresina e, por isso, passava longe das piadas e dos trocadilhos. Como o comercial iria ao ar apenas na TV local, não havia risco.

Só faltou alguém prestar a devida atenção ao slogan: "Pintos Shopping: tudo que você mais gosta, no lugar que você sempre quis." Ninguém precisaria fazer piada – ela já estava pronta.

E faltou lembrar de uma coisa chamada internet, onde tudo que é local pode ser nacional ou mundial em segundos. Especialmente se envolver o embaraço de celebridades. Naturalmente, logo o Brasil todo estava se divertindo com o galã que oferecia Pintos.

O convite para a propaganda do Neve veio em seguida. E aí a conversa era outra: campanha nacional, de primeira grandeza, criada sob medida para uma estrela da TV, ou melhor, para Reynaldo Gianecchini, com um cachê de gente grande, que não poderia chegar em melhor hora. Mas dessa vez o ator recuou. E foi o primeiro a fazer a piada, assim que Márcia veio com o convite:

– Muito bom. Depois do pinto, o papel higiênico. Assim eu vou longe...

A empresária já tinha pensado nisso. E decidiu fazer do limão uma limonada. Mostrou ao contratante os riscos de a imagem do ator ficar, por assim dizer, rondando o banheiro. Ou seja: o cachê era fantástico, mas precisava ser mais do que fantástico.

Após quase três meses de uma negociação que incluiu até corte de vaso sanitário do roteiro, em janeiro de 2011 Gianecchini virou um dos mordomos mais bem pagos da TV. Em maio, com os felizardos que compraram o papel higiênico e ganharam um jantar de gala, o ator esbanjou simpatia até na visita à cozinha do Hyatt.

Sentada numa mesa ao lado com o pessoal de marketing do anunciante, Márcia Marbá demorou a perceber que os sorrisos de Gianec-chini naquela noite eram quase heroicos.

Terminado o jantar, ficaram todos de pé para a foto prevista na promoção. Márcia se aproximou do ator e achou que ele estava tremendo. Foi cumprimentá-lo e constatou que, além de trêmulo, a camisa por debaixo do paletó estava grudada de suor – quando a temperatura em São Paulo era de 13 graus. Ele continuava sorrindo.

E ficou firme até a última conversa fiada antes do encerramento do evento.

Quando enfim se dirigiram à saída do hotel, a empresária tirou sua pashmina e o embrulhou nela até entrarem no carro. Só lá dentro, com as portas fechadas, ele se abriu:

– Não aguento mais dar um passo. Não sei o que me aconteceu, tô muito mal.

Além da febre de 40 graus, tinham aparecido gânglios no pescoço. Devia ser uma infecção na garganta. No dia seguinte, a empresária quis saber como estavam os gânglios. "Estão na virilha", informou ele. O problema estava andando pelo seu corpo, e não cedia. Nem revelava sua causa.

Foi aconselhado a procurar um gastroenterologista, já que a virilha incomodava mais do que a garganta. Foi examinado pelo doutor Raul Cutait, que cravou o diagnóstico: hérnia inguinal. Era bom saber enfim o que tinha, mas não era muito bom saber a solução: não, não era possível tratar sem cirurgia.

Gianecchini estava a duas semanas de estrear a peça *Cruel*, com direção de Elias Andreato. Seu personagem era basicamente o oposto do homem que jantava com os fãs até depois de meia-noite, ardendo em febre, sem economizar simpatia (sincera). O vilão criado pelo autor sueco August Strindberg tinha no rancor a sua razão de viver. Destruía emocionalmente o marido de sua ex-mulher, jogando-o contra ela, numa sórdida manipulação psicológica.

O papel pesado exigia que o ator se transfigurasse, encontrando-se com seus piores instintos, fustigados pelo diretor:

– Giane, eu quero ver a sua violência!

O projeto de *Cruel* surgira a partir do sucesso de *Passione*, novela de Sílvio de Abreu que terminara em janeiro. Na TV Globo, a diretora Denise Saraceni também quisera ver a violência de Giane. Interpretando Fred, o primeiro vilão de sua carreira, ele formara com Mariana Ximenes um casal de vigaristas que ia para a cama depois de cada golpe, tamanha a excitação que a canalhice lhes proporcionava.

O mergulho do ator apolíneo de alma pura no território da maldade lhe trouxera certo transtorno pessoal. Se vira pela primeira vez irado no trânsito, xingando, querendo passar por cima dos imbecis em seu caminho – e tendo que contar até dez para lembrar que quem só via imbecis à sua volta era Fred, e não Giane. No estúdio da novela, o alvoroço do personagem também o levara a uma situação inédita.

Ao iniciar uma cena densa com Vera Holtz (sua mãe na história), em que a questionaria sobre o suicídio de seu pai – e precisando alcançar forte carga emocional –, ele parou de repente. Disse que não ia mais gravar.

No que a direção gritou "gravando", Gianecchini abandonou o texto do personagem e disparou:

– Não dá, não. Não vou fazer! Com essa bagunça no estúdio é impossível.

Em dez anos de TV Globo, ninguém nunca o vira assim, possesso. E ele continuou:

– Vocês pensam que é só chegar aqui e falar "chora", no meio dessa feira, e a gente entra e arrasa?! Não é assim, não. Quando puderem fazer silêncio e eu puder me concentrar, vocês me avisem.

Era Giane falando, mas parecia Fred. Não era uma explosão gratuita, de fato havia barulho e dispersão no set. Mas Gianecchini era o mister gentileza, jamais seria tão áspero com a equipe de gravação. Ele estava diferente.

Com a indicação de cirurgia da hérnia, o ator interrompeu os ensaios de *Cruel* e se internou no Sírio-Libanês. Correu tudo bem e a alta veio em dois dias. Em mais dois dias, porém, a virilha voltou a inchar. Não tinha corrido tudo bem.

E o pescoço agora também inchava, com os gânglios brotando em vários pontos e em maior quantidade. Aparentemente, ele operara uma hérnia que não era hérnia.

Voltou ao gastroenterologista, que o encaminhou a um infectologista, David Uip. Fez nova bateria de exames.

*Cruel* estreou no dia 27 de junho, e logo Gianecchini começaria a subir ao palco febril. Os exames não concluíam nada, portanto não havia como se tratar. Ou melhor, se tratava pulando de receita em receita. O remédio certo era sempre o que ele ainda não tomara. Passou a ter dores espalhadas pelo corpo, o que às vezes o impedia de dormir.

O mal-estar físico e mental, que flertava com o espírito pesado de seu personagem, começou a encurralá-lo. Num dos vários momentos de sufoco, Giane ligou para sua mãe. Ao seu estilo, minimizou a barra pesada por que estava passando, comentando com ela que estava com "uns carocinhos" e um pouco cansado. Mas Heloísa conhecia bem seu filho e enxergou tudo:

– Estou indo pra aí.

Ele disse a ela que não fosse, que estava se cuidando e ia ficar tudo bem. Até porque, para sua mãe, naquele momento, "ir para aí" significava uma epopeia.

Heloísa morava em Birigui, no interior de São Paulo, onde o filho nascera – a mais de 500km da capital, onde ele estava agora. E ela vinha tendo que ficar parte do tempo em Uberaba, Minas Gerais, onde seu pai falecera e sua mãe, sofrendo de Alzheimer, passara a precisar dela.

Enquanto se desdobrava para atender a mãe, Heloísa notou que seu marido, Reynaldo, exuberante e bom de garfo como manda o sangue italiano, andava quieto e sem apetite. Avesso a médicos, ele concordou em fazer exames só para se livrar da teimosia da esposa. Mas não poderia mais se livrar do câncer que tomara o seu pâncreas.

Heloísa levou Reynaldo para se tratar em Ribeirão Preto, continuou assistindo a mãe em Uberaba e agora ia para São Paulo cuidar do filho.

– Não faz sentido vir pra cá, mãe. A senhora é uma só.

Ledo engano. Heloísa era várias. Aportou no apartamento do filho decidida a só sair de lá quando ele estivesse bom.

Não era de mimar, e Giane também não era de se queixar. Mas ela sabia exatamente quando ele estava vulnerável, desde menino. Aos 8 anos de idade, ele teve a prova clara de que, nessas horas, não havia obstáculo para a ação protetora da mãe.

Professores, Heloísa e Reynaldo trabalhavam o dia todo e só chegavam em casa na hora do jantar, às vezes depois. Para compensar a ausência, decidiram fazer da casa território livre para os três filhos, Cláudia, Roberta e Reynaldo – e para quantos amigos eles quisessem levar para lá.

O imóvel era bem espaçoso para uma família de classe média. Mesmo tendo um bom quintal, valia jogar bola na sala também. Volta e meia tinha uma janela quebrada, mas a dona da casa nem investigava o infrator. Manter a casa cheia – de gente e de vida – não tinha preço para ela.

A residência dos Gianecchini se tornara ponto de encontro da garotada de Birigui. Ainda assim, a jornada puxada de Heloísa e Reynaldo fora de casa era sentida pelos filhos. Júnior, como o caçula era chamado para diferenciar do pai, acabou criando um ritual: depois de jantar, ia para a cama do casal e ficava vendo TV até eles chegarem. Às vezes caía no sono antes disso e sonhava com seu Nirvana: dormir a noite toda com os pais.

Mas essa liberdade territorial não estava na constituição familiar. Fora uma ou outra colher de chá, ele acordava em seu quarto, expulso do paraíso.

Um dia, o menino chegou em casa sangrando muito, com o joelho rasgado numa brincadeira de rua. O corte largo e profundo foi costurado com vários pontos, e a perna precisaria ficar imóvel para que o ferimento cicatrizasse. Para o pequeno Giane, sempre positivo e atuante, a vida sem correr, jogar bola e subir em árvore era prisão. Heloísa viu o filho abatido, vulnerável. O coração de mãe apertado atropelou o protocolo: ela pôs um colchão ao lado de sua cama.

Até que se curasse, o caçula ia "morar" no quarto dos sonhos.

Ali tinha o conforto de sentir o cheiro dos pais. E tinha ar-condicionado. Birigui era um forno, afundada num vale no oeste paulista, e esse atrativo (que não existia no resto da casa) valia quase tanto quanto amor de mãe.

Mas a grande sensação do paraíso era o outro eletrodoméstico, que também só tinha lá. Júnior era louco por TV desde que se entendia por gente. E não era por hábito da família. Se dependesse dos outros, a telinha poderia passar um dia inteiro apagada. Já ele assistia de tudo, menos futebol.

O professor de química Reynaldo Gianecchini era torcedor fanático do Palmeiras, mas via jogo até do Arranca Toco. O menino sentia que o futebol lhe roubava o pouco tempo livre do pai e tomou horror. Só a voz animada dos locutores já lhe dava urticária. Preferia as novelas e os filmes, mas encarava também os programas jornalísticos e de variedades.

A TV lhe trazia o mundo além-Birigui e era sua parceira num segredo: aos 8 anos de idade, ele já sabia que iria embora dali.

Ninguém em sua numerosa família deixara o interior, e ele também nunca conversara com ninguém sobre isso. Apenas tinha essa certeza, íntima e plena. O menino nascido em 1972 entrava na década de 80 ligado nas novidades que a televisão trazia sobre os novos tempos – de abertura política e liberação de costumes. Hospedado no quarto dos pais, sem poder ir para a rua com seu joelho imóvel, Júnior acordava e nem precisava levantar para ligar a TV (que não tinha controle remoto), quase colada no seu colchão.

Dentre as novidades matinais estava um programa meio diferente de tudo, chamado *TV Mulher*, na Globo. Não era para sua idade, mas ele ficou fascinado.

O pequeno Giane estranhava certas coisas comuns ao seu universo interiorano, como a mãe vigiar os namoricos da irmã mais velha na sala. De repente, na tela à sua frente, surgiu uma mulher magnética, quase exótica, com uma farta cabeleira encaracolada e umas ideias diferentes – que faziam com que ele mesmo se sentisse menos estranho no mundo. Passou a se encontrar todas as manhãs com a jornalista Marília Gabriela, que apresentava o tal programa.

A voz forte que saía daquela linda boca reforçava o chamado para mergulhar na TV e sonhar com a vida gigante que o esperava do outro lado da tela.

O ferimento no joelho sarou mais rápido que os gânglios. Mas a prontidão de Heloísa, 30 anos depois, era a mesma. Serena, discretamente forte, ela permanecia ao lado do filho, no apartamento dele em São Paulo, à espera do diagnóstico que não vinha.

As bactérias ou vírus que atacavam Gianecchini insistiam em não se acusar ao infectologista, apesar do variado repertório de exames. Partiram então para um PET scan, fotografia corporal completa. O resultado mostrou que os gânglios estavam por toda parte. Um mês e meio depois do jantar com os sorteados do Neve, era solicitada uma análise dos gânglios.

Na nova etapa de espera, os inchaços começaram a aumentar.

Giane achou que podia ser uma reação alérgica aos vários remédios que estava tomando e resolveu ligar para o médico. Àquela altura, se além da doença ele tivesse que se tratar da medicação (que não estava adiantando nada), sua paciência poderia finalmente acabar.

Do outro lado da linha, o doutor David lhe disse que não era mais o caso de tomar remédios. A biópsia dos gânglios ficara pronta, e a notícia não era boa.

Giane ouviu, desligou o telefone, levantou-se da cama e foi até a cozinha, onde Heloísa preparava o jantar. Não encontrou outra forma de dizer a ela:

– Mãe, estou com câncer.

Heloísa só desligou as bocas do fogão, pegou a bolsa e foi com o filho para o hospital. Em silêncio.

# O medo me chama

— Não é câncer. Não tenho o perfil de quem tem câncer.

Reynaldo Gianecchini estava com sua mãe no hospital Sírio-Libanês, duas semanas depois do laudo que apontava a origem cancerígena de seus gânglios. E não estava delirando. Desde que se internara, sua mente já dera várias voltas ao mundo buscando o sentido da notícia aterradora. Mas não tinha enlouquecido ao afirmar que não estava com a doença.

No caminho silencioso com Heloísa de casa para o hospital, entre desligar o telefone com o médico e se internar, Giane fizera uma limpa em sua cabeça. Instantaneamente, a bomba do câncer tinha transformado em pó seus planos, seu trabalho, sua peça em cartaz, suas convicções, sua noção da vida e de si mesmo. Tudo zerado.

Não sabia em que direção caminhar, até porque não era possível caminhar sem chão. "Câncer no sistema linfático..." Aquele diagnóstico lúgubre ficava piscando no seu pensamento como alerta de incêndio num avião a 10 mil metros de altura. E ele nem lembrava que tinha um sistema linfático.

O fato era que aquele sistema, essencial para a imunidade, percorria seu corpo todo – e agora estava servindo para espalhar o mal. Não era como um tumor no pulmão, que se pode localizar, recortar e jogar fora. O endereço do seu câncer era da cabeça aos pés. A única ideia sensata que lhe aparecia naquele momento era acordar do pesadelo.

E de repente isso começou a acontecer. O primeiro exame feito pela equipe de hematologia do Sírio, chefiada pela Dra. Yana Novis, deu resultado duvidoso. Era uma revisão da biópsia feita em um dos gânglios e os elementos encontrados não batiam com a análise anterior. Isto é: ainda não se podia afirmar com segurança o que Gianecchini tinha. A segunda análise encontrara um linfoma (o nome do câncer) diferente do primeiro, o que era impossível. Enquanto não se confirmasse 100% um dos tipos, podia até ser nenhum.

Ao mesmo tempo que a dúvida se instalava, o estado geral do ator melhorava. Rapidamente. Todos os seus inchaços cederam com o uso de cortisona. Na chegada ao hospital, os gânglios do pescoço estavam tão grandes que ameaçavam comprimir a traqueia e asfixiá-lo. A normalização veloz voltava a lhe sugerir que seu problema era alérgico. E com a disposição física inteiramente recuperada, ele não se sentia mais doente.

O encontro com a Dra. Yana também lhe fizera bem. Uma das maiores autoridades do país em transplante de medula e doenças sanguíneas – formada pelo Fred Hutchinson Center, em Seattle, nos Estados Unidos, referência em pesquisa de câncer –, ela tinha duas características que o conquistaram de saída: precisão e serenidade. Era tudo o que ele precisava naquela gincana de incertezas.

Jovem, bonita e absolutamente discreta – combinação não muito comum –, Yana Novis trouxe segurança a Giane. E otimismo. Diante da dificuldade do diagnóstico, ela decidiu enviar seu exame para análise na Harvard Medical School, em Boston. Ele viu que, com Yana, a chance de fazer qualquer tratamento precipitado ou incerto era zero. E aconteceu que, também nos Estados Unidos, a conclusão não surgiu de imediato. Estava difícil constatar que ele tinha câncer.

Giane se sentiu acordando do pesadelo. E proferiu a sentença, na conversa com sua empresária Márcia Marbá, entre sessões de esteira na sala de ginástica do hospital: "Os médicos estão procurando o que não existe."

Disse o mesmo à sua mãe. Heloísa, que não dourava a pílula, quis saber por que ele achava aquilo. O filho respondeu que seu perfil não tinha a ver com doentes de câncer:

– Eu sou saudável, alegre, de bem com a vida. Não tenho isso, não, mãe. Não é possível.

Heloísa conhecia bem a mistura de intuição e determinação do filho. E aprendera desde muito cedo a não duvidar dela. Quando Giane tinha 6 anos, ainda aprendendo a escrever, fazia muitos desenhos – tanto nos trabalhos escolares como em casa. Um dia chegou do colégio, que ficava no mesmo quarteirão de casa, com uma novidade um pouco diferente:

– Mãe, participei de um concurso. O prêmio é uma bicicleta. Eu vou ganhar e vou dar pra senhora.

Heloísa achou engraçada aquela história que já vinha com final feliz e ponderou:

– Que bom, filho. Mas a mamãe não anda de bicicleta...

– Tá. Então eu vou dar pra minha irmã.

Exercendo o cargo de delegada de educação do estado em Birigui, Heloísa trabalhava muito e estava com a cabeça cheia. Deu um pouco mais de atenção à conversa do filho, no piloto automático:

– Tá ótimo. E o que você fez nesse concurso?

– Fiz um desenho. Fiz a senhora empurrando um carrinho de bebê com a minha irmã dentro.

Heloísa disse que ficava supercontente com a homenagem, fez um afago no menino e mudou de canal. Dois dias depois estava trabalhando na delegacia de educação e foi procurada por um funcionário da escola de Giane:

– Dona Heloísa, seu filho venceu o concurso municipal de desenho. O prêmio é uma bicicleta. Vai ser entregue amanhã, na praça da cidade.

A mãe orgulhosa (e impressionada) foi com o filho receber o prêmio e ficou levemente desconcertada. A bicicleta era grande para a idade dele. Manobrou rapidamente, para evitar o anticlímax:

– Não tem problema, Júnior. A gente troca!

Ele retrucou:

– Não, mãe! Você esqueceu? Eu vou dar a bicicleta pra minha irmã.

Reynaldo Cisotto Gianecchini Júnior fora assim desde sempre. Às vezes parecia que tinha vindo com o livro da vida dentro da cabeça, tal a sua capacidade de antever as coisas.

Certa vez, já adolescente, ouviu uma promessa da mãe. Ela e o pai dele tinham feito um esforço orçamentário para que Cláudia, a mais velha, pudesse participar de uma excursão ao Japão. Heloísa foi conversar com o caçula para garantir-lhe que a vez dele também chegaria. Mas quem a confortou foi o garoto:

– Não precisa se preocupar com isso, não, mãe. Com a minha profissão eu vou conhecer o mundo todo.

A profissão em si ainda não estava decidida. Mas esse detalhe não arranhava a sua certeza. E naquele pesado julho de 2011, diante do filho que já conhecera o mundo todo com a sua profissão, Heloísa não tinha por que não acreditar na promessa dele de que não seria vítima do câncer.

A produção do espetáculo *Cruel* lamentava, mas devolveria novamente o dinheiro dos ingressos aos espectadores. Mais uma vez a sessão estava cancelada, pelo mesmo motivo: o ator Reynaldo Gianecchini se encontrava em tratamento de uma faringite aguda.

Desde que começara a se sentir melhor, após a internação, Giane decidira não comunicar a ninguém o que estava se passando com ele. Até porque ele mesmo não sabia direito o que era. Estava forte, desestressado, retomando os planos para quando deixasse a internação e apurando a forma na sala de ginástica, para alegria da população feminina do hospital.

Mas a libertação do pesadelo não durou muito.

A Dra. Yana considerava fundamental a qualquer tratamento o espírito positivo do paciente e estimulava o otimismo de Gianecchini. Ele gostava do alto-astral da médica, mas sentia que ela não colocaria a animação acima da franqueza. Com seu jeito sóbrio, Yana não parecia bancar sua aposta no resultado negativo do exame.

E o paciente não demorou a ver que os sintomas tinham dado uma trégua com a medicação, mas que o bicho ainda estava lá, fosse ele qual fosse.

Havia reações estranhas, como uma coceira que surgia do nada, sumia e reaparecia em outro lugar. Com a repetição dos inchaços e as recaídas da febre, em dado momento Giane teve que encarar a probabilidade grande de estar mesmo com câncer. E se permitir o pensamento impronunciável: "Pode ser que tenha chegado a minha hora... Cedo, né?"

No que olhou pela primeira vez para a cara da morte, a sua morte, bem de frente, foi tomado por uma calma profunda. Por um momento perdeu de vista os médicos, as enfermeiras, a empresária, a mãe, os parceiros profissionais e afetivos, a legião de fãs. Enxergou com clareza o verdadeiro lugar de todo mortal em sua condição mais pura: a solidão.

E se sentiu forte nesse lugar. Se deu conta de que fora exatamente dali que, ainda menino, vislumbrara o seu caminho – um caminho que o diferenciava de todos os membros da sua família, de todos os exemplos e referências que havia à sua volta no interior, de tudo o que ouvia na escola. A sós consigo, já tinha enfrentado grandes encruzilhadas.

Aos 11 anos, por exemplo, estivera num beco sem saída. Tinha descoberto algo que, quando revelasse, o faria cair em desgraça na família. E a família era tudo.

Seu pai era jogador de basquete, assim como os tios, primos e todos os homens da família, sem exceção. Vários se profissionalizaram, sendo que seu tio Fausto chegara à seleção brasileira. Seu pai se fixara em Birigui e iniciara lá a vida com sua mãe porque fora jogar basquete na cidade. Na primeira memória que tinha de si mesmo, Giane já tinha sua bola de basquete. E se tornar jogador não era uma possibilidade – era um fato da vida, inexorável, como o peixe não decide se vai nadar ou não.

Mas ele era um peixe fora d'água.

Teve essa certeza dentro d'água, debaixo do chuveiro – um dos pontos de encontro habituais do menino com a sua multidão de pensamentos. Adorava jogar basquete e jogava bem. Nos fins de semana, invadia a quadra da escola pulando o muro com seus amigos. Mas aos 11 anos, na meditação do banho, as lágrimas transbordaram: ele não era como os outros. E ia ferir gravemente o código familiar.

Era tão certo quanto o concurso de desenho ou as viagens futuras pelo mundo: ele não ia ser jogador de basquete.

Estava numa situação-limite. O que fazer? Como poderia viver anos carregando aquele segredo maldito? Tão novo ainda, não dava para assumir e sumir, como a ovelha negra de Rita Lee. Sozinho com seu medo, porém, foi sendo tomado de certa excitação. O que seria aquilo? Se não era masoquismo, devia ser coragem. Foi em frente e abriu o jogo com os pais.

A reação de Reynaldo e Heloísa foi estonteante: não tinha problema nenhum. Ele podia ser o que quisesse.

Em sua ética profunda e precoce, o pequeno Giane ficara refém de um falso dilema. Captara os valores essenciais – verdade, amor, justiça, enfim, as coisas que a sua família, com a força das raízes interioranas, lhe transmitia desde o berço. Mas se confundira com o fanatismo esportivo à sua volta. E achara que os valores essenciais eram verdade, amor, justiça... E basquete.

O fato era que, sem saber que a questão não era de vida ou morte, ele a enfrentara. Agora, aos 38 anos, há um mês isolado num hospital sem saber se esperava mais um diagnóstico incerto, a cura ou a morte, Giane sentiu de novo o medo virar desafio.

Estava pronto para a travessia – qualquer uma.

# Saltando do 9º andar

No dia 9 de agosto de 2011 o telefone tocou cedo no escritório de Márcia Marbá. Era um repórter do jornal carioca *O Dia*, querendo falar com ela sobre Gianecchini. Márcia atendeu e levou um susto: o jornalista queria confirmar se o ator estava com câncer. Ela ficou sem ação. Ninguém sabia daquela possibilidade fora do círculo mais íntimo de Giane e dos médicos que o atendiam. Só podia ser um chute. Márcia negou.

Mas o repórter insistiu. Disse que não estava especulando, que sua fonte era segura. A empresária ficou firme. Acompanhara de perto aquele mês de aflição, o delicado processo da busca pelo diagnóstico, altamente cuidadoso e reservado para proteger o ator. O jornalista não poderia ter aquela informação. Com certeza era blefe.

Diante da nova negativa, porém, ele descreveu ao telefone o resultado da biópsia. Disse que Gianecchini tinha um linfoma. E que era melhor ela confirmar, porque ele ia publicar de qualquer jeito.

Márcia não acreditava no que ouvia. Ou melhor: já estava tendo que acreditar, mas não conseguia conter a perplexidade e a revolta. Fez um apelo ao repórter: que ele não publicasse nada, porque não havia diagnóstico conclusivo – e assim que tivesse ela o informaria. Pediu dois dias a ele.

O jornalista respondeu que não podia se comprometer com aquele embargo. Márcia desligou o telefone e ligou de novo quase sem tirá-lo do ouvido:

– Alô, Giane? Olha, se prepara. Vazou.

– Como assim? Vazou o quê?

– Me ligaram do jornal *O Dia*, aqui do Rio. Eles sabem do seu exame. Acho que vão publicar.

Não houve tempo nem para ansiedade. Logo o telefone do ator começou a tocar e não parou mais. Seu e-mail disparou. A cada mensagem que ele abria, chegavam outras dez. A bomba estava no site do jornal:

*"Com suspeita de câncer, Reynaldo Gianecchini está internado no hospital Sírio-Libanês"*

Dali em diante, conforme as leis da física, era fogo morro acima. Na noite daquela terça-feira, o Brasil inteiro já olhava para o 9º andar do Sírio. Para Giane, era como se o Brasil estivesse dentro do seu quarto. Em minutos a segurança do seu refúgio mental fora pelos ares. Fotógrafos e curiosos já cercavam o hospital. Ia ser difícil esperar pela sentença de Harvard com a sua vida (ou morte) na vitrine.

Quem também se sentia numa vitrine – e não estava gostando nada daquilo – era a Dra. Yana Novis. Ela jamais tivera a experiência de pesquisar um diagnóstico daquela complexidade com uma arquibancada olhando por cima dos seus ombros, tentando ver o resultado da loteria.

Se o câncer fosse confirmado nos Estados Unidos, seria certamente um linfoma não-Hodgkin de células T, e a dúvida estava entre os tipos periférico e angioimunoblástico. Com todo aquele assédio, Yana perigava ter seu dia de ministra da Fazenda explicando regra de pacote econômico ao vivo. Isto é, o caos a esperava.

E não demorou. No dia seguinte, 10 de agosto, a Harvard Medical School tinha enfim o resultado definitivo. Reynaldo Gianecchini não só tinha câncer, como estava com o tipo mais raro e agressivo de linfoma – o não-Hodgkin T angioimunoblástico. Para os leigos e, principalmente, para o paciente, importava dizer que aquele tipo de linfoma só poderia ser atacado com transplante de medula. E rápido.

Numa sequência vertiginosa de acontecimentos, Giane se vira arrancado do seu casulo para atender às chamadas dos amigos mais próximos, que tinham recebido a má notícia da pior maneira – pela imprensa e como especulação. Com a confirmação do diagnóstico no dia seguinte, ele completaria quase 24 horas no telefone e na internet – respondendo, explicando e consolando os interlocutores que desmoronavam.

A paz interior para encarar o inimigo se espatifara.

O Sírio-Libanês fervia, por dentro e por fora. Tentando administrar um alvoroço como nunca imaginara em toda a sua carreira de hematologista – sempre envolvendo gravidade e discrição –, Yana achou que a melhor forma de comunicar o diagnóstico ao público seria uma nota sucinta e objetiva. Gianecchini já combinara com sua empresária a divulgação de um comunicado curto, assinado por ele, que poderia sair pela TV Globo. Era o que bastava naquele momento.

Num dos telefonemas para o hospital, Márcia Marbá informou sobre essa nota à assessoria de imprensa do Sírio e mais uma vez não acreditou no que ouviu. Estava sendo montada uma coletiva dos médicos para a imprensa e a ideia era que o ator também participasse. Sentindo cheiro de circo no ar, Márcia tentou não se exaltar:

– Preste atenção: o Gianecchini não vai dar entrevista, e não vai haver coletiva nenhuma. Nem dos médicos, nem de ninguém.

A coletiva foi abortada e Giane soltou sua nota:

"Após ser internado com suposto sintoma de faringite, foi diagnosticado um linfoma não-Hodgkin. Estão sendo realizados novos exames para a especificação adequada. Estou pronto para a luta e conto com o carinho e o amor de todos vocês."

Mesmo com a emoção da última frase, o tom econômico e a não aparição pública procuravam evitar a novela "jovem galã com câncer". Do alto de sua popularidade, ele sabia que precisaria dirigir um pouco o processo. Se fosse ao mesmo tempo transparente e discreto, poderia dificultar o sensacionalismo. Dissera estar pronto para a luta, mas precisava de paz para entrar forte no combate. Só que a novela já estava no ar.

Fora as informações sobre a saúde do ator, qualquer detalhe do seu dia a dia no hospital valia ouro para o pelotão de repórteres praticamente acampados na porta do Sírio. Acostumado a lidar com imprensa, tendo atuado em casos famosos como a doença e agonia do governador Mário Covas, o infectologista David Uip procurava atender os jornalistas. Informava sobre o estado geral de Gianecchini, tirava dúvidas sobre o tratamento que ia começar.

Depois da biópsia que indicara câncer, quando o ator passou a ser atendido pela equipe da Dra. Yana, Uip continuara acompanhando o processo até o diagnóstico conclusivo. Depois do laudo de Harvard, o caso ficara definitivamente com os hematologistas. Ainda assim o infectologista continuara visitando o paciente com frequência e respondendo sobre ele aos repórteres de plantão.

Giane começava a se sentir exposto demais, com as notícias quase diárias sobre seu tratamento – sem que houvesse novidades para tal.

Na subliteratura que ia se formando em torno do caso dele, tinha um pouco de tudo. Uma das teses que de vez em quando alguém tentava confirmar era de que o ator teria aids. O HIV estava entre as possíveis precondições dos linfomas, o que estimulava essa teoria. David Uip também falou sobre esse assunto com a imprensa. Por meio de entrevista ao portal R7, negou que tivesse citado um resultado negativo no exame de HIV, como fora atribuído a ele:

– Eu disse que foram feitos todos os exames necessários e relativos ao linfoma, e todos deram negativo. Nunca falei em HIV nem citei isso.

Gianecchini não tinha aids – fizera duas vezes o teste de HIV, ambos negativos – e nem cogitou desmentir o boato. Mas sua tolerância com a rede de curiosidades à sua volta acabou.

O vazamento do primeiro diagnóstico da doença para o jornal

*O Dia* tinha partido de uma socialite, que por sua vez obtivera a informação numa festa. Aquilo era muito grave. E mais grave ainda: a fonte dela, comprovadamente bem-informada, dissera que Gianecchini tinha poucas chances de sobreviver. Esse prognóstico também estava circulando em São Paulo e no Rio de Janeiro.

Numa matéria sobre o câncer do ator, a revista *Veja* trazia detalhes de dentro de seu quarto no hospital – inclusive das suas reações e de sua mãe no momento em que receberam a confirmação da doença. Era demais para Giane.

Decidiu, então, que ninguém mais estava autorizado a dar uma palavra sobre ele à imprensa. Deu essa ordem expressamente a todos, inclusive à direção do Sírio-Libanês.

Agora a temporada da peça *Cruel* estava oficialmente suspensa. O contrato para um evento beneficente em Angola estava cancelado. A agenda estava limpa. E o circo, por ora, controlado. Certificou-se, então, de que estava totalmente sozinho – e se mandou dali.

Saiu da estrada de terra e descortinou a imensidão do campo. Caminhou tranquilo embaixo do céu, atravessou todo o bambuzal e seguiu adiante até ouvir o barulho suave do rio. Aproximou-se da margem, tirou as roupas e mergulhou. Ficou ali, deixando seu corpo à mercê do frescor das águas e do seu movimento calmo, a mente quieta boiando junto.

Nadou até a margem e caminhou um pouco mais, deixando o sol e o vento secarem sua pele. Apanhou um cavalo, montou e atravessou os pastos até encontrar a árvore certa – a sua árvore. Apeou, pulou no galho mais baixo e foi galgando a goiabeira até o ponto mais alto que o suportava.

Sentou-se confortavelmente, mirou o horizonte e avistou sua vida inteira.

Reynaldo Gianecchini era ainda um pré-adolescente e já pressentia, embrenhado na fazenda da avó materna, sua direção no mundo. Do alto da goiabeira, a natureza transcendental do campo o fazia ver a cidade grande – que conhecia dos seus sonhos e da televisão. E tinha a certeza de que, quando estivesse lá, a muitos quilômetros do interior, voltaria para o alto da sua árvore em um segundo, sempre que precisasse reencontrar-se consigo.

Heloísa não se preocupava com o sumiço do menino pelo campo. Já sabia que ele gostava de ter seus momentos solitários. E aprendera a respeitar as coisas que ele avistava sozinho – como o concurso de desenho que ele ia ganhar, o jogador de basquete que ele não ia ser e o interior que ele ia deixar para trás. Um dia perguntou ao filho se ele não estava muito apressado com as coisas do futuro. O garoto explicou:

– É que eu já sei o que tem que acontecer, mãe.

No alto da goiabeira, uma vez teve a impressão de que alguém tinha falado com ele. Mas não havia ninguém em volta. "Então fui eu que pensei", concluiu. A sensação se repetiu outras vezes, nítida, mas não era pensamento. Havia uma voz dentro da sua cabeça, que volta e meia dizia coisas que ele não tinha pensado. Talvez fosse alguma coisa que ele mesmo tivesse sentido, ou talvez fosse uma voz do além, ou talvez fosse maluquice.

Desistiu de entender a tal voz. Apenas aprendeu a ouvi-la. E ela voltaria sempre nas (muitas) encruzilhadas da sua vida.

Agora, no quarto 925 do Sírio-Libanês, depois do salto mental para sua árvore, a voz contrariava o prognóstico mórbido repetido nas altas-rodas. Dizia-lhe que ele ia viver.

Giane estava acreditando profundamente nisso ao entrar no centro cirúrgico, dia 17 de agosto, para a colocação do cateter por onde seria injetada a quimioterapia. Era o primeiro passo para o tratamento. Transmitiu seu otimismo à mãe, para tranquilizá-la. Eram nove da noite. Às onze estaria de volta ao quarto.

À meia-noite Heloísa ainda não reencontrara o filho. À uma da manhã perguntou às enfermeiras o que estava acontecendo, porque a cirurgia já durava o dobro do tempo previsto. Às três da manhã, com a total falta de notícias, seu coração disparou. Na mesa de cirurgia, o coração de Giane parou.

# A musa da TV é minha

No último capítulo da novela, a mocinha voltava da lua de mel com seu amor e anunciava à família que estava grávida. Era o final de *Por amor*, de Manoel Carlos, em maio de 1998. Aos 19 anos, Carolina Dieckmann se firmava como revelação da TV Globo, fazendo par romântico com Murilo Benício. Para completar o final feliz, a atriz tinha engravidado junto com a personagem.

No dia de gravar o anúncio da gravidez, porém, Carolina ligou para o diretor da novela, Ricardo Waddington, pedindo para não fazer a cena. Tinha perdido o seu bebê.

– Ricardo, eu não tenho condições de gravar essa cena. Acabei de perder um bebê. Tô muito mal, acho que não consigo mais. Nem agora, nem depois. Será que o Maneco fica chateado se não tiver essa cena?

Waddington telefonou para Manoel Carlos e, em menos de dez minutos, Carolina já estava atendendo à ligação do autor. Maneco lhe disse que a única coisa que queria dela era que ela descansasse. A cena já estava cortada. A gravidez da personagem seria anunciada pela mãe dela, e assunto encerrado. Antes de desligar, Maneco afagou a atriz:

– Carol, quero te dizer que adorei o seu trabalho. E vou escrever uma novela pra você.

Carolina agradeceu a gentileza do autor. Desligou o telefone emocionada com o gesto dele. Sabia que eram palavras de consolo, puro carinho. Mas tinha sido bom ouvir aquilo de um dos reis da teledramaturgia brasileira.

Claro que ele não ia escrever uma novela para ela, e ela nem sabia, na verdade, se voltaria a fazer novelas. Sempre sonhara com arquitetura e, se quisesse mesmo seguir a carreira, estava na hora.

Um ano depois, cuidando do filho recém-nascido, que viera logo após o aborto, a atriz (ou futura arquiteta) recebeu uma carta de Manoel Carlos. Ele dizia que estava escrevendo uma nova novela para Vera Fischer – e para Carolina Dieckmann. "Se uma de vocês duas não puder fazer, a novela não tem sentido", avisou Maneco.

O sonho de arquiteta estava sendo sumariamente adiado para a próxima encarnação. Carol se atracou com a sinopse de *Laços de família*, que o autor já lhe enviara, e só aí entendeu realmente onde estava se metendo. Salvo engano, a personagem escrita para ela, protagonista de um drama altamente original, era candidata a fazer história na TV. E ela não estava enganada.

Só não esperava que o autor e o diretor da novela lhe pregassem uma peça.

Camila, a personagem de Carolina, teria na história duas batalhas épicas. No melhor momento de sua vida, tendo conquistado enfim seu grande amor, descobriria que estava com leucemia. A doença estava na origem da novela: Manoel Carlos desenvolvera a trama a partir de uma nota de jornal, sobre uma mãe que engravidou para salvar a filha do câncer (o bebê nasceria como doador para um transplante de medula).

O novelista queria escrever sobre o assunto porque descobrira que havia uma crise de transplantes de medula no Brasil. O número de voluntários para doação era muito pequeno, por ignorância. A grande maioria das pessoas achava que doar medula óssea era uma operação arriscada – fora os que temiam ficar sem medula.

Maneco decidira mostrar, com a ficção, que a realidade era mais simples: a doação envolvia apenas um exame de sangue e uma punção, para retirada de células-tronco – sem nenhum prejuízo para o doador. Segundo seus cálculos, a personagem de Carolina Dieckmann salvaria muitas vidas reais.

A outra batalha épica de Camila era disputar com a própria mãe o homem que amava. O vértice do triângulo era um médico recém-formado que se apaixonaria pela personagem de Vera Fischer, cerca de 20 anos mais velha. Camila acabaria se apaixonando pelo mesmo personagem, e sua mãe viveria o dilema entre seu amor e a felicidade da filha.

Carolina estava ansiosa para conhecer o ator que carregaria a novela junto com ela e Vera.

O dia do encontro com ele não começou nada bem. Chamada para um teste com seu par na trama, Carol achou que devia haver um mal-entendido. Provavelmente era ensaio, e não teste – já que o autor escrevera a história pensando nela. Chegando ao estúdio do Projac, na Globo, o diretor, que era novamente Ricardo Waddington, confirmou que aquilo era um teste. E que ela precisaria corresponder com o desempenho esperado para ficar de fato com o papel. A atriz se assustou.

Tinha ido para lá relaxada, ou pelo menos não preparada para uma alta performance. Achou que havia algo errado, mas ali não adiantava pedir socorro a Manoel Carlos, nem ao Papa. Ela estava diante do diretor da novela, e ninguém poderia com ele naquele estúdio. Foi então eletrificada pela adrenalina, já afiando os nervos para sua única opção: arrebentar no teste.

Foi então finalmente apresentada ao ator que faria seu par na trama, com quem iria contracenar no teste. E gelou. Não ia dar para arrebentar. Nem para enganar. O que tinha dado na cabeça do diretor? Tinham escalado um iniciante para protagonizar a novela. Ou talvez não protagonizassem nada e fossem limados juntos, depois de se afundarem no teste.

Cumprimentou secamente o tal Reynaldo, do qual ninguém nunca tinha ouvido falar. Para piorar, contrariava o perfil descrito na sinopse – um garotão sarado do Leblon. Ninguém ia se convencer com aquele varapau meio pálido, provavelmente catado às pressas numa passarela. A Globo tinha pirado.

O recrutamento não tinha sido feito numa passarela, mas quase. O produtor de elenco da novela, Luiz Antônio Rocha, fora procurar o bonitão que ia derreter corações de mãe e filha na agência L'Equipe. Examinara algumas opções e pedira para ver o modelo Gianecchini, 27 anos, que assinava o sobrenome puro. Encontraram-se na própria agência e o produtor da Globo o convidou para um teste.

O modelo perguntou-lhe se era para interpretar, ou só para aparecer. Não era por nada, mas se fosse para interpretar, o produtor poderia ir vê-lo no teatro para avaliá-lo melhor. Só então Rocha ficou sabendo que o modelo escolhido por ele para se candidatar à novela era ator. Estava em sua segunda peça profissional – *Boca de Ouro*, de Nelson Rodrigues.

O produtor foi assisti-lo no Teatro Oficina. Ao final, foi sincero:

– Olha, você ainda é bem verde... Mas achei perfeito. É disso que a gente precisa, um cara verde como você.

Marcou ali mesmo a data do teste, e Gianecchini disse que não sabia se poderia fazer. Era dezembro, seu final de ano estava corrido e ele ia embarcar com a mulher para a Austrália.

Era uma parte da verdade. A outra, não dita, era que tinha acabado de conseguir entrar para o grupo de José Celso Martinez Corrêa – onde queria ficar para sempre, se possível – e que achava novela de TV cafona.

O produtor da emissora insistiu. Achando que era só uma questão de calendário, ofereceu-lhe uma data especial: dia 24 de dezembro, logo antes da viagem dele. Uma horinha de manhã não ia atrapalhar sua ceia. E ninguém alega compromisso de trabalho em véspera de Natal.

Gianecchini ainda estava hesitante, quando veio uma informação complementar que transformou totalmente o cenário:

– Esse papel é pra fazer par com a Vera Fischer.

Por volta de 10 da noite, Gianecchini tinha um encontro com uma mulher casada. Estava com 17 anos e absolutamente deslumbrado com ela. O encontro se repetiria diariamente durante um mês, na casa dele. A mulher era Ana, esposa do escritor Euclides da Cunha.

Giane se transferira inteiramente para o personagem Dilermando de Assis, o jovem que se encontrava às escondidas com a amante bem mais velha. O rapaz de Birigui ligava a TV na minissérie *Desejo* e ficava esperando sua musa: Vera Fischer, estonteante no papel da famosa adúltera do início do século XX.

Impressionava-o aquela grande mulher, imponente pela maturidade e pela beleza, incendiada pelo jovem aspirante do Exército, quase um rapaz (vivido por Guilherme Fontes). Aquela sugestão fisgou Giane de jeito. Entre maio e junho de 1990, enquanto durou a minissérie de Glória Perez, ele foi Dilermando de Assis. Alguns meses depois, deixaria Birigui para sempre, em busca do mundo que lhe chegava pela TV. E altamente inspirado pelo seu romance imaginário com Vera Fischer.

Uma década depois, o produtor da Globo continuava explicando: Vera ia interpretar Helena, uma mulher madura que mergulharia numa paixão tórrida com um jovem médico recém-formado, Edu, papel para o qual gostariam de testá-lo e... Não precisava dizer mais nada. Giane podia, claro, 24 de dezembro estava ótimo.

Fez o teste e embarcou para a Austrália sem saber se fora muito bem ou muito mal. Estava nervoso, não sabia se prestava atenção à câmera ou só ao texto, mas mal ou bem cumprira o roteiro – e, afinal de contas, novela era uma coisa cafona. Melhor esquecer. E curtir sua lua de mel, que já durava um ano, com a grande mulher que conhecera ainda menino na TV – e que agora estava ao seu lado, incendiada pelo jovem aspirante a ator. E dessa vez não era sonho.

Em sua fase Dilermando, mobilizado com a história da traição de Ana de Assis, Giane foi assistir à peça *Trair e coçar, é só começar*, em

São Paulo. Pegou carona com uma tia em Birigui e foi à capital, programa raro em sua vida, mas que agora, aos 17 anos, ele fazia sempre que surgia uma chance. Chegou ao Tuca, tomou seu lugar na plateia, e o teatro foi enchendo. Mas o assento ao seu lado ficou vazio.

Quando o espetáculo ia começar, já com as luzes apagadas, a poltrona vizinha foi ocupada. Discreto, com a timidez acentuada pela exuberância da metrópole, Giane deu uma checada com o rabo do olho, meio para baixo, e só viu as pernas – pernas de mulher. Grandes.

Com todo o cuidado, foi prosseguindo com o exame, homeopaticamente. Não podia ser ela, não era possível. Mas a olhada derradeira, em dissimulada diagonal mirando o nada e capturando tudo, não deixou dúvidas: era a rainha das suas manhãs de dez anos antes, da televisão vista do chão aconchegante, no colchão improvisado no quarto dos pais. Era a mulher da *TV Mulher*.

Agora Marília Gabriela estava ao seu lado, ele podia sentir o seu cheiro. Mas durante toda a peça não foi notado nem por um segundo, nem por distração. E no final ela foi embora tão ligeira quanto chegara. Era como se ele a tivesse visto de novo na TV. Dava no mesmo. Marília fora assistir seu namorado, o ex-nadador Rômulo Arantes, que estava no elenco. Restava a Dilermando se transformar em Rômulo. E continuar sonhando.

A uma semana da Copa do Mundo de 1998, na França, a jornalista Marília Gabriela recebeu um telefonema inusitado. Roberto Irineu Marinho, um dos donos das Organizações Globo, tivera um imprevisto e desistira de ir à Copa na última hora. Queria saber se Marília gostaria de ficar com o seu pacote em Paris.

A jornalista não estava propriamente interessada na competição. Mas não dispensou as reservas no hotel Royal Saint-Honoré. Convidou seu filho mais novo, Theodoro, e a amiga Alicinha Cavalcanti, promoter, e foi fazer o passeio inesperado. Como não tinha montado agenda nenhuma, ficou ao sabor do que aparecesse. Falou com alguns amigos que estavam na cidade e um deles, o jornalista Odilon Coutinho, que estava na organização de um desfile da marca Lanvin, convidou-a para jantar com alguns modelos do evento.

Marília achou simpático, mas hesitou. Conversar o que com jovens modelos? Não era preconceito, era só preguiça.

Ao final do desfile, Odilon foi conversar com dois modelos brasileiros. Disse a eles que a jornalista Marília Gabriela estava na cidade e os convidou para conhecê-la aquela noite. Um deles, Caíque, se animou e topou no ato. O outro, Gianecchini, desconversou.

– Acho que não vai dar, Odilon. E também... Conversar o que com essa jornalista? Não vou nem saber o que falar com ela.

Naturalmente, Giane não disse que era íntimo de Gabi no seu imaginário. Depois de vê-la sem ser visto em 1980 e em 1990, ele cruzara de novo com ela num evento, já trabalhando como modelo, e fora outra vez ignorado. Não ia dar para ficar mudo diante dela numa mesa de jantar e ir embora se sentindo invisível mais uma vez.

À noite, no seu quarto, o telefone tocou. Era Caíque:

– Cara, não vou poder ir. Minha namorada tá puta! Me perguntou como é que eu vou deixar de sair com ela pra ir jantar com outra mulher... Não vai dar pra mim.

– Beleza, então também não vou – decidiu Gianecchini, antevendo que sem o colega seu silêncio ficaria ainda mais gritante.

No que desligou, seu telefone tocou de novo. Era Odilon, para confirmar o programa. Giane agradeceu e se desculpou. Estava cansado, ia ficar no hotel. O jornalista insistiu. Disse ao modelo que deixasse de besteira, que não seria um jantar careta, que ele tinha feito um roteirinho legal, com música, ia deixar tudo bem solto, etc.

Ao mesmo tempo que ouvia e continuava dizendo não, Giane ia se vestindo para sair, quase excitado. Achava ainda que não devia, mas o impulso já o atropelara. Em minutos estava na recepção do Royal Saint-Honoré.

Em seu quarto, Marília Gabriela recebera novo telefonema de Odilon. Dissera a ele que não fazia muito sentido sair para conversar com dois modelos que ela nem conhecia e desligara o telefone, indo se arrumar. Nem sabia que agora o programa era com um modelo só.

O combinado com Odilon era que se encontrariam no quarto do hotel e depois iriam jantar. O telefone tocou da recepção, ela atendeu:

– Oi, quem é?

– É o Gianecchini.

– Ah... Você quer subir?

– Bom, eu tô aqui pra isso.

Gabi achou graça naquela resposta. Giane tocou a campainha, ela abriu. E dessa vez o notou. Profundamente.

O roteirinho de Odilon na noite parisiense incluía uma recepção com várias figuras das sociedades paulistana e carioca, a maioria conhecidas da jornalista, que assim ficaria mais à vontade. Mas Marília Gabriela ficaria à vontade, do início ao fim da noite, com uma pessoa só.

Desde que se olharam, ela e Giane não se desgrudaram mais. Os dois que não sabiam o que diriam um ao outro pareciam íntimos. De cara, o modelo desistira de parecer erudito e saíra falando abobrinhas, carregando de propósito no sotaque caipira de Birigui. Gabi morria de rir, e ele logo descobriu que a grande jornalista era melhor ainda no ramo da palhaçada.

A certa altura da noite, um figurão aproximou-se dela para conhecer o seu "jovem namorado". Só aí Giane se lembrou de que estava ao lado de Marília Gabriela, a entidade. Mas já era tarde para se acanhar. A lenda já estava nos seus braços.

A Copa de 98 na França seria inesquecível para Reynaldo Gianecchini, que detestava futebol – e continuaria detestando. O Brasil perderia a final para os anfitriões, mas o jogo dele com Gabi iria para a prorrogação em Nova York, depois em Milão, depois em Los Angeles... A agenda do modelo internacional dava o roteiro da lua de mel.

Na etapa da Austrália, porém, já na virada para o ano 2000, não havia grife nem cachê. Ele decidira abortar a carreira, no auge, para ser ator. Naquele momento, no Rio de Janeiro, a montagem do elenco de *Laços de família* emperrava: estava difícil escolher quem faria Edu, o jovem amante da personagem de Vera Fischer.

O autor Manoel Carlos achava o papel uma ótima oportunidade para o lançamento de um rosto novo, e a Globo assinava embaixo. A ideia era apresentar um galã desses que fazem as mulheres de todas as idades prenderem a respiração. Afinal, ele seduziria mãe e filha. Maneco e o diretor Ricardo Waddington já tinham visto mais de 20 testes e continuavam em dúvida. Além da avaliação técnica, tentavam pressentir o olhar feminino – o que, evidentemente, era possível só até certo ponto para dois homens. O autor resolveu então ir diretamente à fonte.

Chamou sua filha Júlia, de 17 anos, e propôs que ela convidasse pelo menos meia dúzia de amigas para uma reunião importante com ele. Júlia apareceu com oito. Maneco cumprimentou-as, desceu o telão que ocupava quase uma parede inteira de sua cobertura no Leblon, e explicou:

– Vocês estão aqui pra me ajudar a achar o ator da minha novela. Vou exibir vários testes. Só quero que cada uma de vocês me diga, no final, de qual candidato gostaram mais. E por quê.

As nove moças se aninharam em um sofá e duas poltronas e passaram a examinar o material. Alguns suspiros e murmúrios durante os filmetes iam entregando as preferências. Perto do final, porém, elas pararam de assistir. No que o décimo candidato surgiu na tela, todas gritaram ao mesmo tempo. Algumas se levantaram, outras se descabelaram e as nove só conseguiram dizer as mesmas duas palavras: "É esse!"

Manoel Carlos sorriu feliz. Já tinha o seu herói.

Na volta da Austrália, o casal apaixonado passou em Los Angeles. Vadiando pela cidade, Giane viu numa banca o jornal *O Globo* e comprou. Deu de cara com uma notícia sobre a próxima novela das nove. O diretor batera o martelo para o papel masculino do triângulo com Vera Fischer e Carolina Dieckmann: o escolhido era o ator Rodrigo Faro.

Gianecchini fechou o jornal e caiu na real.

~

Numa tarde quente de fevereiro em São Paulo, patinando entre a carreira de modelo, que fora freada, e a de ator, que mal começara, Reynaldo Gianecchini buscava enxergar o caminho. Reprovado no teste para a novela, tentava sintonizar sua rádio-cabeça, para ver se a voz guia vinha lhe dizer alguma coisa. Mas dessa vez não havia sinal dela. O único sinal ativo no momento era o do celular. E ele tocou.

Era da TV Globo. Um minuto, por favor.

Entrou na linha, então, o diretor Ricardo Waddington. Era muita gentileza dele ligar para agradecê-lo pelo teste. Aliás, devia estar tendo um trabalhão ligando para todos os candidatos descartados. Na segunda frase, porém, Giane entendeu que a conversa não era essa. O diretor ligara para informá-lo de que ele seria o Edu de *Laços de família*.

Por um instante, se viu no centro de uma gafe. A secretária devia ter discado o número errado, trocara Rodrigo por Reynaldo. Mas não deu tempo de se constranger, porque era o seu nome mesmo que Waddington estava falando:

– Bom, Gianecchini, então a gente começa os ensaios semana que vem.

A nota no jornal estava errada. Era ele o escolhido pelo júri eufórico das amigas de Júlia para contracenar com Vera Fischer.

Giane sentiu o inevitável frio na barriga ao ver que a coisa era para valer. Sentiu em um segundo o tamanho da responsabilidade de conduzir a trama principal do horário nobre e buscou uma palavra tranquilizadora do diretor:

– Ricardo, você tem certeza de que vai funcionar?

Waddington não hesitou:

– Claro que não.

# Ninguém
# é como o Giane

Na noite de 5 de junho de 2000, o Brasil ia começar a assistir à nova novela das oito, que já ia ao ar depois de oito e meia – com os ajustes da programação da TV às mudanças de hábitos das famílias. Os brasileiros estavam trabalhando até mais tarde, dormindo mais tarde, e o conteúdo da principal atração da Globo ia ficando mais adulto. Ou, sem o eufemismo, mais picante.

E, nesse quesito, *Laços de família* começara a entreter o público antes de ir ao ar. No bastidor das gravações, havia a novela da novela – um boato quente que vinha excitando o imaginário nacional.

Depois da estreia, porém, o resto daquela aguardada noite de segunda-feira seria difícil para Reynaldo Gianecchini. Sozinho no seu quarto do hotel Everest, em Ipanema, afundado num sofá, o ator mal conseguia se mover. Para ele, o primeiro capítulo da novela parecia ter sido o último.

O elenco estava combinando de se reunir para assistir à estreia, mas Giane dissera que infelizmente não poderia ir – tinha outro compromisso. O compromisso era com a sua própria desconfiança (ou talvez pânico) do que veria na tela. Não queria ninguém ao seu lado na hora em que Edu entrasse em cena. Estava com medo de si mesmo.

Mas todo mundo ia, e sua ausência ia chamar mais atenção ainda. Cedeu e estava rodeado por dezenas de testemunhas, diante de um telão no Rock in Rio Café, quando sua imagem debutou na TV para um Brasil de audiência.

Óculos escuros, camiseta vermelha sem manga realçando a musculatura dos braços, penteado "mauricinho" desfilando no carro conversível, Edu surgia nas ruas do Leblon já se encaminhando para o primeiro beijo. Um beijo violento, mais exatamente entre seu carro e o de Helena, a personagem de Vera Fischer, que não parara no cruzamento porque se distraíra falando ao celular. Edu saltava para ver o prejuízo da batida, protestava contra a imprudência de Helena, olhava para seu carro zero quilômetro todo amassado e se desesperava.

Da sua mesa no bar, Giane olhava para a TV e também se desesperava. A cada fala de Edu, ele ia se encolhendo. Aquela não podia ser a sua voz, não era possível que ele falasse assim, que ele fosse assim. Não dava, era o fim da linha.

Quando o capítulo terminou, cumprimentou os colegas rapidamente e abandonou a festa rumo ao hotel, com o choro preso na garganta. Tinha que arrumar um jeito de avisar à produção que não ia gravar no dia seguinte. Não queria mais brincar daquilo.

Já refugiado no Everest, decidido a ficar incomunicável, o telefone tocou, e ele não podia deixar de atender: era Heloísa. Sua mãe estava eufórica, ao lado de seu pai, que tirara folga na escola para assistir à estreia do filho. Birigui inteira estava ligando para a casa deles. Mesmo os que mal os cumprimentavam na rua agora eram íntimos da família, todos muito orgulhosos do "nosso Reynaldo".

Paralisado no sofá onde afundara pesando uns 200kg, ele não conseguia reagir, muito menos para responder a congratulações pelo seu fracasso.

Heloísa entendeu logo o que se passava com o filho. Independen-

temente da atuação na novela, conhecia bem a sua autocrítica implacável. Certa vez entrara em casa e encontrara-o arrancando fotos suas
do álbum de família e rasgando.

– Ei, essas fotos são minhas! – disse para o filho adolescente.

– Não se preocupa, mãe. Só tô rasgando as que são bregas...

Fotografá-lo sempre havia sido um problema. Ou virava a cara na
hora ou fugia. Todo 12 de novembro era um suplício: o menino só
relaxava quando seu aniversário terminava. Aquele ritual de juntar
gente para ficar alegre em torno dele o torturava. Aos 11 anos, tomou
coragem e perguntou:

– Mãe, aniversário pode não ter festa?

Heloísa disse que sim, que festa não era obrigação. Ele agradeceu a
boa notícia. E seus aniversários não foram mais comemorados.

Depois da conversa com o produtor da Globo, ele ligara para a mãe,
dizendo que não poderiam passar o Natal juntos porque ele ia fazer
um teste. Ela deu um jeitinho de furar a discrição dele e aí veio a informação completa: um teste para estrear na TV já contracenando
com Tony Ramos, Vera Fischer, José Mayer, Marieta Severo e companhia. Ou seja: um salto no escuro sem rede.

– Vou dar a cara pra bater, mãe.

Agora estava com o olho roxo e cheio de hematomas, pelo menos
no seu espelho implacável. Era o que dizia sua (falta de) voz no telefone. Heloísa percebeu e entrou com os primeiros socorros:

– Vai em frente, Júnior. E não esquece: perfeito, só Deus.

Se Deus fosse perfeito mesmo, haveria de ajudá-lo a escapar do seu
exílio no Everest sem ter que ver mais a cara de ninguém. Acordar e enfrentar o Rio de Janeiro, cidade que mal conhecia e que agora já o vira
pagando mico na televisão, não ia dar. Preferia amanhecer no purgatório.

Marília Gabriela não estava com ele no dia da estreia. Giane fora
morar com ela em São Paulo, oficializando a união, e estava hospedado no Rio desde o início das gravações. Sempre que dava uma brecha

pegava a ponte aérea para vê-la, e Gabi também ia visitá-lo, mas não muito. Em parte porque estava sempre ocupada e em parte porque, embora tivesse muitos amigos cariocas, não era exatamente apaixonada pelo Rio. Giane ainda não tinha opinião formada, mas já tinha seus traumas com a cidade.

Sua primeira vez no Rio de Janeiro fora aos 12 anos, numa excursão com os pais e as irmãs. No que a família deixou as malas no hotel em Copacabana e saiu para passear, um ladrão passou correndo por eles, com a polícia no seu encalço. O bandido estava bem na frente deles quando um dos policiais atirou, e o homem caiu morto na rua.

Recém-chegado da paz de Birigui e preferindo ver faroeste no cinema, o garoto não quis mais saber daquele famoso cartão-postal.

Mas 15 anos depois iria se deslumbrar com ele. Convidado para um editorial de moda com o fotógrafo Mário Testino, ao lado de Gisele Bündchen e mais um casal de modelos, Gianecchini entrou na outra sintonia do balneário, paralela à da violência: a erótica. O ensaio os mostrava seminus, numa atmosfera praiana com muita cor e nenhuma vulgaridade – e aí ele entendeu o império da sensualidade.

O destino havia de levá-lo de novo àquele paraíso. E levou, justamente para representar o Leblon sensual de Manoel Carlos. Mas aí a terra prometida o traiu de novo.

Foi hospedado pela produção da novela num flat no final da Barra da Tijuca, que facilitaria os deslocamentos ao Projac, o complexo da Globo em Jacarepaguá. Giane achou que tinha chegado a uma cidade fantasma: não cruzava com ninguém, nem porteiro o prédio tinha, não havia comércio em volta, nem vizinhança. Foi caindo em depressão e, no terceiro dia, avisou à emissora:

– Olha, eu posso até ficar nesse lugar. Mas talvez eu enlouqueça.

Foi então transferido para Ipanema, onde agora estava sitiado por sua própria vergonha. Até que seria bom se estivesse num hotel fantasma. Mas o Everest estava cheio, e o amanhecer em Ipanema prometia ser mais traumático do que o faroeste em Copacabana.

Acordou na terça-feira e saiu do quarto de mansinho, como se agora o bandido fosse ele. Desceu ao restaurante decidido a tomar seu café clandestinamente e depois decidir o que fazer da vida.

A clandestinidade durou alguns segundos. Foi reconhecido pelo primeiro hóspede com quem cruzou, depois pelo segundo, pelo terceiro e o quarto. Não o deixariam mais em paz, sequer deixariam que tomasse o seu café. Mas o estreante da TV não estava na berlinda. Ao contrário: todos queriam tocá-lo, fotografá-lo, ser fotografados com ele, levar um pedaço de papel, um guardanapo que fosse, com o autógrafo do "Edu".

Quando Giane ia saindo do restaurante, meio tonto, viu passando a veterana atriz e comediante Nair Bello. Aos 70 anos, ela também vinha de uma estreia recente, no humorístico *Zorra total*. E também o reconheceu. Ou mais que isso: abordou-o, pegou sua mão e falou com firmeza:

– Estou apostando em você. Tenho certeza de que vai dar certo.

Ele agradeceu, ainda um tanto desnorteado com a gangorra de emoções. Nair Bello e sua mãe... Já eram duas acreditando nele. Mas só foi entender mesmo o que estava acontecendo quando saiu na rua.

Estava marcada uma gravação de externa e, a essa altura, o impulso de abandonar a novela já se desmanchara. Ao chegar à rua do Leblon onde estava montado o set, ficou preso no engarrafamento – de gente. Os fãs surgidos em menos de 24 horas já não o deixavam andar. Dali para a frente, a gravação de *Laços de família* no charmoso bairro da Zona Sul do Rio ia precisar de um aparato extra, para conter o assédio a Reynaldo Gianecchini.

O público parecia não ter ligado para a inexperiência do ator, que lhe causara tanta estranheza e sofrimento na primeira impressão. Ele continuaria não gostando de se ver na tela, mas os telespectadores estavam arrebatados pelo romance improvável entre o garotão e a mulher madura, que tinha idade para ser sua mãe. Manoel Carlos ia ter que adiar sucessivamente a virada da história, em que Edu deixava Helena para ficar com a filha dela, Camila.

A audiência tinha tomado partido. Queria continuar vendo as cenas quentes de Gianecchini e Vera Fischer. E se excitava com o boato de que eles estariam virando um casal na vida real – quando todos sabiam que Giane vivia com Marília Gabriela, que também tinha idade para ser sua mãe. Na novela da novela, o público também parecia tomar o partido de Vera.

O sonho de contracenar com Vera Fischer, mesmo quando se colocava na pele de Dilermando de Assis, não chegava aos pés do que ele estava vivendo agora. O casal Edu e Helena estava subvertendo o beijo de novela, ignorando solenemente o tradicional beijo técnico. Com eles era para valer – e a novela das oito acabaria empurrada pelo Ministério da Justiça para as nove.

O primeiro encontro ao vivo de Giane com a estrela acontecera num teste final, quando ele já tinha sido selecionado para o papel. Ao contrário de Carolina Dieckmann, que o recebera com desconfiança, Vera Fischer o acolhera com carinho e bom humor, fazendo-o relaxar. Nem bem foram apresentados, já estavam se despindo e indo para a cama em trajes menores. E o primeiro abraço, altamente prazeroso, prenunciava o encaixe total.

Na segunda semana de novela, Manoel Carlos já fazia Edu invadir o banheiro de Helena quando ela saía do banho, nua. Estava se arrumando para jantar com ele. O casal sôfrego se atracava ali mesmo, pulava a parte do jantar ("Restaurante pra quê?", era só o que ele conseguia dizer) e ia direto ao que interessava. Alta vertigem para o rapaz de Birigui.

No início da história, Helena convidava Edu para irem se encontrar com a filha Camila, estudante de literatura, que estava no Japão. A Globo investia alto em *Laços de família* e mandou os atores para gravações em Tóquio e Quioto. Na viagem, tinham pouco texto, muito passeio e bom saquê. O romantismo dos personagens contagiou os atores. Num jantar no hotel ao fim das gravações no país, com euforia geral pela bela etapa cumprida, Vera beijou Giane como Helena beijava Edu, sem desconto. A intimidade florescera na temporada oriental.

Havia vários fotógrafos cobrindo o jantar e eles não perderam a cena. A gerência de comunicação da emissora no Japão agiu rápido e impediu que a foto chegasse ao Brasil, ou a qualquer lugar. Mas o episódio em si não tinha como não vazar, e o suposto caso de Gianecchini e Vera Fischer se firmou como a principal trama paralela da nova novela.

A imprensa especializada em futricas se espalhou, e a não especializada também. Marília Gabriela, que estava vibrando com a decolagem da carreira de ator do marido – da qual fora grande incentivadora – começou a viver um inferno. Parecia haver uma contagem regressiva em público para sua troca por Vera Fischer. A *Folha de S.Paulo* lembrava que os beijos ardentes da atriz com Felipe Camargo, na novela *Mandala* (1987), também pareciam verdadeiros demais – e acabaram em casamento.

A empolgação de Giane e Vera em cena estaria indo muito além da interpretação. "Às vezes me dá a impressão de que eles dois vão se engolir, com aquelas mordidas e línguas para fora", disse à *Folha* a atriz Vida Alves, protagonista do primeiro beijo na TV.

Em casa, Gabi chegou a questionar o marido:

– Porra, que tamanho de língua! Precisa ser desse jeito?

Em seguida tomou a única decisão possível naquela situação: parou de ver a novela. Mesmo assim o enrosco de Edu e Helena continuava chegando a ela pela crescente especulação sobre o fim iminente do seu casamento. Em dado momento, encerrou o assunto com a imprensa, dizendo ao jornal *O Globo*: "Me recuso a fazer da minha vida peça publicitária de novela."

Marília e Manoel Carlos eram amigos, e o autor ficou chateado com a situação. A ideia de que a vida privada dela pudesse ter servido para promoção da obra dele acabou envolvendo-os num certo mal-estar. O casal Gabi e Giane frequentava a cobertura de Maneco no Leblon e, a partir dali, ela não ia mais. Ele continuou indo, até porque ficara amigo de Júlia, filha do autor, com quem contracenava na novela. E lá Giane descomprimia um pouco a tensão de aprendiz jogado às feras.

Na casa de Manoel Carlos, as feras não mordiam. Tony Ramos era uma delas e, na primeira vez que viu Giane por ali, dirigiu-se a ele com calma e seriedade:

– Olha, é assim mesmo. Os primeiros anos são difíceis. Mas depois piora muito...

Nada podia ser mais confortante naquele momento do que uma galhofa do grande Tony Ramos. Mas o seleto clube dos frequentadores da cobertura no Leblon não tinha só medalhões da TV. Um outro forasteiro também caíra nas graças do autor.

Já na primeira semana da novela, Maneco não abria mão de assistir aos capítulos ao lado de Moacyr Góes. O premiado diretor de teatro estava fazendo uma experiência na TV, codirigindo *Laços*. E seu olhar "estrangeiro" ajudava o autor a tomar certas decisões. Dentre elas, o que fazer com Gianecchini.

A aposta nele estava feita, não tinha volta. Mas sempre se podia mandar um personagem para umas férias de verão na geladeira. Ou assassiná-lo. O que não dava era para demorar a acionar o plano B, se fosse o caso. A crítica estava pronta para detectar a maldição do cigano Igor, caso emblemático de modelo (Ricardo Macchi) que se afundou como protagonista de novela (*Explode coração*, 1995). E Moacyr Góes representava ali justamente o oposto, os artistas profundos do teatro – que, aliás, não estavam achando graça na perda de um grande papel para mais um rostinho bonito.

Só que Moacyr, o criador da Escola 2 Bufões, era a favor dos rostinhos bonitos. Costumava dizer que, se só os bons tivessem chance, Marilyn Monroe não teria sido ninguém. Para estrelas como ela, ou galãs mitológicos como Humphrey Bogart, às vezes bastava ligar a câmera para se ter uma boa cena. E assistindo ali à novela ao lado do autor, Moacyr confirmou o que já notara no set: Gianecchini era desses protegidos pelas lentes.

– A câmera gosta dele. De certa forma, vai estar sempre bem, mesmo que não faça nada.

E a inocência de Giane em cena, interpretando praticamente a si mesmo, ajudara Moacyr a enxergar nele algo que jamais vira em outro ator: um herói-menino, uma mistura exata de beleza, sinceridade e doçura, como não havia na praça:

– Nunca vi isso. Ninguém é como o Giane.

Na cabeça de Manoel Carlos, o insight de Moacyr Góes era a versão intelectual do grito das amigas de Júlia. E a mensagem era uma só: na sua trama naturalista, em que os personagens deviam se confundir com pessoas normais do Leblon, aquele ator lhe caíra como uma luva. Podia fazer o que quisesse com ele. Talvez até o pecado supremo: separá-lo de Vera Fischer.

Mas aí ia ter que fazer uma mágica para que o Brasil não desligasse a TV na sua cara.

# A princesa careca

—Pensa bem: um cara que namora a Marília Gabriela não pode ser qualquer um. Todo mundo fala que a Gabi se deu bem, mas eu digo pro Giane: quem se deu bem foi você!

A declaração de Carolina Dieckmann à *Folha de S.Paulo* sinalizava a mudança no front. A atriz que passaria a fazer par com Gianecchini na novela já chegava reverenciando a esposa dele publicamente. Camila, a personagem de Carolina, se casaria com Edu, de quem sua mãe abriria mão, pela felicidade da filha. E o amor de Edu e Camila era quase angelical. Estava encerrado o pornô artístico que incendiara a audiência.

Vera e Giane agora mal se veriam no set. E o casamento dele com Gabi estava de pé, derrubando todas as apostas. Ela não fingiu que não doeu:

— Fui exposta de maneira cruel. Fui personagem da novela sem estar no elenco. Havia uma torcida para eu ser deixada pelo Giane.

A revista *Marie Claire* não evitou a pergunta inevitável:

— Você acha que a Vera Fischer caprichou demais nas cenas de amor?

Marília Gabriela foi Marília Gabriela:

— Se eu fosse ela, faria a mesma coisa.

Gianecchini iria ao *Fantástico* declarar seu amor e sua fidelidade a Gabi, jogando água fria nos boatos de que a estava abandonando. Agora era Manoel Carlos quem tinha que se virar para não ser abandonado.

Os telespectadores paravam o autor na rua para lhe dizer que ele não ousasse separar Edu e Helena. Maneco já dera algumas dezenas de capítulos a mais para o romance explosivo, agora o príncipe tinha que ficar com a princesa. Mas um público eletrizado pelo exótico (e erótico) não ia topar cair na normalidade de um conto de fadas. A não ser que a princesa fosse careca.

O mestre sabia que ali só a dor poderia rivalizar com o prazer, só a compaixão poderia substituir o tesão. Uma jovem bonita e feliz que descobre ter leucemia é bizarro – e os corações sempre batem mais forte diante da vida como ela é, mas não deveria ser. A princesa de Manoel Carlos não poderia ser salva pelo príncipe, só por um transplante de medula. Assim ele transplantou a torcida de Helena para Camila.

O tanto que a mãe desfrutara, agora a filha ia sofrer (para gozar no final, claro). Camila descobria sua leucemia ao mesmo tempo que perdia o filho que esperava de Edu. Maneco prometera a Carolina Dieckmann escrever uma novela para ela no dia em que ela perdera uma gravidez (e que sua personagem engravidava). Agora que a atriz tinha um bebê sadio em casa, o autor lhe dava o drama da personagem para ela botar para fora o seu próprio. Mas Carolina passaria por outro sofrimento inusitado.

As revistas que cobrem TV começaram a publicar montagens da atriz com a cabeça raspada. Distraída, ela perguntou casualmente ao diretor Ricardo Waddington se ele estava entendendo aquilo.

– É porque a sua personagem vai fazer quimioterapia, Carol.

– E daí?

– Daí que quem faz esse tratamento raspa a cabeça. Você também vai raspar.

Só ali a ficha caiu, e nem deu para disfarçar o susto. O diretor notou e a socorreu. Disse que se fosse pesado demais para ela, poderia mandar vir um maquiador dos Estados Unidos para fazer uma careca artificial. Era um pouco trabalhoso, precisariam reservar cerca de duas horas para isso antes das gravações, mas funcionava razoavelmente.

Os belos cabelos louros eram um traço forte da sua personalidade – tanto que fora escolhida para viver a filha de Vera Fischer, a rainha das louras. E eram um capítulo importante da sua identidade feminina, que demorara um pouco a conquistar. Na adolescência, já com corpo de moça, ela ainda se sentia e agia como os garotos com quem jogava futebol na praia.

Irmã de três meninos, Carolina já entendera o que eles deixavam bem claro para ela: era feia. Mas também não ligava muito para isso.

Aos 13 para 14 anos, ao final de uma dessas partidas disputadas na areia, em Búzios, suada e descabelada como um moleque, ela foi abordada por um homem. Ele se dizia agente de modelos e a convidou para visitá-lo no Rio. Disse que ela tinha futuro na carreira.

No que o homem foi embora, os irmãos caíram na gargalhada. Carolina modelo... Aquela tinha sido a melhor piada do fim de semana. Mas a menina ficou com o cartão do sujeito e, chegando em casa, o mostrou à mãe. Maira perguntou se a filha queria ir à agência do tal Antonio Velásquez. Ela queria.

Quando ela chegou lá, com a pele descascando do sol e várias espinhas, a mulher que a recebeu a olhou com uma expressão idêntica à dos seus irmãos. Mas mandou-a para um teste, e lá a moleca feia e descascada foi escolhida para estrelar a campanha dos 15 anos da Rádio Cidade.

Cerca de um mês depois, o engenheiro naval Roberto Dieckmann, pai severo que exigia a filha concentrada nos estudos e na ginástica olímpica, chegou em casa rindo. Acabara de ver num anúncio de ônibus uma menina idêntica a Carolina.

– É a sua cópia, Carol! Você precisa ver, se não você não vai acreditar.

Carolina olhou para a mãe e deu um riso nervoso. As duas ficaram quietas. Mas o silêncio não poderia durar muito. Pouco depois viria um convite da TV Globo para a menina do anúncio no ônibus trabalhar como atriz. A novela era *Sex appeal*, e esse título já não podia fazer os irmãos rirem. Ao fisgar Carol, a emissora estava contratando beleza e charme. Não podia mais ser um mal-entendido.

O engenheiro naval ia ter que aprender a se orgulhar da sua ginasta de outra forma. E ela própria finalmente descobriria que era diferente dos irmãos. Mas como seria ter que se ver no espelho careca?

Seria difícil. Mas haveria de ser uma grande experiência artística – e feminina. Carolina Dieckmann agradeceu a Waddington e dispensou o maquiador americano.

O diretor a deixara insegura no teste para a novela, ao dizer-lhe que o papel ainda não era dela. Depois ela entendeu que fora uma forma de desarmá-la, para extrair o seu melhor. Carolina entrou no jogo e agora topava se desarmar da sua vaidade. Queria ver o que brotava de uma mulher sem cabelos.

Manoel Carlos também queria e propôs que ela não fizesse nenhum laboratório sobre a doença:

– Na vida, quem recebe a notícia de que está com câncer não se preparou pra isso. Não se prepare. Vamos ver como você reage.

Firme na linha do realismo, Ricardo Waddington pediu à atriz que estivesse abatida na cena do corte de cabelo. Como se fica abatida? Um dos caminhos seguros para isso era não comer. Carol passou a se desarmar também de proteínas. Por quase 15 dias, se alimentaria basicamente de água de coco.

No dia da gravação da grande cena, a atriz estava fisicamente frágil, com todos os nervos expostos. Havia algumas dezenas de pessoas no estúdio, mas ela estava absolutamente concentrada. A tesoura foi então dizimando camada por camada dos seus cabelos, preparando para a ação terminal da máquina. Como ela não ensaiara nenhuma reação, não buscou tecnicamente nenhuma emoção. Camila ia demonstrar os sentimentos de Carolina.

E Carolina ficou firme. Estava fraca, mas talvez por estar com o espírito forte, mantinha a calma e a expressão serena. Seus cabelos já enchiam o chão à sua volta e ela não soltara uma lágrima. Até que uma cena fora da cena a fez desmoronar.

Numa escapada do olhar pelo ambiente, ela teve a impressão de ver, encostado numa parede do cenário ao lado, por trás de uma das câmeras, Gianecchini com a expressão contorcida. Assim que pôde, deu nova olhada naquela direção, e ele já chorava abertamente. A imagem prendeu a visão da atriz, e ela viu o colega escorregando pela parede até se encolher quase em posição fetal.

Seria uma reação forte para Edu, marido de Camila. Mas era Giane, chorando por Carolina. Foi assim que Camila chorou.

O roteiro fazia todas as tensões da trama convergirem para aquela cena, desenhada para marcar. E marcou. Sintetizando o sucesso de *Laços de família*, a sequência em que Camila tinha a cabeça raspada fizera com que, naquele momento, 79% das televisões no país estivessem ligadas na novela de Manoel Carlos.

Desde que a concorrência de programas populares passara a morder o ibope da Globo no horário nobre, ao longo dos anos 90, era a maior audiência da emissora – devolvendo-a ao patamar exuberante de 45 a 50 pontos.

A imprensa mais crítica em relação às novelas da Globo chancelava o sucesso:

"A novela que hipnotiza o país", era o título da matéria de capa da *Veja*, em janeiro de 2001. "A ótima audiência de *Laços de família* consagra o estilo realista de Manoel Carlos, o craque dos folhetins desbragados", analisava a revista.

"Sem grandes mistérios, *Laços* tem o maior ibope em anos", dizia a *Folha de S.Paulo* já em fevereiro, logo após o último capítulo.

A *Folha* se referia a Reynaldo Gianecchini como "uma aposta da Globo que não deu tão certo assim". No *Domingão do Faustão*, uma votação do público daria a ele o prêmio de revelação do ano. Podia ser o efeito galã – ele mesmo achava que não merecia. Mas também achava cedo para dizerem que ele não tinha dado certo. "O tempo dirá", declarou Giane à revista *Marie Claire*.

Manoel Carlos queria Gianecchini para sua próxima novela. Mas o ator não estaria nela.

⌒

Caminhando pela avenida Ataulfo de Paiva, passando pelo Baixo Leblon deserto sob o sol da manhã, o festejado autor dos folhetins desbragados vivia uma situação que nenhum dos passantes que o cumprimentavam poderia imaginar: no auge da sua novela, ele enfrentava uma angústia profunda.

O número de doadores de medula explodira, graças à didática da trama, que acabara com o fantasma da doação como uma operação de alto risco. Mas aí Maneco recebeu um alerta do oncologista Daniel Tabak sobre o problema oposto: a cura de Camila poderia disseminar a crença de que o transplante era uma solução milagrosa. Era preciso deixar claro à população que os transplantados poderiam sobreviver ou não.

Ao longo da caminhada, procurando uma saída para esse impasse, uma ideia arrepiante voltou a acossá-lo: teria que matar Camila.

Como fazer isso, com o país inteiro comovido com a cura da princesa careca? O transplante de medula havia dado certo – e tinha que ser assim –, mas ela poderia ficar boa do câncer e morrer de outra complicação. Seria a forma de evitar a perigosa ilusão coletiva de que, se Camila ficara boa, todos os doentes como ela ficariam também. Só não daria para jogar Edu de volta nos braços de Helena...

Quando passava em frente à Rio Lisboa, a padaria 24 horas do Leblon, seus pensamentos foram interrompidos por uma senhora que o pegou pelo braço. Ela estava com uma menina ainda criança, que não devia ter 10 anos de idade:

– Olá. Essa aqui é minha neta. Ela tem leucemia também e quer falar com o senhor.

A menina venceu a timidez e perguntou ao autor:

– A Camila vai ficar boa, né? Eu queria que ela ficasse boa.

A avó então se aproximou de Maneco e lhe disse ao ouvido:

– Ela acha que se a Camila se salvar, ela se salva também.

Parado ali na calçada, com a súbita responsabilidade que lhe caía nas costas, o autor de *Laços* tinha que decidir em um segundo o que dizer à menina, que olhava para ele. Não teve dúvida:

– Pode ficar tranquila, querida. A Camila vai ficar boa. Eu te prometo.

Voltou para casa com o sorriso da criança na cabeça e mais enrolado do que nunca com seu dilema. Agora, a única hipótese que não cogitava mais era quebrar sua promessa à menina.

Restava-lhe quebrar a cabeça. Depois de algumas horas de maquinação, teve um impulso e ligou para o diretor: precisava de uma atriz para um papel novo na novela, que ele ia criar agora.

Enquanto a produção se virava em tempo recorde, o autor escreveu a história da vizinha de quarto de Camila no hospital. A moça também descobrira ter leucemia, também raspara a cabeça e fizera o transplante. As duas ficariam amigas, por estarem no mesmo barco. Mas o barco da vizinha afundava.

Um dia a protagonista passava em frente ao quarto da nova amiga e via seu colchão dobrado. Maneco salvara Camila matando outra no lugar dela.

Com o estrondo da sua personagem, Carolina Dieckmann era definitivamente uma ex-futura arquiteta. Aos 20 anos, estava mais do que nunca nos planos da TV Globo. E seu parceiro de cena também estava.

Apesar das polêmicas e contestações, Gianecchini superara a maldição do cigano Igor. Antes que Manoel Carlos o convidasse, o autor Sílvio de Abreu já "o roubara" para sua próxima novela, que reuniria um elenco estelar. O script do ano 2000 fizera das vidas de Giane e Carol um thriller. E na coleção de momentos inesquecíveis, uma experiência inusitada viraria seus corações do avesso.

A dupla fora convidada a participar de uma festa de Natal no Instituto Nacional do Câncer. No que entraram no auditório lotado, foram saudados por dezenas de crianças doentes, todas sorrindo e tirando ao mesmo tempo seus bonés e lenços da cabeça raspada. Era uma homenagem à atriz sem cabelos que os enchera de esperança.

Enquanto os dois atores choravam de soluçar, Carol olhou para Giane e teve uma intuição: aquela missão grandiosa e sofrida os protegeria para sempre da tragédia que estavam representando. Nenhum dos dois jamais viveria o pesadelo do câncer.

# Um cérebro para dois

No centro cirúrgico do Sírio-Libanês, o paciente não reagia. Sua pressão tinha entrado em queda contínua e em dado momento fora constatada uma queda abrupta da hemoglobina – que faz a distribuição de oxigênio pelo sangue. Os médicos não conseguiam detectar o que estava acontecendo e o quadro se tornara extremamente grave. Quando foi possível encontrar a causa do colapso, Reynaldo Gianecchini já estava tendo uma parada cardiorrespiratória.

Após seis horas de cirurgia, às três da manhã, Heloísa já em pânico recebeu um telefonema. Era a atriz Claudia Raia, uma das melhores amigas de seu filho, querendo saber se a colocação do cateter enfim terminara. Heloísa respondeu que continuava sem notícias e já não sabia o que fazer.

Claudia ligou para o hospital e pediu para falar com o Dr. Raul Cutait, o gastro que fizera a cirurgia de hérnia e estava colocando o cateter. Foi informada de que o médico não podia atender.

– Mas eu quero falar com ele assim mesmo. Pode chamá-lo, que eu estou esperando – avisou a atriz, já pulando dentro do carro e acelerando para o hospital.

Na mesa de cirurgia, Gianecchini sofrera um acidente grave. Na colocação do cateter, o tubo pelo qual seria aplicada a quimioterapia, o próprio cateter perfurara a veia cava – um dos principais vasos torácicos, que alimenta o coração. Quando o problema foi localizado, uma hemorragia de grandes proporções já tomava parte da região entre o coração e o pulmão.

Após as manobras de reanimação e a contenção do vazamento na veia cava, o paciente recebeu um dreno de tórax. Para salvar suas funções vitais, o impacto da hemorragia na área afetada precisava ser revertido rapidamente. E foi.

Quando Raul Cutait atendeu a ligação de Claudia Raia, Giane já estava fora de perigo.

Na madrugada de 18 de agosto de 2011, a equipe que operara o ator se reuniu com Heloísa e Claudia no 9º andar do Sírio. Pouparam-nas dos detalhes sobre a operação de salvamento. Explicaram o acidente e a consequente hemorragia – um evento pouco comum naquele tipo de cirurgia. Eram cinco horas da manhã e ele estava sendo retirado do centro cirúrgico.

Por fim, os médicos informaram que o quadro clínico de Gianecchini estava sob controle. Mas ele teria que passar as próximas horas na UTI, para onde estava indo agora. Claudia Raia e Heloísa informaram que estavam indo para lá também.

Evidentemente não foram impedidas. Vestiram a roupa de proteção, que guardava certa semelhança com uniforme de astronauta, e foram conduzidas ao box onde Giane estava. Lá chegando, Heloísa achou que fora levada ao leito errado. O paciente moribundo que estava ali não se parecia com seu filho.

O homem deitado à sua frente tinha rosto redondo, bolachudo e amarelado, quase sem pescoço, nenhum desenho de maxilar, lábios muito grossos, fisionomia estranha e inexpressiva. Mas era Giane. Desfigurado.

Estava consciente, mas para as visitantes isso não fazia diferença: ele não podia falar. Nem com os olhos, parados e afundados no inchaço indecente da cara. Um aparelho respirava por ele, porque a hemorragia alcançara o pulmão. Internado por causa de um câncer, parecia estar na UTI por ter sido atropelado por um caminhão. Não era justo.

A cena chocante fez o coração da mãe sangrar. E o sangue italiano da amiga ferver.

Na noite seguinte Gianecchini voltou à mesa de cirurgia. Precisava corrigir o cateter defeituoso e os danos causados pela sua colocação, especialmente completar a drenagem do sangue no tórax. De novo, mais de seis horas no centro cirúrgico. Saiu de lá ainda dentro de um quadro grave, com pressão débil e respiração muito difícil. Aparentemente, porém, a emergência tinha sido superada.

Claudia Raia passara a dar plantão no hospital. Queria saber tudo o que os médicos sabiam, nada de resumos. O que não lhe era dito, ela perguntava. Em sua ronda entre o 9º andar e o 3º, onde ficava a UTI, captou uma conversa da equipe que fizera a cirurgia do cateter. Ouviu um deles falando em "boletim" e se convidou para a conversa: que boletim?

Tratava-se de um boletim médico para a imprensa, informando sobre o estado de saúde do ator. Em segundos, Claudia deixou de ser a que perguntava e passou a ser a que respondia:

– Não vai haver boletim.

Agora eram os médicos que perguntavam, respeitosamente, de quem era aquela decisão. A atriz esclareceu, com a paciência que lhe foi possível ter:

– A decisão é do Reynaldo Gianecchini. Ele não quer que soltem boletim. E eu estou aqui falando por ele.

Claudia acompanhara a série de vazamentos sobre a situação do amigo dentro do hospital e estava decidida a preservá-lo da curiosidade geral. Passou a discutir tudo, até as contas apresentadas ao paciente. E achou os valores cobrados após a cirurgia do cateter elevados demais. Foi questioná-los e verificou que entre os itens mais custosos estava o pagamento do pneumologista.

Fez apenas uma observação: o pneumologista tinha sido necessário por um problema causado pela própria cirurgia, que aliás pusera a vida de Gianecchini em risco. Ela sentia dizer, mas aquela conta não seria paga.

Giane só ficou sabendo depois. Quando o sufocamento começou a ceder e a voz pôde começar a sair, Claudia foi despachar com ele, homeopaticamente. O primeiro item da primeira reunião executiva não podia ser outro: ela informava que concedera uma procuração a si mesma e estava falando em nome dele no hospital – naturalmente, sem consultá-lo. Ele só pediu que ela não o fizesse rir, porque doía tudo.

Mas aquele era um pedido difícil de ser atendido. A risada era um efeito colateral incontrolável de qualquer conversa da dupla.

Desde que se conheceram na novela *Belíssima*, de Sílvio de Abreu (2005), onde eram um mecânico e uma madame que transavam escondidos na oficina a qualquer hora do dia, Gianecchini e Claudia Raia nunca mais saíram da palhaçada. E desde o primeiro encontro tiveram a sensação de que se conheciam desde sempre.

Ambos vinham do interior – ela, de Campinas – e tinham a mesma mescla de raízes fortes, valores férreos e espírito livre para avacalhar raízes e valores, quando necessário. Eram, acima de tudo, disciplinados – incondicionalmente, obsessivamente. Dois soldados. E riam disso também.

Claudia estava ensaiando o musical *Cabaret*, produzido e estrelado por ela mesma. E não saía de dentro daquele hospital. Vendo que a amiga só daria conta das duas obsessões ao mesmo tempo se o seu dia tivesse 48 horas, Giane soltou o alerta:

– Querida, você sabe que se continuar dando plantão aqui, era uma vez um *Cabaret*, né?

Mas já estava tudo planejado. E ela lhe explicou:

– Não se preocupa. Pra não ter problema, eu fiz uma divisão no meu cérebro: metade é pra assuntos gerais e metade é pra você. Aí não deixo de fazer nada.

Em se tratando de quem falava, ele não duvidou.

Um dos assuntos que a metade "Giane" do cérebro de Claudia queria resolver, quando o amigo voltou a falar, era que providências tomar sobre o episódio do cateter. Ele fora vítima de um acidente grave e ela estava pronta para buscar uma reparação ou botar a boca no mundo. Enfim, o que ele quisesse fazer. Ele não queria nada:

– Passou, Claudinha. Foi um acidente, os médicos estão chateados também. Eu estou aqui, sobrevivi, vamos em frente.

Mais uma vez ela se impressionava com a serenidade do amigo – aspecto em que já não se pareciam tanto –, ao dizer aquilo com um fiapo de respiração e a cara – com a qual ganhava a vida – inteiramente deformada. Foi quando uma copeira passou ao seu lado com uma bandeja prateada e ele viu pela primeira vez o tamanho aberrante que seus lábios tinham tomado. Não disfarçou o susto:

– Meu Deus!

Era o momento propício para o baque emocional. Claudia Raia notou e tentou passar normalidade:

– O que foi?

– Minha boca! A Alinne Moraes ia ficar morrendo de inveja!

Se arrependeu imediatamente do que disse, porque ambos gargalharam e ele morreu de dor.

Antes disso, seu estado medonho já o fizera rir. Quando fora urinar, descobrira que o inchaço chegara até o seu pênis, cujo volume assumira uma versão *extra large*. "Até que esse acidente não foi tão mau assim...", divertiu-se – dessa vez, sozinho.

À medida que se recuperava da pancada inesperada, preparava-se para a pancada planejada: estava chegando a hora da quimioterapia.

Antes precisava dar só mais uma passadinha no centro cirúrgico, para mais algumas horas de operação. Afinal, depois da aventura selvagem, precisava instalar um cateter bem instalado. Traumatizada, Heloísa passara a tomar ciência até das marcas dos remédios – e chegou a fazer uma enquete com as enfermeiras sobre os médicos mais acostumados a inserir cateter. Não abriu mão de participar da escolha da equipe.

Ao se despedir de Giane, na maca rumo a mais uma viagem à mesa de cirurgia, Heloísa deu uma ligeira balançada. Claudia Raia, que estava ao lado dela, segurou sua mão. Para uma mulher que vira o filho deformado na UTI e ficara firme, aquela situação não poderia a estar derrubando.

No que a maca sumiu de vista, porém, ela se deixou escorar pela atriz. Nas poucas palavras que saíram junto às lágrimas, Heloísa só falou do sorriso calmo de Giane ali deitado, embarcando para o novo suplício.

Estava comovida com a coragem do filho.

Menos de uma semana depois de estar com a vida por um fio, Gianecchini se dirigia ao 8º andar, bloco C, do Sírio-Libanês, para sua primeira sessão de quimioterapia. Recebera um sms de Carolina Dieckmann – um alô da "Camila", dizendo-lhe que na vez dele ia dar tudo certo também.

Do outro lado da linha, Carol já tinha avisado aos céus que, se algo acontecesse àquele homem positivo e cheio de vida, depois de tudo o que eles tinham feito pelo combate ao câncer, seria péssimo para o currículo de Deus.

Na entrada para o primeiro round do seu combate contra o linfoma, Giane estava mais do que positivo. Estava excitado. Ele era assim: a ameaça virava desafio. E a perspectiva de matar ou morrer, como no convite para estrear direto no horário nobre da TV, o atraía. Talvez tivesse algo de kamikaze, talvez algo do seu signo de escorpião – o símbolo da destruição transformadora.

De novo, sua alquimia interna convertia medo em coragem. Dessa vez, ia precisar muito dela.

# O médico do faraó

—Cala a boca aí, otário!

Era chato, ainda mais na frente das garotas, mas era melhor calar. Quem estava mandando era Nino. E Nino mandava mesmo. Quem tinha juízo, obedecia.

Naquele dia, porém, deu-se o acidente. Quando caiu em si, Reynaldo já tinha respondido:

– Não vou calar.

O tempo fechou.

– O quê?! Tá me respondendo, ô babaquinha?

– Tô. E o babaquinha aqui é você.

A tensão se espalhou no recreio da Escola Estadual Stélio Loureiro. Ninguém xingava Nino. O caldo ia entornar. E Nino controlou o ódio apenas para laçar a presa:

– Bom, vamos ter que resolver isso lá fora. Me espera na saída, no terceiro portão. Ah... E não adianta fugir, que eu te acho.

Reynaldo Gianecchini, 12 anos, voltou para a sala de aula com o coração aos pulos. Os colegas olhavam para ele meio de lado, sem entender o ato suicida. Será que Reynaldo estava indo embora de Birigui e resolvera dar uma cutucada no carrasco antes de sumir? Se fosse isso, era bom se mandar antes de a aula terminar.

Mas ele não se mandou. Na hora da saída, o burburinho era geral. Os colegas mais próximos vinham avisar-lhe de que Nino, que era de outra turma, já estava indo para o portão combinado – por sinal o mais próximo da casa de Reynaldo, no mesmo quarteirão. Boa parte dos alunos da escola também estava indo para lá. Uns preocupados com ele, outros querendo ver sangue.

Baixinho e forte, corpo socado, Nino era brigão. Volta e meia encaçapava um. Louro de olhos azuis, reinava como bad boy e impressionava a ala feminina. Reynaldo não fazia mal a ninguém, tirava boas notas, era certinho. Se achava sem graça por causa disso. E tivera o impulso de responder ao terror da escola porque não queria mais passar recibo de bobo.

Agora estava andando para o local do duelo em silêncio, como um robô. Não sabia o que fazer, nunca tinha brigado na vida. Estava com medo. Mas continuava andando, sem parar. Estranhamente, o medo parecia empurrá-lo para a frente.

Reynaldo era mais alto que Nino, e isso era péssimo. Na estética de Birigui, bonito era ser baixinho. Também nesse quesito o garoto se sentia mal – e sem graça. "Que merda, não paro de crescer...", lamentava consigo mesmo, apavorado com a ideia de ficar como seu pai, com 1,83m de altura. Com sua autoridade de tampinha, Nino foi chegando ao portão da briga, onde já havia um grosso círculo de espectadores alvoroçados.

Com tantas testemunhas, Reynaldo viu que não tinha mais jeito: era matar ou morrer. E ali ele era o mais forte candidato à segunda opção.

O bad boy parou no meio da "arena" e chamou a vítima. Essa era a hora em que ganhava boa parte das suas batalhas, com a intimidação do oponente – que tremia, recuava e conseguia ir embora só com um tabefe no pescoço. Nino começou o massacre verbal ("agora vamos ver quem é o babaquinha") e nem se preocupou com a guarda. Esse foi o seu erro.

Sentindo o sangue em ebulição, Reynaldo entrou na roda com uma rapidez e uma força que ele mesmo não conhecia. Pulou as preliminares verbais e acertou um direto na boca de Nino, que sangrou instantaneamente. Muito. Ele usava aparelho nos dentes, o que contribuiu para o estrago. O público foi à loucura.

O vilão ficou estático, levou outra direita voadora no olho azul e foi ao chão.

O ex-otário pulou em cima dele, aplicando-lhe uma gravata, já tentando conter a reação furiosa do carrasco. Mas o carrasco estava imóvel como um cordeiro. Seus famosos músculos não se mexiam, apenas uma das mãos abafava a sangria da boca. Nocaute técnico (e moral).

Os colegas que tinham olhado desolados para Reynaldo quando ele fora jurado por Nino, agora vinham cumprimentá-lo, eufóricos. Só aí ele descobriu quanta gente tinha o bad boy atravessado na garganta. A surra tinha lavado a alma da escola.

Agora o vencedor tinha outro duelo pela frente, quando chegasse em casa. Sua mãe, que tinha horror a violência, fatalmente saberia do episódio.

Professora de história e humanista convicta, Heloísa não tinha dúvidas de que a lei do mais forte era o refúgio dos estúpidos. Sua casa, sempre cheia, volta e meia tinha um objeto quebrado por uma bolada, e ela não estava nem aí. Mas que ninguém ali se atrevesse a resolver alguma coisa no sopapo.

Sempre sincero, o filho admitiu de cara o que tinha feito. Heloísa abreviou a conversa:

– Fez muito bem. Esse garoto tava querendo te fazer de bobo.

Já adulto, Gianecchini continuava sendo parabenizado pelo duelo da Escola Stélio Loureiro sempre que esbarrava com alguém de Birigui. O célebre embate, que valera a única concessão de sua mãe à violência, lhe voltava à cabeça a caminho da primeira sessão de quimioterapia – uma luta de vários rounds, com duração prevista de seis meses.

Será que aquilo era mesmo tão devastador como diziam? Estava gostando de pagar para ver. O perigo o excitava novamente.

Três dias depois, Giane estava na lona, nocauteado como Nino.

O tal bombardeio químico era muito mais forte que o louro baixinho de olhos azuis. E a valentia do escorpião não era maior que a sua sinceridade: "Se for seis meses desse jeito, estou fudido."

⌒

A mãe queria saber do médico quais eram as chances de sobrevivência do filho com câncer.

– Enquanto ele estiver aqui na minha frente e nós dois estivermos vivos, eu digo que as chances são de 100%.

O paciente era o menino João Picolo, de 2 anos de idade, e o médico era o hematologista Vanderson Rocha. Após realizar o transplante de medula em João, o Dr. Vanderson se juntaria à Dra. Yana Novis na preparação do transplante de Reynaldo Gianecchini.

A operação consistia basicamente em matar a medula óssea do paciente com uma quimioterapia pesada, exterminando as células cancerígenas (e as saudáveis também). Em seguida, era aplicada uma injeção de células-tronco perfeitas, que passariam a se reproduzir e constituiriam a nova medula.

O problema era que as novas células podiam não aderir ao novo organismo – ou não "pegar", no jargão dos médicos.

Nesse caso, perdido entre a medula assassinada e a que não nasceu, sem produção de glóbulos brancos e vermelhos (gerados na medula), o paciente ficava com os dias contados.

Quando surgiu esse tipo de transplante com células de cordão umbilical, no final dos anos 80, a cada dez adultos operados, sete morriam. Em 20 anos, a conta se invertera: agora, sete sobreviviam – ao transplante, não necessariamente ao câncer, que podia voltar. Mas era um avanço formidável e, entre os responsáveis por ele, estava o brasileiro Vanderson Rocha, pesquisador de ponta na Universidade de Paris.

O pequeno João, que tinha leucemia, foi transplantado. E o transplante não pegou. Apesar da larga experiência internacional, o Dr.

Vanderson tinha uma característica considerada por muitos de seus pares um defeito: se envolvia emocionalmente com seus pacientes. A morte de um deles, portanto, não era lamentada pelo médico – era sofrida pelo homem.

Diante do choro da mãe de João Picolo, Vivian, ouvindo-a perguntar se haviam perdido o tempo que não tinham para perder, o Dr. Vanderson disse apenas:

– Não. Ganhamos.

Mas a princípio não havia o que fazer. As células do cordão umbilical selecionado como compatível não tinham se adaptado ao organismo do menino. Não havia alternativa no momento: Vanderson tinha que virar o jogo. Só não sabia como.

Ao ouvir a resposta positiva do médico, inesperada e aparentemente sem lógica, Vivian não arriscou perguntar mais. Disse o que podia dizer:

– Eu confio em você.

Ele retrucou:

– Eu também confio muito em mim.

Depois de avaliar a situação por todos os ângulos possíveis, o hematologista resolveu partir para uma manobra radical.

Colheu células de medula da mãe de João, que não eram compatíveis com as do filho, e transplantou-as assim mesmo para ele. Em seguida aplicou nova quimioterapia em João, ainda mais intensa, o que parte da classe médica considerava insano. Não fazia sentido injetar células novas e depois matá-las.

Examinando estudos recentes, porém, Vanderson avistara uma descoberta: havia uma chance de a químio destruir só os anticorpos da mãe – que atacariam as células do filho e poderiam matá-lo – sem eliminar as células-tronco recebidas dela. Se isso acontecesse, não haveria a rejeição esperada e o transplante "incompatível" poderia pegar.

A bala de prata do médico acertou cirurgicamente o alvo. João Picolo estava salvo.

Após duas décadas trabalhando no exterior, Vanderson Rocha estava no Brasil quase por acaso. Tivera um contratempo profissional em Paris, por conta de um problema político com um médico francês – questão de poder e vaidade, o que o brasileiro não tolerava. Apesar de se destacar mundialmente em sua área, optara por trabalhar sempre no setor público, portanto sem renda. Seu patrimônio era o seu prestígio.

No exato momento em que perdera a paciência com o jogo político no Grupo Europeu de Transplantes, recebeu um convite do Brasil.

O hospital Sírio-Libanês ia montar uma unidade de transplante de medula e queria que ele coordenasse o projeto junto com a Dra. Yana Novis. Vanderson resolveu aceitar seu primeiro trabalho na iniciativa privada. E, logo após a batalha com João Picolo, surgiu o caso de Gianecchini.

Aí veio o furacão. Com toda a sua vivência, ele nunca vira nada igual. Em dois tempos a imprensa já descobrira o seu telefone, e os repórteres ligavam a qualquer hora para saber que remédio o ator estava tomando ou se ele tinha dormido bem. Já passara por vários tipos de pressão na medicina, mas não como aquela. Era como se estivesse no Egito Antigo e fosse o médico do faraó. Cada espirro do paciente era de interesse nacional. Vanderson ficou preocupado.

Não só com a concentração exigida pelo seu trabalho, mas principalmente com a estabilidade emocional de Gianecchini. Embora isso não tivesse sido demonstrado cientificamente, ele sabia que o estado de espírito do paciente era determinante para as chances de cura. E em termos de prognóstico, o caso do ator, infelizmente, não era nada animador.

O dado que o Dr. Vanderson não mencionara (e não iria mencionar) ao paciente, nem à família – e preferia não repetir nem para si mesmo – era que, para aquele tipo raro de linfoma, o índice de sobrevivência não passava de 30%.

O próprio fato de ser um câncer raro, porém, trazia um aspecto positivo para o prognóstico. Aquele percentual se baseava numa série estatística curta, pelo baixo número de casos existentes. Ou seja: a chance de um novo caso contrariar as probabilidades era maior. Claro que Vanderson fincou sua bandeira nesse ponto do território. E o que dissera a Vivian, repetiu a Heloísa: as chances de cura do filho eram de 100% – enquanto eles estivessem ali, frente a frente, vivos.

No mundo gigante e às vezes intimidador do Sírio, encontrar o Dr. Vanderson tinha sido um alívio para Heloísa. Já na primeira conversa, em torno daquele assunto que não era leve, entre perguntas delicadas e respostas mais ainda, ele se virou para ela, com um sorriso quase moleque, e perguntou: "Você é de Minas?" Ele era de Belo Horizonte, e seu olhar estava dizendo "aposto que você é mineira também".

Ela era – de Uberaba – e aquela aposta brejeira do eminente doutor a fez sentir-se em casa. Com seu cavanhaque fino, olhos puxados e sorriso contagiante com covinhas, Vanderson parecia um monge tibetano. Transmitia calma, humor – e uma segurança absoluta em tudo o que dizia. Conseguia ser leve sem perder a concentração.

E, naquele momento, sua concentração estava 100% apontada para uma meta: preparar o organismo de Reynaldo Gianecchini para um transplante de medula. E a primeira incógnita a derrubar era se a quimioterapia faria efeito. Alguns pacientes simplesmente não respondiam a esse tratamento – o linfoma ignorava o veneno.

O médico precisava dessa resposta crucial. E o seu telefone continuava tocando. A imprensa precisava de outra resposta crucial (para ela): a que horas o Gianecchini vai sair do hospital?

Depois de quase dois meses de internação, com o longo script de suspense, perigo e drama, Giane ia ver a rua de novo. E todos queriam ver o astro apanhado pela tragédia.

O circo estava montado lá fora.

# O super-homem
# em apuros

A produtora, divulgadora e autora de teatro Célia Forte estava acostumada, pelo próprio ofício, a receber telefonemas inesperados em horários esquisitos – ou telefonemas esquisitos em horários inesperados. Mas aquele à uma da madrugada de sexta-feira, 26 de agosto de 2011, estava fora de todos os padrões:

– Por favor, vem me tirar do hospital.

O plano para a saída de Gianecchini do Sírio-Libanês, a primeira depois da notícia de que estava com câncer, começava a tomar ares de operação militar. Havia pelo menos uma dezena de pessoas opinando sobre o roteiro da reaparição pública do ator.

Discutia-se desde quem ia levá-lo para casa até quem ia estar ao seu lado quando ele passasse pela imprensa. Havia a sugestão de que saísse ao lado do Dr. Raul Cutait, no carro dele. A ideia de uma coletiva no saguão do hospital com os médicos – o gastroenterologista Cutait, o infectologista David Uip e os hematologistas Yana Novis e Vanderson Rocha – foi fulminada a distância por Márcia Marbá, empresária de Giane (como já tivera que fazer no anúncio da doença). Yana e Vanderson também não admitiam a tal entrevista.

Preocupado com o estresse do paciente, que podia afetar sua resposta ao tratamento, Vanderson o chamou e ofereceu-lhe um plano B.

Tinha notado que Giane, apesar da determinação de sempre, estava enfraquecido. E tinha dores do acidente com o cateter. Havia uma saída pelos fundos do hospital, totalmente reservada, por onde ele poderia driblar o circo. Ninguém o veria saindo, ele não precisaria declarar nada nem posar com papagaios de pirata.

Giane fechou no ato com o plano B. Não precisar ter uma performance pública naquele momento era o paraíso. Em seguida, porém, ficou na dúvida.

Tinha vontade de agradecer de viva voz a enxurrada de manifestações carinhosas que vinha recebendo – pelo seu e-mail, pelos jornais, por todos os lados. E se deu conta de que talvez fosse importante aparecer de pé, inteiro. Afinal de contas, ele era adorado pelas centrais de boatos – e se não fosse visto andando e falando, poderia tranquilamente aparecer em estado de coma no dia seguinte, em alguma coluna mais criativa.

Agoniado com o dilema, sem conseguir dormir, ligou para a pessoa que saberia o melhor a fazer. E que o ajudaria a encarar qualquer situação. Célia Forte, como o nome dizia, segurava todas.

Ela atendeu e já foi dizendo que estaria de manhã no hospital. Sobre qual saída ele deveria usar, Célia não tinha dúvidas:

– Claro que você vai sair pela porta da frente. Você não é bandido!

Célia Forte era produtora da peça *Cruel*, da qual Gianecchini se afastara oficialmente duas semanas antes. Nessa ocasião, ela quase derrapara. Depois de cancelar algumas sessões da peça em julho, por causa da faringite persistente do ator, recebera um telefonema dele. Atendeu já tentando adivinhar a notícia boa:

– Oba, vamos voltar?

– Pois é... Vamos ter que cancelar de novo.

– Poxa... O que a gente faz com essa faringite, hein?

– Querida, é um pouco pior. É câncer.

Como raramente acontecia, Célia Forte fraquejou. Mas ficou firme no telefone:

– Giane do céu... O que você tá me dizendo... Bom, foda-se. Vamos tratar isso.

Apesar de emotiva e chorona, a produtora era dura na queda. Só desmoronou quando foi dar a notícia à sua sócia, Selma Morente. As duas ficaram perdidas por um tempo, porque Reynaldo Gianecchini com câncer era mais do que uma tristeza profunda: era uma ameaça à ordem natural das coisas.

O herói-menino da TV, que ajudava a audiência a acreditar nos homens, não podia estar se degenerando – da mesma forma que o super-homem com poder de voar não podia ficar impedido de andar, como na tragédia do ator Christopher Reeve. O cerco ao Sírio-Libanês, que Célia teria que ajudar Giane a atravessar, não era bem um circo. Ver o jovem galã lutando pela vida era praticamente assistir a uma decisão de Copa do Mundo entre o bem e o mal, ao vivo.

Na manhã do dia 26, quando se dirigia ao hospital para resgatar o amigo, Célia Forte já tomara suas providências: mandara o futuro esperar sentado. Passado o estado de choque com Selma, as duas contrariaram Giane e decidiram não substituí-lo na peça. Guardaram todo o cenário, congelaram a produção e obtiveram o compromisso inédito da diretora do FAAP, Claudia Hamra: o teatro ia ficar bloqueado nos horários de *Cruel*.

Todos ficariam esperando o super-homem girar o planeta ao contrário e rebobinar o tempo, para embarcarem de volta na história certa.

Depois do telefonema de madrugada com o ator, Célia ligara para Selma:

– Vou tirar o Giane do hospital amanhã. Vem comigo.

– Você acha que pode ter problema lá?

– Tenho certeza.

Após o cruzamento de estratégias para o teatro de operações, o paciente decidira: sairia pela porta da frente, acompanhado apenas por sua mãe. Nada de comitiva. Ao chegar ao hospital, Célia foi negociar com os jornalistas. Eram muitos. Confirmou que Gianecchini ia sair no início da tarde e que pararia para falar com a imprensa. Mas não poderia responder a perguntas. Faria um rápido pronunciamento e entraria no carro.

Tentando ser ouvida pelo maior número possível de repórteres, a produtora fez uma ressalva: se eles não se comprometessem a respeitar o local estabelecido e não avançar sobre o ator, ele não passaria por ali.

Foi atendida com sinais positivos de todos. Quando voltou duas horas depois, porém, já com Gianecchini e Heloísa, suas pernas tremeram. Havia agora uma parede de fotógrafos e cinegrafistas, que tinham se multiplicado por dez, talvez mais. Uma multidão. Ninguém mais falaria com ninguém. Era gritaria de show de rock, que explodiu no instante em que a figura do ator surgiu no saguão de entrada.

O jeito era encarar. Passaram da porta, Giane parou no local combinado e começou a falar. Mas ele mesmo não se ouvia. Só ali percebeu a fraqueza da sua voz, habitualmente potente.

– Quero dizer que estou muito forte, que essa minha força vem...

"Vira pra cá, Gianecchini!" "Aqui, aqui!" "Porra, fala mais alto!"

Interrompido pelos gritos nervosos do pessoal da imprensa, ele ainda virou a cabeça por reflexo, mas não dava para identificar quem pedia o quê. Os brados se misturavam na balbúrdia – perturbadora para quem estava há tanto tempo confinado. E sua voz não passava daquele volume, que já fazia doer o ferimento no tórax. Continuou:

– ...que essa minha força vem, em grande parte, desse carinho todo, desse amor, dos amigos, das pessoas que têm me mandado e-mails, eu tenho lido todos...

"Caralho, Gianecchini! Olha pra cá!"

Os olhos de Célia Forte alcançaram no ato o fotógrafo mais exaltado. O sangue subiu e ela partiu na direção dele. Selma percebeu tudo, se antecipou e puxou o malcriado para fora do pelotão de frente. Salvou-o de um tratamento de choque.

Giane precisava encerrar a mensagem, senão a multidão não o largaria mais. Célia notou que, a essa altura, o caminho entre a entrada do hospital e o carro dela, parado em frente, já estava quase bloqueado pela turba. Eram poucos passos, mas a travessia poderia não acabar mais.

Seu coração disparou e ela pediu a Selma que fosse para o carro e assumisse o volante, que ela não teria condições. Giane percebeu que era o momento, disse que não tinha palavras para agradecer a todos e foi saindo.

Os paparazzi e alguns fotógrafos de mundo cão fecharam em cima dele. Os demais jornalistas, cumprindo o acordo, afastaram os oportunistas e abriram caminho até o carro. A porta já estava aberta e Giane pulou no banco do carona. Lá dentro, na altura da sua cabeça, havia um braço e uma câmera, enfiada pela janela de trás.

Célia arrancou o intruso pela manga da camisa e entrou no banco traseiro ao lado de Heloísa, que já estava lá. Fecharam portas e janelas, mas o carro começou a ser cercado por nova leva de fotógrafos. Selma plantou a mão na buzina e acelerou. Quem fosse compreensivo, que saísse da frente.

Giane estava livre para seguir o seu caminho. Contava com o Brasil todo, mas o caminho era solitário. Passaria a viver uma vida sem os outros – sem abraçar, sem beijar, sem contracenar. Exausto, porém tranquilo, fechou os olhos e transportou-se para o alto de sua árvore.

O encontro com o espelho foi surpreendente. Giane adorou se ver careca. Alguns acharam que ele estava fazendo o jogo do contente. Mais uma vez, porém, era sincero. Achou que o formato do crânio exposto lhe deixara com cara de guerreiro. E se emocionou ao se lembrar imediatamente da cena de Carolina Dieckmann em *Laços de família*.

Pegou o celular e enviou um sms para ela, contando que acabara de passar pelo ritual da cabeça raspada. E acrescentou: "Dessa vez não chorei."

Às vésperas da segunda sessão de quimioterapia, Claudia Raia foi vê-lo no hospital. Como passara a fazer quase todos os dias, entrou às onze da noite (depois do ensaio de *Cabaret*) por uma passagem secreta – que lhe permitia não ser vista pela imprensa e ficar lá clandestinamente até as duas da manhã, driblando as regras de visitação.

Como de costume, deu boas risadas com o parceiro de palhaçada. Ele contou que, assim como o cabelo, os pelos do resto do corpo também estavam caindo. Ela disse que devia estar uma gracinha.

Novamente só saiu de lá praticamente obrigada pelo amigo a ir descansar. Despediu-se com mais uma piada e uma gargalhada, fechou a porta do quarto e caiu em prantos no corredor.

Já conversara bastante com o Dr. Vanderson e sabia que câncer relacionado ao sangue não tinha meio-termo: era viver ou morrer. Ao transpor de volta sua passagem secreta, Claudia Raia perguntou aos céus por que a vida do seu amigo tinha que parar aos 38 anos naquela encruzilhada.

# Adeus, príncipe

Estava difícil dormir. Não achava posição. A cabeça girando a mil por hora. Nervosismo e excitação. Abraçou o travesseiro com força. E começou a beijá-lo. A inquietação era por causa da mulher amada.

Reynaldo Gianecchini, 10 anos de idade, estava apaixonado.

A mulher amada tinha 9 anos. Era morena de cabelo e nem tanto de pele, corpo delgado e gracioso, charmosa já. Na escola, ele mal podia esperar a hora do recreio para vê-la passando, sorrindo, lanchando, respirando. Nunca tinha falado com ela – muito menos tocado. Mas a Terra não podia continuar girando enquanto isso não acontecesse.

Reynaldo conseguiu pegar no sono quando pensou num plano.

E a pessoa certa para executar o plano era Marilza. A pessoa certa para quase tudo na sua vida era Marilza. Vizinha, colega de turma, confidente, bonita, criativa, decidida, Marilza dificilmente era vista em Birigui sem Reynaldo. E vice-versa. Antes que pudesse pensar nela como uma namoradinha, Marilza já era sua metade. Seria como namorar a si mesmo.

Moravam um em frente ao outro e circulavam entre as casas como se elas fossem uma só. Entravam sem bater e sem se anunciar, até porque em geral estavam chegando juntos, ou saindo juntos, ou fazendo nada juntos. Não fazer nada no quintal da casa dele era muito interessante, especialmente com os dois sentados no alto da goiabeira, onde havia uma "cadeira" para cada um. No quintal da casa dela era melhor ainda, porque havia várias árvores para cada um. Marilza não tinha um quintal, tinha um bosque.

A propriedade ocupava um quarteirão inteiro. A menina perdera o pai cedo e a família ficara pobre, mas mantivera a casa – que era pequena, no meio de um terreno gigante. Para as duas crianças, a mata não tinha fim. Ali cabiam todas as brincadeiras, todas as fantasias e ótimos planos.

A estratégia montada pela dupla para fisgar a musa de Rey – como Marilza o chamava – era sofisticada. Em primeiro lugar, como ele não podia mais continuar vivendo sem tocar nela, o plano previa uma ação emergencial.

Marilza chamaria a menina para lhe contar um segredo na hora do recreio, passaria com ela em frente ao banco onde Rey estaria sentado e tropeçaria na hora exata – empurrando-a sobre ele. Depois ficaria amiga dela e a convidaria para o seu bosque, onde ele naturalmente também estaria. Os deuses do amor haveriam de perdoar um pouco de engenharia.

A primeira parte foi posta em prática e Marilza deu mais um dos seus shows de perfeição. No recreio do dia seguinte, no momento previsto, Rey tinha a amada em seus braços. Um pouco assustada e contrariada, era verdade, mas deliciosa. Agora era urgente completar o plano. A amizade entre as duas estava bem traçada na prancheta.

Na prática, porém, estava demorando a engrenar.

– E aí, Marilza? Ficou amiga dela?!

– Calma! Não é assim, não... A menina é tímida. Confia em mim.

Os dias de Reynaldo foram ficando difíceis. Não conseguia pensar em outra coisa. Demorava a dormir, e não dava mais para beijar o travesseiro depois de sentir a pele de sua musa. Só não estava indo mal na escola porque tinha extrema facilidade de assimilar tudo.

Ainda bem que não precisava estudar em casa, porque naquele momento só veria nos livros o nome da sua amada: Silmara. Ela já era sua, só não sabia ainda. Apesar da falta de cabeça para estudar, ele não podia deixar de fazer os trabalhos de grupo.

E antes de sair para um desses trabalhos na casa de um colega, perguntou de novo a Marilza se houvera algum progresso no plano. Quem sabe, alguma novidade lhe desse algum ânimo para enfrentar o tédio da reunião.

Nada. Ela já contara a Silmara todos os segredos, reais e inventados, mas a princesa continuava arredia. Ir ao bosque, nem pensar. Rey foi encontrar seu grupo com a cabeça no pé.

Chegou na casa do colega, tocou a campainha e quase teve um enfarte. Quem abriu a porta foi a sua amada.

Silmara era irmã do dono da casa. Rey se iluminou ao ver a sua beldade, mas tinha um problema: era péssimo em esconder seus sentimentos. Ficava tudo na cara, exposto, escancarado. A menina viu seu coração às cambalhotas. E riu para ele.

O tedioso trabalho de grupo tornou-se mágico, melhor do que uma tarde no bosque. A irmã do anfitrião ficou o tempo todo por perto e correspondia a todos os sinais do visitante. Não era tão tímida assim. Nem boba. No dia seguinte, no recreio da escola, já era dele.

O amor aos 10 anos ainda não chegava ao beijo de língua, mas era extasiante. O ritual de ir até a cantina, comprar o lanche e se sentar sozinho com sua namorada fazia o tempo parar. Assíduo em todos os esportes e jogos praticados na Escola Stélio Loureiro, Reynaldo Gianecchini desaparecera da quadra e do pátio. O recreio agora era hora de amar.

Talvez fosse cedo para tanto romantismo. Mas o menino já não era um apaixonado de primeira viagem. O primeiro beijo no travesseiro acontecera aos 8 anos. Na ocasião, a musa que fazia o mundo parar enquanto não fosse dele era Ariadne, 7 anos, uma princesa que saltara dos contos de fadas.

Linda e rica, ela morava numa mansão – e, ao contrário de Marilza, sua família estava em plena potência financeira. Suas festas de aniversário eram grandiosas, com o imenso jardim todo decorado, carrocinhas de cachorro-quente e algodão-doce, atrações teatrais e gincana. Reynaldo encontrou rapidamente o melhor plano para conquistar a princesa Ariadne: vencer a gincana e ser o herói do aniversário dela.

Assim como no concurso de desenho dois anos antes, ele decidiu ganhar – e ganhou. Tinha ótima desenvoltura física e ia bem em todos os esportes, embora não fosse o melhor em nenhum. Turbinado pelo amor, porém, não tinha concorrente à altura. Foi premiado, no aniversário seguinte foi bicampeão e conquistou o coração de sua amada.

O amor aos 8 anos dava direito a ser recebido na mansão da princesa, ficar alguns instantes ao lado dela como seu namorado e só. Mas era um sonho.

Desde antes disso, o universo feminino parecia conspirar para fazê-lo príncipe. A mãe Heloísa, as irmãs Cláudia e Roberta, a "metade" Marilza, primas, tias, vizinhas que concorriam para lhe dar banho – a vida se esquecera de colocar homens em sua órbita.

Reynaldo, o pai, era uma entidade distante. Por temperamento e falta de tempo, exercia o seu amor pelo filho quase sem ligação direta. O único ritual conjunto dos dois acontecia em torno de um formidável autorama – tão formidável que só o pai sabia montar. Para o menino, aquilo era tão fascinante quanto raro. Já as mulheres, ele ganhava com um sorriso doce a qualquer hora.

Depois de Ariadne e Silmara, veio Camila, filha da professora de inglês. O amor aos 12 anos era ainda mais arrebatador. Dessa vez, Marilza conseguiu rapidamente a amizade tática e fez a pronta entrega no bosque. Em termos de avanço territorial, Silmara já mostrara a calcinha ao namorado e Camila permitiu que as tropas do Rey ganhassem mais algumas posições.

Aos 13 anos, o mundo parou para a conquista de Andreia, que já tinha 14. Rey se sentia um homenzinho ao lado de sua namorada que tinha seios e ia com ele à Mamma Mia, um chalé-pizzaria que era o grande point de Birigui.

O corpo dele começava a desejar um amor menos angelical. Mas o desejo dela estava um pouco mais adiante. Dessa vez o príncipe ia perder a parada – para um candidato mais adiantado no livro do sexo. E esse assunto o andava preocupando.

Antes de descobrir o sexo, Reynaldo descobriu o poder do sexo – e se assustou com o mundo adulto. Entendeu que o amor carnal podia fazer e desfazer casamentos, o que estilhaçava sua imagem do amor romântico, do enlace sublime entre príncipe e princesa. Seus pais jamais tinham brigado na sua frente, a vida adulta dentro de casa era um castelo seguro e justo.

O menino pediu para conversar com Heloísa. Disse que tinha um assunto importante.

– Mãe do céu, eu descobri umas coisas. Tô com medo de ser adulto.

Ele tinha observado também assuntos de dinheiro opondo casais, pais de família mentindo, traições por egoísmo e outras goteiras no castelo da vida adulta.

Heloísa não envernizou nada: se o que parecia perfeito não era tão bom, o que parecia terrível podia não ser tão mau. E o tranquilizou com a simplicidade de sempre: ele podia crescer à vontade.

Reynaldo resolveu crescer para ver, ver para crer, e deixou o príncipe para trás. Que viessem as impurezas, ia mesmo precisar de anticorpos. Até porque, pelos seus cálculos, em no máximo cinco anos estaria longe dali.

A direção da escola deteve o aluno da ala dos maconheiros e ia aplicar-lhe uma suspensão. Mas aí alguém lembrou: o sacana era filho do professor de química. Constrangimento geral. O jeito era chamar o professor, expor-lhe a situação e decidir junto com ele.

O mestre chegou à sala da direção e foi posto a par do problema diante do filho. Ao final da explicação, se pronunciou:

– Suspende.

Reynaldo Gianecchini, o mau elemento, não era assim tão mau. Nem maconha ele fumava. Mas aquele negócio de ser bonzinho desde criança estava lhe trazendo sérios prejuízos, inclusive no campo amoroso. Com a larga oferta de péssimos alunos que andavam de moto, não respeitavam ninguém e enlouqueciam as meninas, se ele continuasse tirando ótimas notas, andando a pé e sendo legal com todo mundo, seria um homem morto.

Aos 15 anos, Reynaldo resolveu se rebelar. Com a entrada no ensino médio (científico, na época), foi estudar em Araçatuba, a 10km de Birigui. O Colégio Anglo o prepararia melhor para o vestibular. Estava pela primeira vez numa escola particular, mas não ia pagar, porque seu pai dava aula de química lá. Daí vinha o primeiro problema.

Desde a época de jogador de basquete, Reynaldo pai era chamado de Patão (apelido que ganhou quando era mascote do time e não perdeu mais). Como professor de química continuava sendo Patão, ninguém nem sabia o seu nome. Evidentemente, o filho do Patão virou Patinho – o que não era um bom começo para um projeto de rebeldia.

Para derrubar a sina do apelido, ele passou a sentar nos fundos da sala, com a cadeira inclinada para trás, escorada na parede, no meio da galera da pesada – que, claro, odiava química. A única saída para Reynaldo era se opor ao pai, que por sua vez era implacável com alunos malandros.

O filho continuaria indo bem nas provas (que ninguém espalhasse isso), porque tinha muita facilidade de aprender, mas nas aulas estava no foco da bagunça. O pai chegava em casa e se derramava em elogios para um japonês que sentava na primeira fila, não falava, não piscava e fazia os exercícios sem um segundo de dispersão. Era "o melhor da classe", era "impressionante", etc. – só dava o japonês na hora do jantar. Guerra era guerra.

– Pena que o japonês CDF não é seu filho, né, pai?

Nada ali era tão grave quanto parecia, nem mesmo a hostilidade. Cada um tinha que ficar firme no seu papel – o professor rígido e o aluno rebelde. Mas com o professor de português, a coisa ficou séria.

Cansado do pelotão da retaguarda, que mantinha o zum-zum-zum sempre ativo na sala, um dia ele parou a aula e mirou em um só. Reynaldo levou uma descompostura meio constrangedora e não gostou. Naquele momento não estava nem conversando. Já tinha se balançado na cadeira, desenhado, olhado para o teto e feito todas as demonstrações de tédio possíveis, mas tecnicamente não atrapalhara a aula.

Mais que rebeldia, baixou o seu senso de justiça e ele devolveu o balaço:

– Professor, tudo o que você tá falando aí na aula eu já sei. Se quiser me perguntar, me pergunte agora. Eu podia estar conversando ou fazendo qualquer outra coisa, porque a sua aula é muito chata. Mas estou só desenhando. Não te atrapalhei em nada.

A verdade doeu e o aluno foi expulso de sala. Com pedido imediato de suspensão à direção – logo endossado pelo professor de química, seu pai. Não só foi suspenso como foi transferido de turma e separado dos seus novos amigos. Indignado, agora Reynaldo ia ser um rebelde com causa.

A punição repercutiu na escola e o Patinho enfim começou a figurar no hall dos maus. Matava aulas ostensivamente, circulava com os piores tipos (escolhidos a dedo), ia deixando o menino doce bem disfarçado sob a fachada de encrenqueiro. A ala feminina passou a notá-lo. E seu coração indócil foi cismar logo com a melhor de todas.

Andreia, a quarta paixão, trocara-o por um menino mais velho – e mais graduado na arte de beijar. Na época, Rey ainda era virgem de beijo de língua e entendeu que tinha que deixar de ser. Saiu em busca desse novo horizonte, mas não teve vida fácil. Nos anos 80, as meninas de Birigui, em sua imensa maioria, só beijavam se estivessem namorando. As poucas que "ficavam", sem compromisso, eram distinguidas com o status de galinhas.

Reynaldo entrara para o time de vôlei da cidade e saíra numa turnê para disputar os Jogos do Interior. Marilza também estava nessa competição, jogando basquete, e Rey assistia aos jogos dela sempre que podia. Logo se fascinou por uma jogadora do time da amiga, uma lourinha atlética e carnuda, que olhava para ele também.

Ninguém tinha dito nada, mas a antena de Marilza captou tudo. Nem perguntou, já veio com o plano pronto:

– Ela se chama Gislei. É uma gracinha mesmo. Pode deixar que eu vou te ajudar.

Depois de um jogo em Pirassununga, Marilza avisou a Rey que a lourinha ia para trás da segunda arquibancada. Ele podia correr para lá.

No local indicado, os dois se aproximaram, trocaram meia dúzia de palavras que não diziam nada e se entregaram à língua que realmente queriam falar. Perderam a noção do tempo enroscados ali. Foi um beijo só – mas ele não terminava nunca.

De volta a Birigui, Reynaldo pegou uma virose e ficou de cama. Marilza entrou de novo em ação e fez a menina saber disso, dizendo-lhe por sua própria conta que ele adoraria uma visita dela. Gislei foi vê-lo e, quando tocou a campainha, ele estava no banheiro vomitando.

Foi recebê-la se sentindo péssimo e ao mesmo tempo radiante. Seu coração disparou, estava fisgado de novo.

No dia seguinte, recuperado, ele decidiu apostar alto naquele romance, que vinha com o brinquedo novo do beijo de língua. Comprou uma tinta spray, esperou a noite cair, pediu emprestada a um amigo uma mobilete (pequena moto comum na época), tomou coragem e acelerou até a rua de sua amada. Certificou-se de que ninguém o via e pichou em letras gigantes, no muro do vizinho em frente:

"Gislei, eu te amo!"

Foi dormir como um rei. E acordou como um rato.

Gislei tinha ido bater na casa dele, enfurecida:

– Você tá maluco, cara?! Como é que você faz uma coisa dessas?! O vizinho tá querendo matar quem fez isso! E a minha mãe tá querendo me matar!

Antes que o romântico pudesse sair em defesa do seu romantismo, a lourinha possessa encerrou a conversa:

– Olha, me faz um favor: desaparece! Eu não quero te ver nunca mais.

Catando os cacos do que tinha sobrado dele, Reynaldo foi consolado por Marilza. E confirmou com ela que a ira do tal vizinho era só metade da história – a menos importante. A outra metade era que Gislei tinha namorado.

Se a menina que beijava sem namorar já era galinha, ela concorria portanto a algum título ainda menos nobre no falatório da rua. O jeito era apagar a pichação – e o pichador.

A nova paixão se esfarelara à sua frente pouco antes da mudança de escola para Araçatuba. E na cidade vizinha, depois de pôr em prática seu projeto de rebeldia e conseguir o título de bad boy, finalmente alcançou o paraíso: antes de terminar o primeiro ano na nova escola, a garota que todos queriam o escolheu.

Tinha, enfim, uma língua para chamar de sua.

# 350 anos de vida

A escola em Araçatuba ficava a menos de meia hora de ônibus de sua casa, e Reynaldo Gianecchini ia e voltava todo dia. Mas já sentia a temporada na cidade vizinha como o início do seu adeus a Birigui – programado por ele mesmo desde os 7 anos de idade. Mirando o horizonte do alto da goiabeira, tivera a certeza de que havia outra vida esperando por ele. Não sabia bem qual era, só sabia que tinha que ir deixando coisas para trás. Foi assim que, aos 15 anos, o escorpião resolveu deixar um pedaço de si mesmo pelo caminho.

Um pedaço que era a metade do todo: Marilza.

Extensão de sua vida, de sua casa, de sua alma, a parceria com a irmã de todas as horas e de todas as histórias teria que ficar para trás também. Não havia um motivo muito claro. Ele só achou que não podia mais ser misturado, ser dois em um. Essa simbiose talvez estivesse bloqueando o terreno para a entrada de outras pessoas na sua vida.

Marilza e Rey tinham a química da criança, do anjo. As energias masculina e feminina até se confundiam um pouco entre eles – ela muitas vezes tinha mais a força da iniciativa, da decisão, e ele era mais reflexão e afeto. De repente foi brotando a mulher nela – linda – e o homem dentro dele já não se conformava com o sexo dos anjos: as coisas não podiam mais ser indefinidas e sublimes nesse campo. Seu corpo começava a ficar impaciente.

Ambos sofreram, mas ele cortou o cordão. Era tão bom em se ligar quanto em se desligar. Foi à luta em Araçatuba.

～

Rosane era difícil. Quando ela vinha por algum corredor do Colégio Anglo de Araçatuba, a conversa da rapaziada parava. Mesmo quem não quisesse olhar – e isso era raro – olhava. Mas ela nunca olhava de volta. Para ninguém.

Como se não bastasse o encanto da moça de quase 17 anos, pele bem branca, cabelos castanhos escorridos e rosto perfeito, ainda tinha o mistério. Alguns diziam que Rosane tinha namorado firme fora da escola, outros juravam que ela já namorara secretamente alunos da própria escola. Outros ainda asseguravam que ela não namorava ninguém, mas estava escolhendo o felizardo. Esses estavam certos.

Mas ninguém apostara que o felizardo fosse um garoto mais novo que ela, da série abaixo, que até já fora chamado de Patinho. Rosane era muita areia para o caminhão de Reynaldo. Só duas pessoas não achavam isso: Rosane e Reynaldo.

O namoro começou e firmou logo. A rapaziada continuava perdendo a fala quando ela passava, mas agora os marmanjos tinham que olhar também para aquele pirralho, que não desgrudava dela. Nem ela dele. O namorado não demorou a ser apresentado à família e passou a frequentar almoços e alguns jantares na casa de Rosane, que morava em Araçatuba. Com os estudos e o amor no mesmo lugar, Birigui começou a ficar de fato para trás.

A família de Rosane era bastante receptiva. E bastante conservadora. O pai era militar, e todos eram católicos praticantes. Inclusive ela. O sentimento entre os dois foi crescendo rápido, e o tesão também. Cada vez se desgrudavam menos. E aí ele foi percebendo que a intimidade da namorada ainda teria que ser libertada da Igreja e das forças armadas. O caminho para a cama ia ser longo.

Mas a paixão era intensa e Reynaldo foi em frente. Aproveitou para jogar a energia em outro projeto, o maior de todos: a decolagem para a cidade grande. São Paulo o chamava, urgente.

Começou a ir esporadicamente à capital, quando sabia de alguém (que conhecesse a cidade) indo para lá. Numa dessas incursões, voltou maravilhado.

Fora parar no teatro e assistira pela primeira vez a uma grande montagem – *Orlando*, de Virginia Woolf, dirigida por Bia Lessa. A história de um jovem inglês que um dia acorda mulher e vive 350 anos, com todas as relativizações sobre tempo, amor, feminino e masculino, incendiara o garoto do interior. A cena de nudez da atriz Fernanda Torres apresentara-lhe um grau de liberdade que ele nem sabia que existia.

Para decolar rumo a esse mundo fascinante, era preciso estudar química, física, biologia e outras matérias não muito parecidas com os mistérios de *Orlando*. Mas desde menino ele já entendera que, de onde ele estava, a entrada mais próxima para o resto do mundo era o vestibular da USP.

Seus pais apoiavam totalmente o projeto. Professores, Heloísa e Reynaldo queriam que o filho tivesse uma sólida formação acadêmica. O resto era com ele. São Paulo, portanto, era a convergência entre as expectativas profissionais dos pais e o sonho de liberdade do filho. Só não valia ir para a capital, arranjar um bico e estudar nas horas vagas. Tinha que ser para valer, até a formatura. Senão ia ter briga feia.

Reynaldo Gianecchini não era aplicado. Era obstinado. Não havia perigo de os sonhos atropelarem a disciplina. Escolheu a carreira de Direito – porque gostava de verdade e justiça, e porque achava que como advogado, falando línguas, atravessaria todas as fronteiras. Acreditava que a advocacia o levaria longe. Ou melhor: para longe.

Quando o vestibular começou a se aproximar, Reynaldo estava com 17 anos de idade e quase dois de namoro com Rosane. Eles se amavam, ainda sem sexo. Ela queria casar, ter filhos e tudo o mais que ele quisesse. Ele queria tudo, menos casar e ter filhos.

Chamou a namorada para conversar. Disse que ia doer, mas ia passar. O escorpião se mutilava mais uma vez. Os dois choraram horas, dias. Mas ele não recuou da separação. A voz que falava em sua cabeça tinha vindo alertá-lo: aquela decolagem precisava ser solitária.

Vera Fischer seminua em *Riacho doce*. Sexo. Vera Fischer enlouquecendo com as carícias de Dilermando. Mais sexo. A concorrência aos livros abertos para o vestibular estava desleal. Ainda tinha Malu Mader em *Top model* e, como se não bastasse, Claudia Raia. A atriz das pernas monumentais, que dançava fácil entre a sensualidade e a comédia, estourara em *Sassaricando* e não saíra mais da mira de Reynaldo. Aquele ano de 1990, misturando as urgências do sexo e do vestibular, não estava fácil.

Reynaldo tinha cabeça boa – sua capacidade de abstração e de assimilação era notável desde a primeira infância. Depois que aprendeu a ler, bateu o recorde de livros pedidos na biblioteca da escola. Ganhou até prêmio por isso.

Quando seus pais tinham que ficar nas reuniões de coordenação até de noite, levavam o menino para a escola. Sem nada para fazer, ele foi virando rato de biblioteca. De Monteiro Lobato a Agatha Christie, ia devorando tudo.

No ano do vestibular, sua concentração seria testada como nunca. A separação sofrida de Rosane se embolava com a emoção da despedida de Birigui, a terra natal que em alguns meses sumiria no retrovisor. Rey não se importava em dar adeus, mas achou que seria saudável fazer da contagem regressiva na sua cidade um momento especial.

Passou a circular mais para ver as pessoas, entrou um pouco na boemia e virou assíduo da praça dos bares – onde acontecia a noite local.

Numa dessas rondas sem compromisso, como não encontrara ninguém interessante, não se fixou em nenhum dos bares. A certa altura, resolveu dar uma volta na praça para a checada final antes de voltar para casa – e para os livros. Notou então um grupo de três mulheres conversando e rindo muito. Pareciam bem soltas e seguras, o que chamou sua atenção, porque a postura feminina ali era em geral mais acanhada.

Uma delas prendeu um pouco seu olhar – o tipo físico lembrava Claudia Raia. Continuou passando e foi em frente, com uma ligeira sensação de que tinha sido olhado por ela. Não deu muita importância, porque era uma mulher certamente já com mais de 20 anos, portanto fora da sua alça de mira. Mas a dúvida o empurrou para mais uma volta na praça.

Quando avistou o trio novamente, a mulher já estava olhando para ele. Ou mais que isso: estava rindo para ele. Ou mais que isso:

– Oi, gato! Vem cá...

Ele foi, achando divertida a irreverência. Talvez tivessem bebido um pouco mais e quisessem tirar uma onda com o menino bonitinho, dizendo-lhe umas coisas engraçadas. Mas não era isso.

O nome dela era Sabrina, tinha 21 anos, achara Reynaldo uma delícia e queria comê-lo.

A mensagem objetiva não levou muito tempo para ser transmitida – o tempo de um brinde, mais umas risadas, o primeiro beijo e o segundo. Sabrina era extrovertida, relaxada e sabia bem o que queria. Seu comportamento poderia lhe custar o rótulo dos moralistas para as meninas fáceis, mas ela não estava nem aí. Não era menina, era mulher. E não ia desperdiçar aquele garotão.

Reynaldo ficou meio tonto com aquele bilhete de loteria na mão, que depois de tão longa espera caíra do céu de repente – sem ter que pedir licença à família, à Igreja ou ao Estado, nem mesmo ter que conversar muito. Sabrina era incrível, resolvida. Só faltava resolver para onde iriam.

Na casa dela tinha gente, não ia dar. E motel em cidade pequena pode virar vitrine: ela ia fazer o que quisesse, mas também não queria chamar atenção. Ele decidiu a parada. Iam para a casa dele.

Morava sozinho? Não: com o pai, a mãe e duas irmãs mais velhas... Estavam viajando? Não, todos em casa. Como assim? Bem, eles não dormiam tarde. Era só tomarem mais uma cerveja, ou duas, e caírem na clandestinidade de madrugada. No quarto dele, ele garantia, não tinha ninguém. Sabrina aprovou o plano.

O invasor da própria casa agiu como um assaltante profissional. Nenhum ruído, nenhuma pista. Nua, Sabrina se parecia ainda mais com Claudia Raia – poderia tranquilamente estar também na *Playboy*. Os dois recém-conhecidos se amaram desinibidos, como amantes da cidade grande.

Depois de tanta expectativa para aquele momento, com toda a mitologia existente sobre a primeira noite de um homem, Reynaldo já tinha sua crônica da virgindade perdida. Despediu-se carinhosamente da bela Sabrina e, ao se ver sozinho de novo, resumiu para si mesmo sua estreia: "Não sei, não... Acho que a minha punhetinha é melhor."

Mas ia deixar de ser. Sabrina reapareceu e o desejo entre eles foi aumentando. O encaixe era bom e os quatro anos de diferença foram sendo esquecidos. Ele não era mais menino. Prestes a completar 18 anos, depois de encontros e desencontros com gatinhas de vários tipos, achara a melhor receita para virar homem: uma mulher.

Numa noite em que o amor não pôde esperar até a madrugada, ele a convidou para um motel. Só que não poderia ter feito isso.

Na hora de pagar, abriu a carteira e ela estava vazia. Teve vontade de evaporar. Se sentiu mais do que nunca um menino e ficou com cara de menino. Talvez uma de suas irmãs tivesse pegado seu dinheiro para devolver depois, o que na pressa às vezes acontecia. Mas agora só o que importava era como se livrar daquele mico – de preferência, sem passagem pela polícia.

Sabrina tinha cheque. Mas o cheque era do banco onde ela trabalhava – e preferia que ele não batesse lá depositado por um motel. Reynaldo disse que de jeito nenhum podia deixar o talão na bolsa. E deixou de ser moleque.

Concentrou-se, abandonou os últimos vestígios do bad boy, caprichou na estampa doce e sincera e foi negociar com o motel. Não tinha nada a oferecer naquele momento, só a sua credibilidade. E a sua lógica: disse ao funcionário do estabelecimento que ele poderia se livrar do transtorno de dar queixa do calote – bastava confiar na sua palavra e esperar o dinheiro na mão no dia seguinte.

Claro que, se o dinheiro não viesse, a confusão seria maior ainda para o funcionário. Mas o rosto e a argumentação de Reynaldo o persuadiram. Era o futuro advogado em ação.

Duas semanas antes do vestibular da USP, ele resolveu se exilar das coisas da vida. Foi para o apartamento vazio de uma tia que estava viajando e se trancou sozinho com os livros. Na hora da prova, que seria feita em Bauru, estava preparado e confiante. Mas sua cabeça o traiu.

A prova não estava difícil. O candidato terminou em cinco horas, encontrou-se com sua mãe, que fora apoiá-lo, e foi com ela para casa comentando as questões que tinham caído. Aí o que caiu foi uma ficha explosiva: ele cometera uma falha grave.

Como sempre fazia nas exatas, desenvolveu os raciocínios e os cálculos em folhas de rascunho, para depois passar para a prova os que precisavam ser demonstrados. Dessa vez, porém, se esqueceu. Estava frito.

Encontrou-se com seu pai e contou o que se passara. Disse que fora bem no geral, mas que aquele lapso reduzia suas chances. Quando ouviu aquilo, o professor de química perdeu a calma.

Apesar dos embates entre os dois, Reynaldo se orgulhava muito da alta capacidade do filho e tinha grandes expectativas em relação ao sucesso dele. Diante da perspectiva da perda da vaga na USP, que era líquida e certa para um excelente aluno como ele, o sangue italiano do pai subiu. O orgulho se transformou em agressão, com palavras duras – no máximo volume – sobre o erro e o provável fracasso do filho.

O rebelde ressuscitou em Rey, com aquele ataque inesperado. Deixou sua própria frustração de lado e rebateu:

– Quer saber, pai? Se eu não passar, caguei! A vida é minha, eu sou novo, tenho muito tempo pra tentar o que eu quiser.

O pai não gostou de ser desafiado e devolveu entre os dentes:

– Não é assim, não. Aí você fica caro pra mim.

O golpe no fígado encerrou o duelo. O rapaz virou as costas e foi em direção à porta. Vendo que ele ia sair de casa, Heloísa se desesperou e interpelou o marido: estava louco de falar assim com o filho dele, tinha que se retratar... Mas o filho já estava em cima da sua bicicleta, pedalando não sabia para onde, pelas ruas da cidade da qual não estava mais indo embora.

Só tinha uma certeza, que transformou em juramento para si mesmo: nunca mais ia depender do pai para nada.

O resultado do vestibular da USP confirmou a tragédia anunciada: Reynaldo Gianecchini não passara. Também não passara na PUC, que tinha feito antes sem se dedicar, porque estava certo da vaga na USP.

Havia ainda outra notícia no front – e o front aí não era metáfora: ele podia ir raspando a cabeça.

Sem a matrícula na universidade, não conseguira a dispensa do serviço militar. Estava convocado para se apresentar ao Exército.

# Bem-vindo
# ao Birigui Palace

O soldado Gianecchini foi acordado às quatro da manhã, com sua cama tremendo. Um sargento de mais de 100kg batia bruscamente com o coturno no chão, ao seu lado. Quando terminou de esfregar os olhos e se refazer do susto, já tinha recebido meia dúzia de ordens.

– Levanta, soldado! Não enrola, soldado!

Mal podia acreditar que fora parar naquele lugar. Na décima série de polichinelos, com o sol ainda raiando, seu pensamento só conseguia girar em torno de duas frases: "Puta que pariu, isso aqui não é pra mim. Isso é pra quem não tem nada pra fazer na porra da vida."

O universo militar lhe dava calafrios. Tudo era resolvido com um "cala a boca", com uma ordem estridente, com o imperativo da obediência. Lembrou-se da família de Rosane, com o pai militar ali como uma sombra, sempre alerta para coibir afagos excessivos do namoro na sala.

De sentinela na madrugada, como um fantasma numa guarita daquele quartel sepulcral, Reynaldo se angustiava com o tempo passando por ele. Sua vida entrara na contramão.

São Paulo, Virginia Woolf, Fernanda Torres, o delírio, Vera Fischer, os amores, as línguas, Claudia Raia, a liberdade, o humor, o mundo. Estava tudo proibido para ele, preso naquela farda idiota em Birigui.

Um ano de jaula militar seria impossível. Tentava não perder a mínima serenidade, sabendo que sem ela não se encontra a saída. Mas estava difícil acreditar numa saída para aquele pesadelo. Já à beira do desespero, veio a notícia desconcertante.

Depois da primeira fase de matrículas, com as vagas abertas pelas desistências, a PUC fizera a reclassificação para o curso de Direito – e entre os novos aprovados estava o nome dele. Mas a PUC era particular e ele não poderia cursá-la sem a ajuda do seu pai.

Nada feito, então. Sabia que ele não ia ficar "caro" para o pai, que o problema ali não era propriamente financeiro. O dinheiro servira mais como ferramenta autoritária, era só um "quem manda aqui sou eu". E ele não iria se submeter. Tinha que manter seu compromisso de independência.

À sua volta, porém, o "cala a boca" dos militares o lembrava a toda hora: confinado naquele quartel, independente era tudo o que ele não seria.

Na escolha de Sofia, se permitiu considerar o autoritarismo menos aprisionador. Pelo menos seu pai o amava e o destratara por querer tratá-lo bem (à sua maneira). Aceitar que ele bancasse a sua faculdade era uma concessão amarga, mas era o passaporte para São Paulo. O que abriria caminho para a sua independência – e o livraria do Exército.

Em março de 1991, Reynaldo Gianecchini estava matriculado na PUC. Ia virar a primeira página da sua vida – das muitas que, ainda criança, dissera à mãe já saber que viraria. Ao iniciar seus preparativos para a mudança, disse a Sabrina que precisava conversar com ela. O escorpião ia atacar novamente.

Na conversa sofrida, a namorada deixou claro que não se importava de vê-lo só nos fins de semana que ele pudesse ir a Birigui. Mas ela não estava entendendo: ele não ia mais voltar a Birigui.

Sentou-se no ônibus olhando em frente, querendo que a grande janela dianteira lhe trouxesse a estrada, que lhe traria São Paulo. Só quando o motor foi ligado permitiu-se sua última olhada para trás.

Na plataforma, choravam juntos seu pai, sua mãe, suas irmãs, Sabrina e mais alguns parentes e amigos. Ele chorou também. De alegria. Por estar partindo e por ter consigo a força da sua família – que, tinha certeza, o levaria longe.

Pinheiros, esquina de Teodoro Sampaio e Cristiano Viana, sete da manhã. Não cabia mais ninguém no ônibus lotado, mas ele parou no ponto assim mesmo. O passageiro que fizera sinal teve dois segundos de dúvida. O horário apertado não lhe aconselhava a esperar o próximo, que talvez viesse lotado do mesmo jeito. Se agarrou na porta do ônibus.

O motorista acelerou e continuou a viagem normalmente, com ele pendurado, pelas ruas de São Paulo.

A situação se repetiria, com pequenas variações, em todas as manhãs do calouro de Direito a caminho da PUC. A cidade sonhada, a Meca da libertação do jovem de Birigui, lhe oferecia diariamente um despertar de peão. Acostumado às ruas calmas e livres do interior, Reynaldo Gianecchini agora acordava praticamente dentro de um engarrafamento – no qual representava o papel de sardinha em lata.

E estava feliz da vida.

Pendurado no ônibus ou socado lá dentro, tanto fazia. O que para a maioria era um martírio, um desalento proletário, para ele era um filme: a paisagem trazia um show de informações a cada quarteirão, um desfile inesgotável de gente, cores, estilos, esquisitices. Seus olhos iam devorando cada palmo de cidade, no ritmo da sua impaciência de viver tudo – no ritmo de São Paulo.

A janela do seu quarto, exatamente na esquina onde pegava o ônibus, também passava o filme da metrópole. De repente, na calçada logo abaixo do seu mirante no primeiro andar, vinha caminhando

Giulia Gam – a atriz formada por Antunes Filho que acabara de explodir na TV, no folhetim capa e espada *Que rei sou eu*. No outro dia, a mesma calçada seria de Malu Mader – uma das protagonistas dos seus melhores sonhos. Com a musa vinha o titã – Tony Bellotto, da recém-nascida geração de ouro do rock brasileiro.

Aliás, se descesse a rua até o Largo da Batata, estaria num dos templos do rock nascente – a danceteria Aeroanta, vanguarda da noite na virada da década. Agora estava tudo ali, aos seus pés: era só pisar fundo e botar para quebrar.

O estudante pisou de manso, para não quebrar nada.

Desde a infância no interior, nas viagens mentais vagando pela fazenda da avó, tinha a certeza de que era bicho de cidade grande. Mas na cidade grande não tinha dúvidas de que era um caipira. Sabia que ali, se fosse com muita sede ao pote, se afogaria no primeiro gole. E não podia queimar a largada, porque sua corrida para o mundo estava só começando.

Na primeira curva, não derrapou no deslumbramento. Tinha plena consciência de que era um cara do interior morando de favor num quarto do apartamento de uma professora, colega de sua mãe. O tratamento na faculdade lembrava-o disso todo o tempo: deixou de ser Reynaldo e passou a ser o "Birigui".

No dia a dia da PUC, Birigui era um sujeito tranquilo, que se dava com todo mundo. Mas não se ligava de fato a ninguém. À medida que corriam os primeiros meses, amizades iam se formando, e ele não estava em nenhuma. Continuava se sentindo deslocado, o peixe fora d'água de sempre, uma pessoa sem graça que fazia de tudo e não se destacava em nada. Acabou aceitando o convite de alguns conterrâneos para formarem uma pequena república, dividindo um apartamento de dois quartos entre sete estudantes.

No Birigui Palace, como foi batizada a espelunca na rua Monte Alegre, ficaram três em cada quarto. O último a chegar foi acomodado na suíte máster de empregada. Era uma solução de moradia, mas acabou virando um point.

Por algum motivo misterioso, com todos os encantos da noite paulistana, vários amigos dos sete palacianos acabavam indo parar lá com violão, bebidas e amigas. A rotatividade no local foi aumentando, incluindo estudantes de outros cursos e diversificando as conversas sobre projetos pessoais e profissionais. Num desses happenings no Birigui Palace, um colega de um colega disse a Reynaldo que estava indo para uma festa ótima. E convocou:

– Você tem que vir comigo.

Reynaldo era um tímido que resolvera não se conformar com a timidez. Diante do chamado de um semidesconhecido para uma festa de desconhecidos numa cidade idem, um tímido sairia pela tangente. Mas o tímido esforçado queria saber de Régis, o extrovertido boa-pinta que viera abordá-lo, que festa ótima era aquela (e, naturalmente, por que ele estava sendo convidado).

– É o lançamento de uma revista de moda. Você é bonitão também, vamo lá que pode pintar alguma coisa pra gente.

Ele nem se achava bonito, quanto mais bonitão. E, mesmo se fosse, suas roupas se encarregariam de estragá-lo. Havia ainda o problema do cabelo: era abundante demais, as raízes vinham até o início da testa, o que o fazia crescer para a frente. Mas o que se formava não era uma franja nem um topete. Se deixassem seu cabelo crescer no Exército, não precisaria de capacete.

Em resumo, era um caipira – com a vantagem de se saber caipira. Sabia também que aos poucos seu espírito aberto ia lapidar seu estilo, era questão de tempo. Mas daí a desfilar naquela noite para caçadores de modelo numa festinha fashion, ia uma distância abismal. Com mais um detalhe: estava em São Paulo para ser advogado, não modelo.

Não tinha, enfim, nada a ver com aquela festa. Mas em meia hora estava nela.

Um advogado examinaria as razões e decidiria não ir. Reynaldo foi atrás do seu próprio impulso, que pouco tinha de racional. Isso era algo que começava a incomodá-lo no curso de Direito. O racionalismo a serviço da lógica era interessante. Mas fazia falta a força bruta da emoção, a centelha criativa, talvez um grão de loucura. Esse último quesito, pelo menos, ele ia encontrar na festa.

A entrada foi levemente traumática. As roupas dos convidados logo lhe estamparam a cafonice do seu próprio figurino – no qual sobressaía uma calça jeans semibag, típica dos anos 80. Sobre a camiseta também meio folgada, cujo corte indefinido ajudava a deixar seu corpo disforme, um coletinho estampado.

Talvez fosse o caso de dar meia-volta antes de ser notado. Mas não deu tempo. Um sujeito com a estampa bem moderna logo o abordou. Pronto: era a hora de responder de onde ele vinha, ou talvez quem o convidara. Mas o sujeito abriu um sorriso e foi objetivo:

– Sou da agência Ford. Fica com o meu cartão. Estou esperando o seu contato.

Certamente fora uma gentileza, o agente devia estar dando seu cartão para a festa toda.

Em seguida foi abordado novamente. Era um representante da agência Elite, com o mesmo texto.

Não dava para ficar duvidando: ele estava sendo visto como candidato a modelo. Acompanhando tudo e sendo abordado por agentes também, Régis o olhou com cumplicidade. A dupla estava funcionando. Já podiam planejar o primeiro passo da carreira. Mas Régis ia ter que planejar sozinho.

Reynaldo estava fora. Em primeiro lugar, não tinha dinheiro para produzir um book, o que era indispensável para visitar as agências. E a chance de pedir que seu pai financiasse fotos suas era zero. Acima de tudo, porém, estava em São Paulo para estudar. Tinha esse compromisso com sua família e consigo mesmo. E seus pés estavam bem fincados no chão para não escorregar na primeira garoa da metrópole sedutora.

Sem saber de nada disso, um homem parou subitamente à sua frente e ficou olhando dentro dos seus olhos.

A figura era no mínimo exótica. Baixo, bem magro, meia-idade, corpo e rosto muito expressivos, olhos pintados de preto. Lembrava talvez o cantor Ney Matogrosso, só que careca. Depois de fitá-lo um instante sem dizer nada, o homem falou com jeito de profeta:

– Eu nunca vi ninguém com o seu brilho. Eu posso fazer de você o cara mais foda do Brasil.

O estudante de Direito foi embora da festa achando aquele sujeito completamente louco. Mas não conseguiu esquecê-lo.

# Penso, logo desisto

Ao final do seu primeiro ano em São Paulo, Reynaldo Gianec-chini tinha emagrecido 10kg. Não foi um processo gradual. Até que ele comia bem no Birigui Palace – e dormia bem também. O estudante emagreceu 10kg em um mês – depois da tal festa.

Tinha sido bom dar aquela volta para conhecer um pouco mais de São Paulo. Teria sido só isso, se aquela figura louca não tivesse ficado na sua cabeça – com suas palavras firmes e, principalmente, o seu olhar fulminante. O homem se chamava Ciro Álvaro e circulava bem por toda a festa. Tinha uma conversa meio filosófica, meio mística, que magnetizava seus interlocutores. A Reynaldo ele prometera, mais do que uma carreira, um mundo.

Parecia uma oportunidade. Parecia um delírio. Desde menino, sua imaginação embarcava em altos voos, para muitas vezes se esborrachar no chão em seguida. O pensamento prático o desencorajava. Certa vez, numa das montagens teatrais que fazia no quintal de casa, seu parceiro na empreitada sugeriu um palco móvel. Era um auto de Natal, e o palco se elevaria com o menino Jesus em cima. Reynaldo se empolgou com a ideia, para em seguida descartá-la. A quantidade de coisas que poderiam dar errado naquela produção lhe dera a certeza da impossibilidade: "Não vai dar."

Mas a megalomania de Disso, o parceiro, não conhecia censura. Cordas, tábuas e roldanas improvisadas foram se encaixando como mágica, e no dia da apresentação Jesus levitou. Nada era impossível para Disso, nem brincar de Broadway no quintal.

O pensamento de Reynaldo lhe dizia que a profecia de Ciro ia se esfarelar ao primeiro contato com a realidade: "Não vai dar." Aí se lembrou de Disso, aquele que, antes de pensar, acreditava. Era crer para ver. Resolveu ir ao encontro do profeta.

Ciro Álvaro tinha saído da Elite e estava montando sua própria agência. O estudante tímido do interior já chegou lá dizendo que não tinha dinheiro para fazer um book – era bom mostrar de saída que a profecia não tinha como se realizar. Ciro não se abalou nem piscou:

– Esquece dinheiro. Você é um investimento meu.

Em seguida disse-lhe também que não iria fotografá-lo.

– Vou fazer de você um cara bacana. Primeiro vou te ensinar a se alimentar, a se cuidar, a se vestir. Vou te ajudar a se conhecer, a trazer pra fora a beleza que tem aí dentro. Tira a camisa.

Reynaldo foi se hipnotizando pela fala serena e segura de Ciro, como se ouvisse um guru. Tirou a camisa. Estava com 1,83m de altura e 80kg. Nunca fizera ginástica em academia ou musculação, mas tinha um corpo no lugar, de quem sempre fizera esporte. O agente não gostou:

– Vamos ter que mudar isso tudo aí.

Tinha que emagrecer e definir o corpo. Para começar, ginástica forte todos os dias e dieta rigorosa, só com o essencial. Iam cuidar da postura, do andar, da expressividade, mas antes tinham que cuidar da cabeça. A agência tinha um espaço para meditação, e ele ia iniciar um programa imediatamente. Diário também, uma ou duas horas no fim da tarde – o quanto ele conseguisse se manter concentrado.

E as fotos, o book, a passarela?

– Daqui a uns meses a gente fala nisso.

O estudante de Direito saiu da agência como se tivesse saído de um liquidificador. Ainda não tinha meditado, mas parecia já estar en.

transe. Talvez sua vida estivesse mudando de rumo. Fosse como fosse, no dia seguinte ele já era outra pessoa.

Ciro poderia ser profeta, guru, um bom agente, um louco ou nada disso. O fato era que sua pregação fisgara o novo discípulo. Muito mais do que na universidade, agora ele se sentia com uma chave na mão. Não dava para ver o que ela ia abrir, mas ele a segurou firme. E se atirou de cabeça naquela preparação espartana.

Perdeu 10kg em um mês porque, além da ginástica e da dieta férreas, a meditação chegava a fazê-lo esquecer as refeições. Entrara facilmente na prática de ligação da mente com o espírito – que se parecia com o que lhe acontecia no alto da árvore. Sentia-se uma pluma e não pensava em comer.

Naturalmente, seus dias de cozinheiro no Birigui Palace, conforme o rodízio estabelecido entre os sete republicanos, foram escasseando – sob protestos dos colegas. O clima começou a azedar para Reynaldo, que mesmo antes da agência já deixava furos na cozinha. Cuidava pouco daquela pequena embaixada da terra natal, talvez por estar mesmo desligado de Birigui – era o único que nunca voltara para lá, nem nas férias. Estava preferindo cuidar de São Paulo.

Um dia, ao chegar exausto de noite, encontrou os outros seis em reunião. O tema era ele.

Descendente de japoneses e primor de organização, Celso – que o apresentara a Régis – não conseguia entender como Reynaldo convivia com tamanha bagunça no seu quarto. Roupas e sapatos jogados por todo lado, cama sempre desfeita, copos e pratos largados por ali. Isso quando o seu caos não transbordava para a sala, a cozinha e o banheiro. Sílvio tinha outra queixa: não estava conseguindo dormir direito, porque Reynaldo roncava a noite toda (sempre alto).

O réu ouviu as acusações e confessou todos os crimes. Sílvio foi trocado de quarto com André, que não se importava com o canteiro de obras do colega. Reynaldo prometeu deixar suas coisas em ordem, e agora ia ser mais fácil. Ele praticamente se mudara para a agência de Ciro.

Ali sua disciplina era militar. A programação incluía muita observação, das performances de passarela realizadas pelo agente ao aprimoramento de outros modelos já conhecidos no mercado, como Cássio Reis, Thalma de Freitas e a pré-adolescente Ana Paula Arósio – que doía nos olhos de Reynaldo de tão linda. No segundo semestre de 1992, chegaria sua vez: mais de seis meses depois do encontro na festa, Ciro veio lhe dizer que ele estava pronto.

Fotos feitas, book produzido, o agente jogou sua promessa no mercado. Já o tinha preparado para ouvir todos os nãos do mundo, que sempre precediam o primeiro sim. Mas este veio logo, para uma campanha da Nestlé.

No mês seguinte, as viagens do estudante no ônibus lotado ganhavam um atrativo a mais na paisagem: ele agora se via nos painéis luminosos que anunciavam o chocolate Suflair. Aparecia com duas meninas sob um guarda-chuva e mal dava para ver o seu rosto. Mas ele se sentiu glorioso – especialmente pelo cachê, que já pagava boa parte do investimento de Ciro.

Alguns nãos depois, foi chamado para outra peça publicitária – que seria apenas mais uma, até ele saber quem era o fotógrafo. Na sua preparação exaustiva, Reynaldo devorara pilhas de revistas de moda e similares, acumulando boa cultura sobre o meio. Agora, em seu segundo trabalho, sabia a importância de posar para a lente de Luís Trípoli, o mito das fotos sensuais, consagrado por capas famosas das revistas *Homem* e *Playboy*.

Chegou ao megaestúdio do fotógrafo, que chegou pouco depois. Mas Trípoli passou direto por ele, disse alguma coisa à sua secretária e sumiu por uma porta. O modelo ficou meio sem saber o que se passava, até a secretária ter a bondade de lhe falar: o fotógrafo tinha ido dormir.

Estava cansado de um trabalho longo, Reynaldo haveria de compreender. Deveria voltar outro dia, então? Não, era para esperar ali mesmo.

Nas horas seguintes, o rapaz não ficaria só. Passou a ter a companhia de Lili, o maquiador. Lili tinha muita história para contar. Era uma mulher charmosa que mantinha o sexo masculino. Tinha orgulho do seu corpo e já fora fotografada algumas vezes de biquíni, de costas, para campanhas em que a modelo contratada não era tão bem dotada de carnes traseiras:

– Já fiz muito dublê de bunda!

Lili era sedutora e já "pegara" vários modelos, de ambos os sexos. À medida que a conversa ia esquentando noite adentro, Reynaldo viu que poderia estar também entrando na mira do maquiador. Não era uma situação trivial para um rapaz recém-chegado do interior.

Mas Lili gostou de ver que ele não se intimidara nem reagira com hostilidade ou preconceito. Fizeram uma amizade instantânea. Estava aprovado em mais um teste da cidade grande.

O estilo de Trípoli revelaria o estilo de Gianecchini – que agora deixaria o primeiro nome para trás. Ele se sentia um senhor quando chamado de Reynaldo e resolveu assumir o sobrenome de grafia complicada. A ossatura perfeita realçada no rosto magro, as linhas arrojadas do corpo seco, o olhar já trazendo a intenção – o novo modelo estava batizado pela lente de Trípoli. Era hora de alçar voo.

A agência de Ciro cuidava da etapa de formação. Agora, para que o modelo realmente passasse a existir no mercado, precisava entrar para uma agência top. Ciro já tinha tudo esquematizado, seria um fornecedor das agências dominantes, e acionou seu canal com a Elite (de onde viera).

Gianecchini chegou à Elite com o coração aos pulos. Sabia que agora era tudo ou nada. E a taquicardia aumentou ao entrar no salão da agência, que pulsava competição. Coalhado de gente linda e descolada, misturada a profissionais elétricos, telefones tocando, decisões tomadas ao vivo, aquele lugar era adrenalina pura.

Se anunciou e pediu para falar com a agente Ina Sinisgalli, conforme a orientação de Ciro. Mandaram-no para uma salinha separada e logo a agente o atendeu, apressada e falando ao mesmo tempo com outra pessoa, no ritmo de tudo o que acontecia ali:

– Como é o seu nome mesmo?

– Reynaldo Gianecchini.

– Ah, tá bom... Espera um pouquinho, por favor.

Ele esperou, um pouquinho mais encolhido do que já estava. Até que Ina voltou, agora mais disponível para falar com ele:

– Reynaldo, né?

– É.

– Pois é, olha que coincidência: a gente já tem aqui um Reynaldo que é a sua cara...

Casualmente, por causa do mergulho que dera nas revistas de moda, ele sabia quem era o outro Reynaldo: um moreno fortão com cabelo até os ombros, que podia ser tudo, menos a cara de um Reynaldo branquelo e magro de cabelo curto. Ele estava sendo delicadamente dispensado.

Petrificado no caminho de volta para a agência de Ciro, Gianecchini teve que constatar: os cálculos do profeta estavam errados. Ele contava 100% com a aceitação do seu modelo pela Elite. A longa preparação não tivera final feliz. Era hora de se concentrar na carreira de advogado, talvez fosse melhor assim.

Encontrou-se com Ciro e lhe deu a má notícia, sem esconder o abatimento. O agente não se abateu nem por um segundo. Se os fatos contrariavam seus cálculos, o erro era dos fatos.

– Não tem nada, não. Vamos em frente.

Botou em sua mão o endereço de outra agência, a L'Equipe, e lhe disse que procurasse Dona Lica. Ele estava um pouco perdido quanto às suas reais possibilidades naquele caminho. Sem força para decidir nada – nem recuar –, continuou seguindo as instruções do mestre.

A chegada para a nova tentativa não foi melhor do que a primeira. O ambiente era similar, ele estava mais intimidado do que nunca e dessa vez não foi atendido pela pessoa que procurava. O primeiro que o atendeu passou para um segundo, que olhou um pouco para ele e pegou seu material. Pediu licença e saiu da sala, provavelmente para mostrar a outra pessoa.

Gianecchini já estava quase se enfiando debaixo da mesa quando o agente voltou:

– Vamos dar um pulo lá em cima. A Dona Lica quer te conhecer.

No caminho até o segundo andar ele foi vendo fotos dos modelos da agência nas paredes e se impressionou: lá estavam os grandes nomes do momento, como Luciano Szafir e Carlos Casagrande. E ele estava subindo uma escada para ser apresentado à agente daquelas feras.

Dona Lica era uma jovem loura e linda, que o recebeu com simpatia. E com objetividade: não o mandou embora e não lhe disse que ele era o cara:

– A gente vai tentar te vender. Vamos ver.

Sem saber exatamente se aquilo era meia aceitação ou meia rejeição, dessa vez pelo menos não fora trocado por um sósia louro de olhos azuis. E logo entenderia o que mudara no jogo com a entrada em campo da L'Equipe: choviam convites para testes, para todos os tipos de trabalho.

Até ali, o estudante de Direito seguira aquele caminho inusitado sem muita reflexão. Fugira do seu lema "penso, logo desisto" e obedecera ao impulso. Agora já estava com a cabeça feita – podia pensar o quanto quisesse. No momento em que subia as escadas na L'Equipe, vendo a galeria de modelos famosos, sua voz interna soara bem clara: "É por aqui."

A tal voz era uma espécie de intuição falante, porque ele realmente podia ouvir as palavras. Mas não adiantava perguntar, ela só abria a boca espontaneamente. E nos meses seguintes, quando tudo passaria a dar errado, ela não lhe diria nada.

# Caveiras
## no hospital

Um mês, dois meses, três meses. Já corria o quarto mês após a entrada para a L'Equipe e o placar de cachês do modelo admitido pela agência permanecia o mesmo: zero. Com a montanha de testes já feitos por ele, ou havia algo errado com a lei das probabilidades, ou havia algo errado com sua nova carreira.

Agora Gianecchini começava a entender melhor o sentido da afirmação "vamos tentar te vender". O verbo "tentar" era muito mais importante do que parecia. A ficha caiu: estar na L'Equipe não era garantia de nada. Por isso aquele esquema de risco, verbal, sem contrato. Quem ia dizer se ele servia não era a agência, era o mercado.

E a única coisa que o mercado lhe dissera naqueles quase quatro meses no outono-inverno de 1993 era "não". Ou melhor: dissera também que a vida de modelo é dura, que você pode passar horas sem comer nem beber nada esperando como gado a hora do seu teste e que, quando chega a sua hora, você pode talvez continuar sendo gado – dependendo do humor e das maneiras do seu avaliador.

Decorrido mais de um ano do seu encontro mágico com Ciro Álvaro, ele começava a achar que a magia podia estar só na sua cabeça. Vinha lutando bravamente para não prejudicar a faculdade, já perdendo algumas aulas e tentando compensar com a leitura dos livros nas horas em que mofava à espera do próximo não. Ia chegando à metade do curso de Direito, um tanto desfocado para quem estivesse prestes a trabalhar como advogado.

Enquanto seus colegas começavam a estagiar em grandes escritórios, varas e procuradorias, o dublê de candidato a modelo e advogado marcava passo nas duas direções. Seu projeto de ganhar o mundo continuava, a rigor, estacionado em Birigui – de onde ainda vinha o seu sustento. E seus pais nem sabiam daquela aventura.

A L'Equipe veio com mais um teste para ele, agora para um anúncio da rede de varejo Mappin. A coisa já estava beirando a comédia. Talvez ele tivesse caído num jogo do tipo "vocês fingem que me convidam, eu finjo que concorro e todos fingimos que eu sou modelo". Se era esse o jogo, dessa vez o contratante estragou a brincadeira: queria o tal Gianecchini.

Ou melhor: queria aquele rapazinho branco de cabelo preto (estava com 20 anos, com cara de 17) para uma ou duas poses no catálogo da loja – cuja parte principal estava entregue a outros modelos.

Nesse meio-tempo, vários modelos iniciantes que tinham começado a batalhar junto com Gianecchini (ou até depois) já haviam ficado pelo caminho – as desistências eram comuns sob a chuva de nãos. Talvez ele ainda estivesse no ringue por teimosia. Mas um sim – mesmo que só uma ponta de sim – no meio daquele deserto servia ao menos para tirar a autoestima do pé.

Ao chegar à locação, uma grande chácara na capital, foi recebido pela produção com sinceridade: havia vários modelos escalados para as fotos mais importantes e ele faria uma beirada do folheto (que seria veiculado como encarte de jornal).

O novato achou muito bom. Aliás, merecer uma explicação qualquer já era tratamento vip perto do que andara passando. De repente, levou um susto.

Carlos Casagrande, o top, a sensação do momento, surgiu na sua frente se preparando para a sessão de fotos. Gianecchini se arrepiou: ia estar no mesmo anúncio que Casagrande. "Não é possível que eu já esteja trabalhando com esse cara...", exultou consigo mesmo. Os sonhos de prosseguir na carreira estavam ressuscitados. Aí começaram os problemas.

Com tudo pronto para o início da sessão, surgiu um burburinho no set. O figurino do protagonista, com as peças principais da campanha da rede Mappin, não estava funcionando. Mais precisamente, as roupas pareciam justas demais em Casagrande. O modelo estava muito forte, e a musculatura parecia que ia explodir a camisa. Não estava bonito.

Foram trazidas peças mais largas. Das que o cliente queria destacar no anúncio, porém, só havia aquelas mesmo. E o Mappin não admitia destacar outra combinação qualquer – aquele figurino era o carro--chefe da coleção. O comercial subiu no telhado. O primeiro sim do estreante da L'Equipe estava prestes a virar não.

A produção coçou a cabeça, tentando achar um plano B. Até que o diretor falou:

– Vamos experimentar a roupa naquele ali.

"Aquele ali" era o branquinho magrelo que chegara para fazer uma ponta no catálogo. Gianecchini vestiu o figurino de Casagrande e foi mandado imediatamente para o lugar dele no set.

Em Birigui, alguns dias depois, Heloísa abriu *O Estado de S.Paulo* e achou que estava louca. Mas não estava: o modelo da enorme foto que dominava o encarte da rede Mappin era mesmo seu filho – aquele que estava em São Paulo estudando Direito.

O jovem modelo brasileiro desembarcou na China e não viu ninguém para recepcioná-lo no aeroporto. Se deu conta, então, de que não tinha o endereço da sua agência. Sem problemas, tinha o telefone. Estava mais precisamente em Taiwan, a ilha capitalista que permanecia politicamente ligada à China comunista, mas com liberdade de direitos e de costumes. Não seria complicado se virar ali.

Telefonou, começou a pedir as coordenadas para chegar ao local de trabalho e de repente ficou mudo.

A combinação do seu inglês precário com o inglês achinesado do outro lado da linha teve o resultado óbvio: ninguém entendia nada naquele telefonema.

Gianecchini começou a suar frio. Depois de mais de 30 horas de viagem até o outro lado do mundo, entendeu que estava perdido. Era um prisioneiro no aeroporto de Taipei.

Às vésperas do desespero, teve um impulso: agarrou pelo braço a primeira pessoa que passou a seu lado e pôs o telefone no ouvido dela. Gesticulando, implorou que a vítima falasse alguma coisa no fone e repetisse a palavra "Gianecchini".

Deu-se o milagre. A agente que o esperava entendeu a manobra e explicou ao atônito passante do aeroporto como o modelo devia fazer para chegar ao seu destino. O brasileiro pôs um papel e uma caneta nas mãos do seu salvador. Depois de vê-lo anotar as informações, dirigiu-lhe as únicas palavras que não tinha perigo de errar:

– Thank you!

Chegou são e salvo à agência. Recebeu as primeiras coordenadas de trabalho e não demorou a concluir que podia estar são, mas não estava salvo.

As dificuldades de comunicação eram enormes, o país era estranho e sujo, a comida era horrorosa. Chegara para ficar três meses e, ao final da primeira semana, sem ter conseguido nenhum trabalho, começara a se deprimir. E no que se deprimia, comia ainda menos e se comunicava ainda pior.

Na terceira semana, sem conseguir trabalhar, recebeu o alerta da agente:

– Você está muito magro. Se continuar assim, vou ter que te mandar embora. Aqui só funciona modelo forte.

Depois da advertência, a senhora taiwanesa procurou consolá-lo:

– Não se assuste, você não é o primeiro. Já vi muito homem sentar aqui na minha frente, chorar e pedir para ir embora. Trabalhar aqui não é fácil para os ocidentais.

Saber que o fracasso era normal não o consolava. Para quem se achava um futuro cidadão do mundo, voltar com o rabo entre as pernas da primeira experiência internacional seria trágico.

As tentativas de se enturmar com outros modelos ocidentais tinham se frustrado. Quando ele captava o que estava sendo dito nas rodinhas e ia se manifestar, o assunto já tinha mudado. Na iminência de ser despachado de volta, identificou um colega chinês um pouco mais solícito e grudou nele. Passou a perguntar-lhe tudo, a pedir-lhe que o ajudasse nas suas conversas e até que o levasse aos lugares que precisava visitar – já que nem sinalizações em inglês havia nas ruas.

O modelo escalado para anjo da guarda aceitou o papel e as coisas começaram a mudar para o brasileiro. Com a conquista dos primeiros cachês, após um mês de seca, até o apetite reapareceu. Quanto mais circulava, mais ganhava noção espacial – e a autonomia ia forçando a comunicação.

Ao final do segundo mês Gianecchini se sentia praticamente um chinês. Estava totalmente adaptado e consequentemente passara a ganhar bem. A estética dos catálogos que desandara a fazer chegava a ser chique, de tão cafona. Todos os elementos pareciam escolhidos a dedo para afrontar o bom gosto – o que os modernos possivelmente achariam uma "crítica" genial.

Mas o que importava era que, em termos de adversidade, ele estava vacinado para qualquer encrenca no globo terrestre. E ia voltar para São Paulo com o bolso cheio. Ou melhor: achava que ia.

Na hora de fechar sua conta com a agência, teve um choque tão violento quanto o da chegada. Entre impostos, taxas e pagamento dos seus subsídios de viagem, a soma do que ele devia era exatamente o valor do que ele ganhara.

Só na volta ao Brasil, com uma mão na frente e outra atrás, se deu conta de que passara três meses num regime torpe – possivelmente um degrau acima da escravidão.

Em 1994, Reynaldo Gianecchini não era mais o garotão de Birigui perdido em São Paulo. Na PUC, inclusive, não era mais chamado pelo nome da sua cidade. Na segunda-feira após o anúncio do Mappin, entrou na sala de aula e viu o encarte com a sua foto pregado no quadro. Era o primeiro assunto do professor com a turma:

– Vocês viram o Reynaldo Gianecchini no jornal? Como advogado, ele já é o nosso melhor modelo!

Em meio à galhofa geral, ele ia sendo parabenizado pelos colegas, vários dos quais lhe dizendo que não sabiam que ele era modelo. A esses, respondia: "Eu também não."

Com a nova identidade assumida, o apelido Birigui ia ficando para trás, e os vínculos com a cidade natal também. E a partir da sua exposição pública, teve que abrir para os pais tudo o que acontecera no paralelo. Explicou que não comentara antes porque não sabia se aquilo ia dar em alguma coisa – e porque no início tinha certa vergonha daquela história de modelo. Mas não só continuava firme nos estudos como ia passar a pagar sua faculdade.

Seu voo agora era, de fato e de direito, um voo solo.

Conforme os convites para campanhas variadas iam se multiplicando, Gianecchini ia ficando mais conhecido e os cachês iam melhorando. Um dia chegou um convite diferente, para desfilar dentro de um hospital desativado, sem cachê. Ele achou muito estranho. E topou.

O convite vinha de Alexandre Herchcovitch, um estilista iniciante que tinha mania de caveiras. Ele vira Gianecchini no desfile de outro iniciante, Lorenzo Merlino, que o modelo fizera por um cachê modesto, pago em peças de roupa. Depois de três anos circulando no mercado, ele entendera uma equação básica do meio: modelos ganham dinheiro com publicidade, não com moda; mas só ganha bem em publicidade quem fizer moda.

Era por isso que um catálogo chinês brega poderia pagar mais do que uma grife francesa consagrada. O pagamento da moda era em prestígio. Ele se lembrou disso quando Merlino o procurou.

Um desconhecido convidando outro desconhecido para desfilar uma marca igualmente anônima. Uma vez lá, um anônimo na plateia – o que gostava de caveiras – chamou o modelo desconhecido para desfilar no ex-hospital. Parecia enredo de filme de terror trash. E a soma daquelas almas penadas se transformou num sucesso retumbante.

O desfile de Alexandre Herchcovitch repercutiu estrondosamente. A imprensa e os formadores de opinião entenderam de cara que ali nascia um estilista vigoroso, de grande personalidade. Com saia de couro e caveiras estilizadas, Gianecchini estava no lugar certo, na hora certa – e o mercado resolveu achar que ele era o homem certo. Numa reação em cadeia meio automática, convites foram gerando mais convites, e o mundo da moda não o largou mais.

Era um momento fértil para a moda no Brasil, e ele se viu atraído para o centro de grandes projetos, como o São Paulo Fashion Week, capitaneado pelo produtor Paulo Barros. Antes do desfile de Herchcovitch, vários produtores de moda já lhe tinham dito que sua beleza era clássica e um tanto comum. Chegou a achar que não iria além da rede Mappin. Agora várias grifes queriam sua beleza comum – que pelo visto se tornara original.

Uma delas era a Zoomp, que fizera história com seus "sexy jeans" e virara referência de contemporaneidade. A marca planejava um evento ousado – um desfile itinerante que percorreria várias capitais do país com um time seleto de modelos. Ao lado de nomes fortes como

Isabela Fiorentino, Camile Spinoza e Fábio Ghirardelli, a Zoomp queria Gianecchini.

Ele embarcou na turnê e encheu de curiosidade seus colegas de passarela. Naquela caravana de mulheres e homens lindos, que naturalmente virou uma festa de arromba em cada cidade, Gianecchini ia dos quartos de hotel para os desfiles, dos desfiles para os quartos de hotel. Sempre sozinho.

Mergulhado mais do que nunca na doutrina de Ciro – o mentor da sua conversão para a carreira de modelo –, ele desenvolvera uma crítica severa ao universo dos valores materiais. Via um mundo de futilidades à sua volta, desprezava o exibicionismo e a busca do prazer fácil. Achava que as pessoas tinham medo de olhar para dentro de si.

Pelo isolamento e pela meditação, conectava-se cada vez mais consigo mesmo – e se sentia pleno. Não precisava de ninguém.

Ou melhor: ia precisar de uma pessoa só.

No final de 1995, com uma vida que passava cada vez mais longe da universidade, Reynaldo Gianecchini conquistou – de forma quase heroica – o seu diploma de advogado. E nem foi buscá-lo na PUC.

Ainda pré-adolescente, decidira que a formação em advocacia seria seu passaporte para o mundo, com escala em São Paulo. A primeira perna da viagem estava cumprida. Estabelecera-se na cidade grande e estava sobrevivendo (bem) por seus próprios meios. Faltava o mundo.

O pesadelo chinês o preparara para um salto internacional que não chegava. A passagem para o universo da moda certamente lhe abriria esse horizonte – só faltava combinar com o horizonte. Este permanecia fechado para voos internacionais, sem previsão de abertura.

Representantes de agências do mundo inteiro visitavam a L'Equipe e de vez em quando pescavam alguém de lá. Nunca nem olhavam para ele. Talvez sua beleza fosse comum demais para os estrangeiros. Ou, quem sabe, existisse em cada capital europeia e americana um Reynaldo que era a sua cara.

Sempre que podia, ele batia papo com as pessoas que vinham de fora do Brasil, para ir tentando pelo menos farejar um caminho. Numa dessas, ficou conhecendo na agência uma brasileira filha de libaneses que já morara em vários cantos do planeta. Era simpática, engraçada, falava mal o português e dizia ser essa a língua que falava melhor. Gianecchini se divertiu com a moça simples que tinha sotaque estrangeiro em qualquer lugar.

Chamava-se Paola, e ele nem podia imaginar de que fim de mundo ela tinha vindo agora. Mas ela contou: estava chegando da França, onde trabalhava numa das maiores agências de modelo do país. A propósito, gostara muito do book dele. E tinha uma proposta singela:

– Você quer vir trabalhar em Paris?

# A (doce)
# armadilha alemã

O sonho misturava tudo: numa tela de TV, Tony Ramos e Maitê Proença se amavam em francês; à sua frente, uma velhinha parisiense lhe dizia para não bagunçar a casa dela, e lavar a louça imediatamente; num cômodo da casa da velhinha ele tentava meditar, enquanto no banheiro seu companheiro de quarto fazia sexo selvagem com uma de suas namoradas; sua agente na França vinha lhe dizer que os impostos e as taxas levariam 70% do seu cachê; no telefone, ele avisava à família que não voltaria mais para o Brasil.

Paris, 1997: todas as situações do sonho de Gianecchini eram reais.

A decisão de não mais voltar para o Brasil fora tomada logo na chegada à capital francesa. O deslumbramento com a beleza da cidade se juntara a uma perspectiva não menos bela: a agência que o recebera tinha conexões com vários países e ele agora estava nessa vitrine internacional. Não ia faltar trabalho. E, de fato, em pouco tempo estaria circulando entre Paris, Milão, Munique, Nova York, Tóquio. Aos 24 anos, chegara enfim seu passaporte para o mundo.

E tinha a certeza de que não haveria mais motivos para retornar ao Brasil. Preparara-se desde garoto para voar livre, desfazendo cuidadosamente cada laço no caminho – Marilza, Disso, Rosane, Sabrina, a turma do Birigui Palace, Ciro.

Com o seu descobridor, a página ainda estava sendo virada. O modelo pagara todo o investimento feito, conforme o combinado, mas para o agente a parceria prosseguia. Ciro se via como sócio nos frutos colhidos por seu pupilo – que, por sua vez, já se considerava um ex-pupilo. Aquele era um laço desfeito com uma ponta presa.

Com os pais e as irmãs, estava tudo certo. O caçula informara, desde criança, que ia embora um dia. E que ia para longe. Os corações estavam apertados, mas conformados. O Júnior agora morava na França. Só faltava falar francês.

Seu primeiro impulso foi ir para a região do Beaubourg, famoso entroncamento cultural de Paris, e bater ponto no Centro Georges Pompidou. Teatros, museu, biblioteca – aquele banho de conhecimento haveria de incutir a língua na sua cabeça. Para o empurrão inicial, passou a ouvir na biblioteca umas fitas K7 com francês para iniciantes.

Mas o processo ia ser duro. Seus colegas modelos de várias nacionalidades, agentes e clientes só falavam inglês – língua em que ele já se safava bem. Aí surgiu a inesperada ajuda brasileira.

Girando canais de TV sem entender nada, como criança que folheia revista só vendo as figuras, esbarrou numa cena familiar. Espremido entre noticiários, auditórios e documentários, surgiu um beijo. Beijo de novela. O clima inconfundível de televisão brasileira, de TV Globo, encheu sua telinha. E ficou ainda mais aconchegante com a identificação dos rostos que se acarinhavam: Tony Ramos e Maitê Proença. E o melhor veio depois do beijo.

Tony e Maitê (ou Álvaro e Helena) falavam francês. Melhor ainda: francês dublado, com os lábios falando português. *Felicidade* era o nome da novela de Manoel Carlos – e também era o que sentia o aprendiz brasileiro, vendo cair do céu o seu melhor curso de francês.

Acompanhar uma novela na circunstância em que estava era especialmente curioso. Desde que saíra de Birigui, Gianecchini não vira mais televisão. As novelas, séries e todo aquele arsenal de fantasia que alimentara seus planos de menino tinham ficado para trás no momento em que os planos aterrissaram na realidade.

Quando viu Malu Mader ao vivo em São Paulo, já não a via na TV. Ainda a reencontraria rapidamente em *Anos rebeldes*, de Gilberto Braga, junto com Cláudia Abreu, recém-chegado ao Birigui Palace. Dali em diante seriam cinco anos sem televisão. Seu mundo abstrato passara para outro canal – o da meditação. Agora o canal eletrônico e o espiritual teriam que conviver, pelo menos enquanto monsieur Manoel Carlos o socorresse com o novo idioma.

No ano do seu grande voo, Gianecchini era quase um paradoxo ambulante: no momento em que desbravava o mundo, estava mais do que nunca trancado no seu planeta individual. Continuava misterioso para os que o cercavam, como na turnê da Zoomp. E absolutamente confortável na sua redoma, desfrutando Paris e cada nova cidade que conhecia como experiências transcendentais – e solitárias.

Era um passageiro do verso de Caetano Veloso sobre a potência da solidão: "Eu, que existindo tudo comigo, depende só de mim." Composta em 1981 numa turnê pelo interior de São Paulo, a canção "Nu com a minha música" brotara na estrada "embaixo do céu" – o mesmo céu do menino de 9 anos que dali também vislumbrava "uma trilha clara apesar da dor – vertigem visionária que não carece de seguidor".

Gianecchini decolara para o mundo encarapitado na árvore da sua infância. Dali, como nas palavras do compositor, a paisagem alimentaria a sua plenitude interna: "Passo devagarinho o caminho que vai de tom a tom. Posso ficar pensando no que é bom." Esse pensamento poderoso lhe abrira todos os caminhos, guiando-o pela estrada Birigui-Paris embaixo de um céu cada vez mais amplo. Era o que bastava.

Mas não era o que bastava ao seu colega de quarto, na casa da senhorinha parisiense onde fixara sua base europeia. O negócio do seu *roommate* era apalpar o mundo material, de preferência as carnes.

Depois de tanto lhe sorrir, o destino resolvera pregar-lhe uma peça. Seu ritual de interiorização ia ter que conviver com a balada permanente do vizinho de cama.

Cada dia o modelo indócil, que também era brasileiro, aparecia na casa da velhinha com uma mulher diferente. Aí se desligava do mundo externo e ia às últimas consequências com a parceira ali mesmo – ou num cômodo que estivesse vazio na casa, ou até no banheiro.

Suas noites sempre podiam ter um segundo tempo, com nova programação e cardápio diferente. Ele só dava uma pausa para ver se o colega não queria mesmo se juntar à expedição:

– Vamo lá, Gianecchini! Agora é que vai ficar bom. Tu medita no caminho...

O Don Juan aloprado até que era simpático. Mas morar com ele era um ruído permanente, quase como ter um locutor de futebol (daqueles que seu pai ouvia aos berros) implantado no cérebro. O ideal seria juntar mais algum dinheiro e ir morar melhor.

O problema era juntar dinheiro. Os cachês eram bons, só que vinham depenados. Logo na chegada, ouvira alguém comentando que a agência ficava com 30%. O governo era um pouco mais guloso: levava 40%. Parecia piada de chinês, mas era isso mesmo. Ou seja: vivia-se com dignidade, comendo e se vestindo bem, conhecendo lugares fantásticos, mas poupança nem pensar.

E havia o fantasma da dívida. Os cachês não eram exatamente regulares, e na baixa era preciso ter alguma reserva. Com o tempo, vira vários modelos se endividarem até o pescoço com a agência: não viam mais um dólar do que ganhavam, ia tudo direto para cobrir o rombo. Atolavam nesse regime de subsistência, viravam reféns.

Gianecchini tinha pânico de cair num buraco desses e segurava seus gastos a uma distância quase exagerada do vermelho. Até que, no final do seu primeiro ano na Europa, uma entressafra um pouco mais espichada acendeu seu alerta.

A entressafra tivera uma ligeira contribuição dele mesmo. Um dos mercados bem movimentados da região era o alemão. Volta e meia surgia convite para trabalhos lá. Ele negava todos. Não sabia por que, mas tinha decidido não trabalhar na Alemanha de jeito nenhum. Tinha preconceito contra o país, não gostava do jeito das pessoas, muito menos da língua, fora as assombrações históricas.

No meio dessa seca, Paola, que se tornara sua booker, lhe telefonara avisando que uma grande agente alemã estava chegando a Paris para contratar alguns modelos. Ele respondeu na bucha:

– Ótimo. Me avisa o dia da visita dela pra eu não aparecer na agência.

No dia marcado, ele cumpriu o compromisso e estava pontualmente longe do seu local de trabalho. Mas Paola lhe telefonou: a agente alemã se interessara por ele, e queria vê-lo. Ele teve que ser mais claro:

– Mas eu não quero conhecer essa pessoa. Eu não trabalho na Alemanha.

Era também para isso que ele mantinha uma reserva de segurança – para não ter que aceitar qualquer trabalho. Não ficava contando dinheiro o tempo todo, para não ficar obsessivo. Mas naquele momento foi dar uma checada no bolso, para controlar o saldo que vinha baixando. Abriu a carteira, fechou a carteira e concluiu:

– Fudeu.

Só tinha o equivalente a 50 dólares, mais nada. Estava entrando no vermelho. Não cogitava voltar para o Brasil, nem ficar na Europa endividado. Pela primeira vez sentiu medo. Estava sem saída.

Mas tinha que aparecer alguma. Se escapara do pesadelo chinês, se escapara de ser soldado já de farda e capacete, se surgira como modelo porque a roupa não coube no titular, se estourara na moda porque desfilou de saia num hospital, se saíra de Birigui para o centro do mundo porque uma voz lhe dizia que tinha que ser assim, agora alguma porta tinha que se abrir.

Foi à agência, rezando para chegar lá e receber a notícia de um novo trabalho. Mais uma vez, porém, não havia nada.

Só havia aquela mesma agente alemã, insistente, que levara o composite dele para Munique e já ligara de novo: surgira o interesse de uma revista juvenil, que gostaria de tê-lo na capa de sua próxima edição.

A voz na cabeça não veio lhe dizer nada. Mas nem precisava. A saída era a Alemanha. Seu anjo da guarda devia estar de férias, porque uma saída daquelas era coisa do diabo da guarda. Mas ele não estava em condições de recusar nada – nem uma mãozinha do capeta. Para surpresa de Paola, disse-lhe que podia ligar de volta para a alemã teimosa e fechar o contrato.

Ao desembarcar no país que tanto evitara, a impressão era de que o capeta não só agenciara a viagem, como morava lá. De cara, um outdoor com uma mulher seminua. Talvez não tivesse visto direito, devia ser a pressa e o cansaço da viagem. No metrô de Munique, de novo: uma propaganda na parede da estação exibia uma jovem sorridente de topless. Não havia dúvida, aquilo era normal.

Chegando à agência que o contratara, sua caçadora veio mostrar-lhe, entusiasmada, a revista para a qual ele posaria. Era uma congênere da *Capricho* brasileira, que tivera a adolescente Ana Paula Arósio como garota propaganda de sucesso. Gianecchini entraria na mesma simbologia da beleza inocente. Só que a inocência alemã era um pouco diferente.

Numa seção educativa, um quadro trazia esclarecimentos sobre sexo oral. Ilustrando a sessão, no alto da página, uma foto mostrava uma adolescente em plena prática daquela modalidade. Não era pornô, não era ousado – era normal.

Depois de descansar no hotel, o modelo brasileiro se dirigiu à academia de ginástica que pedira à agência para indicar-lhe. Ao lado da meditação, a malhação era a outra prática que cumpria diariamente desde a agência de Ciro, na preparação conjunta de corpo e mente. Mal terminou a sessão de exercícios, porém, já estava com frio de novo. O outono alemão estava rachando. Viu uma sauna e resolveu se abrigar um pouco nela.

Abriu a porta, deu de cara com duas mulheres nuas e fechou rapidamente, se desculpando. Perguntou a um funcionário onde era a sauna masculina e ele lhe respondeu que não havia. Era uma sauna só – aquela mesma. Havia até outro homem entrando. O jeito era entrar também.

Todos os ocupantes estavam nus, e pareciam muito à vontade. Só ele estava de toalha. Os diabinhos alemães tinham realmente resolvido sacolejar o seu berço caipira. Mas ficar de toalha ali era caipira demais. Chamava mais atenção do que toda a nudez somada à sua volta. Não dava para não tirar.

A sensação de liberdade foi vindo aos poucos. E veio com tudo. Havia uma piscina ao lado, onde mulheres nadavam lindamente como vieram ao mundo. A nudez geral não gerava um clima de excitação entre os sexos, embora fosse excitante para um forasteiro como ele. Mergulhou também na piscina.

Era uma atmosfera realmente relaxada, e o brasileiro soube sintonizar-se com ela, sem misturar nudez com sedução. Nadou entre as mulheres, desfrutou a liberdade gota a gota. O país que ele riscara do mapa começava a conquistá-lo. E era mais que uma questão de liberdade.

A presença forte do sexo na atmosfera de Munique não era libidinosa, mas também não tinha nada de fria. Respirava-se sensualidade naquele lugar. Depois de muito tempo, o mundo lá fora estava batendo à porta da sua redoma espiritual. Talvez fosse interessante abrir-lhe uma fresta.

Se o sexo era um apelo, o dinheiro já estava entrando sem bater. O sucesso do primeiro trabalho emendara em outro, depois mais outro. Gianecchini caíra nas graças do mercado alemão. Tinha planejado ir num pé e voltar no outro, mas foi ficando. Posou para catálogos que não tinham metade do estilo francês ou italiano, mas pagavam bem. E começaram a aparecer convites para desfilar.

Topou participar de um que lhe pareceu mais interessante, na vizinha Suíça. Era um evento com repercussão internacional certa, reunindo modelos da categoria de Naomi Campbell e Carla Bruni. Animado com seu melhor momento na Europa, agora com o bolso cheio, ele embarcou para a Suíça rumo a mais um sucesso.

O desfile em Zurique firmou-o um pouco mais como modelo internacional. O êxito na passarela se estendeu aos bastidores – e aí já não era uma questão profissional. O encantamento com a franco-italiana Carla Bruni foi instantâneo. E recíproco. Entre olhares e sorrisos, a top que já fora uma das mais bem pagas do mundo queria conhecê-lo melhor.

Na recepção após o desfile, uma menina começou a passar mal e foi ao chão. Era menor de idade, não devia ter mais do que 15 anos. Talvez tivesse bebido demais, mas enquanto era socorrida começou a tremer fortemente e a se contorcer.

Chocado, Gianecchini assistiu à convulsão da menina dinamarquesa no meio da festa. Procurou saber quem era ela, talvez precisasse de algum cuidado especial. Foi informado então de que era uma garota normal, não tinha nenhum problema de saúde. Apenas exagerara um pouco nas drogas sintéticas.

Era tudo mesmo tão normal que a menina foi atendida, repousou um pouco, se recuperou e voltou com tudo para a balada. O brasileiro acabara de receber o cartão de visitas de Amsterdã, a Disney dos loucos.

Era fato que o seu estado de isolamento já sofrera uma arejada na temporada alemã. Mas aquela cena de depravação dos sentidos, vivida por todos ali com total normalidade, estava um pouco além do que ele podia (ou queria) assimilar.

Não que aquilo o assustasse ou repelisse. Ele sempre estivera aberto para o novo, por mais exótico que fosse. Mesmo assim, seu mundo interno ainda lhe parecia muito mais completo do que todas as ofertas vindas de fora.

Permanecia fechado, renunciando inclusive aos convites de Munique à liberação sexual. Carla Bruni estava entre suas renúncias. Os colegas que estavam no desfile de Zurique não o perdoaram por tamanho desperdício. Mas ele não fazia questão de ser compreendido. Preferia continuar dono das suas escolhas. Em Amsterdã, porém, não seria bem assim.

Depois da convulsão da adolescente dinamarquesa, que era normal, a festa continuou. E Gianecchini continuou na festa – o que já não era normal. Na hora em que geralmente ele saía de cena, renunciando como sempre à primeiríssima esticada da balada, resolveu prosseguir um pouco mais. A ala mais quente da festa foi privatizada num quarto de hotel, com todas as substâncias disponíveis, e o recolhido modelo brasileiro foi junto.

A Alemanha não quebrara sua redoma, mas despertara seu apetite para as coisas do lado de fora. Em Munique e em Zurique, andara comendo bastante com os olhos. Em Amsterdã, ao se permitir a noitada com os malucos, estava fazendo o mesmo. Sem interagir muito, sem ingerir nada, quase um observador. Até ser arrancado desse posto por uma bela holandesa que não queria comê-lo só com os olhos.

Era também uma dona das suas próprias escolhas – e quando o brasileiro deu por si já estava escolhido, dominado e despido. Não teve que decidir nada, e ficou mais fácil não renunciar.

O reencontro com o sexo ligou-o de volta à tomada do mundo. Ao mesmo tempo, a jovem fogosa que o reconectara sumiria logo da sua cabeça. Em parte, porque ele ficara ligeiramente culpado de profanar sua própria catedral. Em parte, porque a catedral precisaria de um golpe mais forte para vir abaixo.

Em junho de 1998, a agenda de Gianecchini em Paris estava fervilhando de novo. Agora tinha um desfile da grife Lanvin na programação de eventos paralelos à Copa do Mundo da França. Mais um sucesso. Ao final, o organizador brasileiro, Odilon Coutinho, convidou-o para a comemoração discreta – jantar com sua amiga recém-chegada do Brasil para a Copa, a jornalista Marília Gabriela.

Ainda iniciando o desembarque do exílio espiritual, o modelo hesitou. Talvez fosse melhor renunciar à esticada. Nem saberia o que conversar com aquela grande mulher...

Aceitou o convite de Odilon, depois lhe disse por telefone que não iria mais, ao mesmo tempo que continuava se preparando para ir, num movimento irracional, cego, em direção à atração fatal que mandaria sua redoma pelos ares.

# Operação Lua Cheia

Antes da final da Copa do Mundo, em que o Brasil perderia o título para a França, Gianecchini teve que deixar Paris. Tinha um contrato para cumprir em Nova York.

Era a interrupção forçada do encontro amoroso com Marília Gabriela, que tocara fogo em seu coração e o arrancara enfim do retiro assexuado. Ao desfazer a mala nos Estados Unidos, ele constatou que esquecera em Paris a calça usada na véspera. No bolso dela estavam os contatos de Gabi. Tudo bem, não ia precisar da calça. Nem dos contatos.

Chegando ao Brasil, a jornalista mandou revelar as fotos que narravam seu encontro com o jovem modelo. Mostrou-as à amiga Alicinha Cavalcanti, que a acompanhara na viagem. Tinha sido tudo ótimo, só havia um problema: ela estava com saudades dele.

Alicinha examinou o material com olhar clínico. Refletiu um pouco e emitiu seu parecer:

– Gabi, ao que tudo indica, isso aqui não foi uma trepada. Isso é casamento.

O prognóstico soou um tanto forte. Mas reforçou em Marília o impulso de ligar para ele. Tinham se despedido com muito carinho, estava evidente que o encontro fora marcante para os dois. Mas o adeus não trazia a esperança escondida.

Ficara claro também que estava cada um indo de volta para sua vida, e que suas vidas só poderiam se encontrar no infinito: uma estrela do jornalismo com programa semanal na TV brasileira e um modelo internacional baseado em Paris, com residência itinerante por várias capitais do hemisfério norte. Tudo os separava, a começar pela linha do equador.

Só que o coração estava batendo forte, e o jeito foi catar o telefone da agência de Gianecchini em Nova York. Ligou para ele.

A pessoa que atendeu informou que o modelo não estava e que não podia fornecer o telefone pessoal dele. A jornalista pediu, então, para deixar recado e teve que repetir três vezes o seu nome.

O modelo não ligou de volta no dia seguinte. Nem no outro. Nem no terceiro. O peito de Gabi apertou. Ele não a queria.

Ela sabia da alma cigana dele. Também o ouvira falando da sua facilidade de se desligar das pessoas, mesmo as queridas – de deixar relações para trás. O problema era dela de ter se ligado a uma pessoa assim.

Em Nova York, Gianecchini fora informado de que havia um recado para ele. A atendente anotara o telefone da pessoa, mas não conseguira entender o nome. Só sabia que era mulher. Ele resolveu ignorar. Não estava esperando ligação de ninguém e, quando deixavam recado sem adiantar o assunto, não era para falar de trabalho.

Dois dias depois, estava no meio de um trabalho e sentiu o cheiro de Marília Gabriela. Se deu conta de que ela ficara presente nele de maneira especial. O escorpião já tinha virado a página, estava várias casas à frente do ponto em que a deixara. Mas estava gostando de levar consigo aquela lembrança boa.

No dia seguinte sentiu o gosto de Gabi. E ouviu sua voz. Aquela presença era um pouco mais que lembrança. Quando se despediu dela em Paris, sabia que o romance inesperado tinha tirado seu coração do isolamento. Por outro lado, ficara com saudades de estar sozinho de novo. Agora que estava sozinho, não poderia estar com saudades dela.

Só que o cheiro, o gosto, a voz, a boca, o sorriso, as palavras, o jeito... O que era aquilo?

Foi aí que fez a ligação com o tal recado de mulher. Perguntou à atendente nova-iorquina se o nome que ela não entendera podia ser Marília. Ela disse que não.

O nome era algo mais curto. Gabi? Talvez... Podia ser isso sim.

Gianecchini ligou para o número deixado pela tal mulher, que atendeu em São Paulo com o coração aos pulos. Estava há três dias tentando estancar o sentimento e lambendo a ferida. Com a franqueza de sempre, ele disse que estava com saudades, e isso não era normal. Ela respondeu que estava pegando o próximo voo para Nova York. E que não se importava se isso também não fosse normal.

A rodada americana do romance confirmou a intensidade da europeia, e teve uma despedida diferente. Sem juras e promessas, porque continuavam sendo amantes de hemisférios diferentes. Mas sem adeus. Combinaram de encontrar-se na próxima lua cheia. Ela pegaria um avião para onde ele estivesse.

Viram a lua cheia de Los Angeles e resolveram formalizar o calendário: se encontrariam sempre nas luas cheias.

Não cumpriram o plano por muito tempo. A lua cheia começou a demorar a chegar, e os intervalos do calendário amoroso caíram para 15 dias. Sem luar mesmo.

Como no primeiro dia em que ficaram juntos, a suposta distância entre um jovem modelo e uma jornalista intelectualmente consagrada continuava inexistindo. Mesmo nos assuntos extra-cama. Marília estava encantada com a sensibilidade e a inteligência do parceiro. Um dia, se permitiu fazer a pergunta que não queria calar:

– Giane, você não acha essa carreira de modelo meio pouco pra você, não? Desculpe, mas eu acho que você tem muito mais coisa aí dentro...

Como ele não era mais Reynaldo e o mercado oficializara a opção exótica do Gianecchini puro, Gabi tirou o apelido do sobrenome. Ele topou o Giane, e topou também a provocação dela sobre o aspecto limitado da sua profissão.

Ou mais do que isso: disse que estava louco para ser outra coisa.

Só não podia esquecer que estava diante de uma das grandes entrevistadoras do Brasil, e que suas chances de deixar uma resposta pela metade eram remotas.

– Sei. Que outra coisa?

– Bom... Eu quero ser ator.

Ela achou legal, muito interessante, mas... Bem, ser ator não era simples como podia parecer – notadamente para modelos lindos que viam a televisão e o cinema quase como uma continuação da passarela. Aquilo era um ofício complexo, exigia muito estudo.

Ele disse que sabia disso. E que pensara em ser ator bem antes de alguém lhe dizer que ele era lindo. Mais precisamente, aos 7 anos de idade.

O menino ficara encantado com uma montagem de *O auto da compadecida*, de Ariano Suassuna, apresentada no teatro da escola em Birigui. Era o melhor teatro da cidade, com palco amplo e capacidade para 500 espectadores – porte que realçava a magia do espetáculo. E a coisa ficou ainda mais mágica para o garoto quando viu, pouco depois, no mesmo palco, *Os saltimbancos*, de Chico Buarque.

Na saída do teatro, perguntou a Heloísa:

– Mãe, quem representa é o que mesmo?

– Ator.

– Ah, é. É isso que eu quero ser.

Heloísa achou bonitinho. Era sinal de que o filho se envolvera com a peça. Talvez no dia seguinte quisesse ser astronauta, ou jogador de futebol, mas o que importava era o sonho. Alguns meses depois, foi convidada pela escola para assistir a outra peça infantil, essa chamada *Pirlimpatim e o quebra-nozes*. Dessa vez, o filho não estava na plateia.

Estava no palco, e era também um dos autores. Fizera uma adaptação de um disquinho de histórias que tinha em casa e, junto com alguns colegas mais atrevidos, tinha convencido a direção da escola a ceder o teatro para a apresentação deles – o que não era uma prática comum. Na história, o personagem andarilho atravessava vários países, e os garotos produziram um cenário para cada país. O desenrolar da trama ia determinando a variação cenográfica, diante de uma plateia boquiaberta.

Após a cena final, o elenco descia do palco com flores, que iam sendo entregues de mão em mão aos espectadores embevecidos. Depois de ver o filho – que às vezes ainda fazia xixi na cama – brilhar no teatro de 500 lugares, Heloísa desconfiou que o seu pequeno ator poderia demorar um pouco a querer virar astronauta.

Nos anos seguintes, a trupe do Pirlimpatim voltaria à cena várias vezes – e como não podia ser sempre no palco da escola, o quintal de Heloísa virou teatro. Com palco móvel e tudo. A coisa era séria.

Ali pelos 13 anos de idade, como o filho não mudara de assunto sobre sua futura profissão, Heloísa viu que era hora de uma orientação de verdade:

– A profissão de ator é bonita, Júnior. Mas você vai querer ter a sua casa, o seu dinheiro... Você vai precisar escolher um trabalho pra ganhar a vida.

No final de 1998, Giane disse a Gabi que queria estudar artes dramáticas em Nova York. Seu drama era que, para isso, teria que abrir mão do trabalho de cidade em cidade, que era o esquema rentável. Só com os cachês de Nova York não daria para bancar o curso, e para ganhar a vida.

A jornalista, para variar, virou a questão do avesso. Se ele queria ser ator e estudar nos Estados Unidos era muito caro, por que não voltava para o Brasil?

Só não sabia que estava tocando num tabu. Gianecchini não podia nem ouvir falar naquela hipótese. Sua grande vitória tinha sido sair do Brasil. Voltar era sinônimo de fracasso. Estava fora de questão.

Até admitia fazer trabalhos eventuais no seu país – como modelo e, quem sabe no futuro, como ator –, mas voltar a morar no Brasil contrariava a sua filosofia e o seu destino. E fim de papo.

Depois do sucesso na Alemanha, as entressafras até existiam, faziam parte da carreira. Só que eram suaves. Agora mesmo ele estava numa delas. Mas estava tudo bem.

A rigor, podia estar tudo um pouco melhor. Estivera à beira de alguns saltos que o levariam a um patamar consagrador. Num deles, atravessara uma seleção de modelos do mundo inteiro para estrelar uma campanha da Gucci, dirigida por Tom Ford – seu mito de elegância e sensualidade. A seleção final ficara entre ele e um modelo do Leste Europeu, um tipo franzino com aparência pouco sadia.

A Gucci estava na dúvida entre o clássico e o esquisito. E a esquisitice venceu.

Giane sempre buscava a lógica nas grandes frustrações. Tinha que haver uma mensagem qualquer ali. Mas estava difícil enxergar. Se fizesse a campanha da Gucci, a conquista da Europa estaria consumada. Por um bom tempo talvez nem tivesse mais entressafras – como essa que estranhamente começava a demorar. Nem Armani, nem Ferragamo, nem Hermès. Até os clássicos o estavam deixando de castigo.

Não muito depois da conversa em que Gabi lhe falara sobre voltar para o Brasil, o modelo estava no telefone com Lica, sua agente na L'Equipe em São Paulo, e ela veio com a sugestão inusitada:

– Por que você não vem pra cá? Com o teu portfólio internacional, vai chover trabalho. Só filé mignon, não precisa nem fazer teste. Vai juntar uma grana boa.

Ele deu um jeito de abreviar a conversa e desligou. O que era aquilo agora? Uma conspiração? Quantas vezes ia ter que explicar, a quantas pessoas, que não voltaria mais para o Brasil?

Estava jogado na cama do hotel em Nova York, embaraçado nas angústias sobre o futuro, o presente e agora o passado também, com aquele papo de Brasil, quando o telefone tocou. Péssima hora, não queria falar com ninguém. Acabara de constatar que estava deprimido. Atendeu só para ver quem era e dizer que estava ocupado.

Era Marília Gabriela. Estava com saudades, e tinha pensado em pegar um avião para Nova York. Que tal?

Ele achava sempre ótimo. Mas estava confuso sobre tudo, até sobre o namoro deles. Mal saíra de anos de confinamento e de repente se via mergulhando num relacionamento intenso, que só se expandia e praticamente o colocava numa vida de casal.

– Marília, será que a gente não tá indo rápido demais? Será que não estamos em ritmos diferentes? Não sei se posso ir tão rápido assim...

Na trombada de sinceridades, ela respondeu num só golpe, antes de desligar o telefone:

– Ok. Mas vou te falar uma coisa que talvez você tenha medo de ouvir: você já foi rápido demais, e eu também. E nós estamos apaixonados.

Cinco minutos depois do telefonema, as angústias de Giane estavam equacionadas. Tudo de estranho que estava acontecendo com ele ultimamente era a indicação de um caminho muito claro: ele estava louco por aquela mulher, e tinha que viver com ela. No Brasil.

# Orgia a rigor

A mulher aflita precisava de amparo. Procurou a pessoa que poderia lhe apontar uma saída. Ninguém melhor do que o pastor, o homem sereno e sóbrio a quem poderia abrir o coração. Desabafou com ele e foi se acalmando ao ouvir sua voz grave, doce, pausada. O abraço aconchegante do líder espiritual foi relaxando seu corpo. Ela parou de chorar, retribuiu seu carinho e disse estar mais aliviada. Ele a manteve em seus braços e, com uma das mãos, começou a abrir o fecho do vestido dela.

A princípio a jovem não entendeu bem o que estava se passando. O movimento das mãos do pastor era delicado. Com o zíper do vestido aberto, porém, ele abandonou a sutileza e arrancou-lhe a roupa bruscamente, em segundos. Desesperada, ela se debateu aos berros, mas o religioso era alto e bastante forte. Não a largou mais.

O estupro da fiel pelo pastor era uma cena do Teatro da Vertigem, num laboratório para novos atores que tinha como tema a perversão humana. O pastor depravado era Reynaldo Gianecchini.

A oficina era preparatória para a montagem da peça *Apocalipse 1,11* – que traria uma espécie de representação punk do inferno. No espetáculo, as situações extremas se desenrolariam num cabaré underground, cuja dona, interpretada pela atriz Mariana Lima – diabólica, linda e nua –, comandava um show de animalidades, cercada de casais fazendo sexo explícito em cena.

Não tinha sido fácil para Giane estar no papel do religioso estuprador. Nem tanto pela sordidez do personagem – criado por ele mesmo e sua parceira de cena. O laboratório do Teatro da Vertigem, aclamado grupo experimental de São Paulo, abrira três turmas de 15 vagas cada, e mais de mil candidatos se inscreveram. Na fase de seleção e entrevistas, Gianecchini viu que os concorrentes, em sua grande maioria, já eram atores – conforme, aliás, o requisito do curso. Ele era modelo.

Na chegada ao Brasil em 1999, Giane não queria perder um segundo em seu novo caminho. Depois de sete anos de batalha profissional bem-sucedida, estava outra vez na estaca zero. Ou talvez zero vírgula um. Como modelo, tivera algumas noções de atuação diante da câmera, para comerciais de TV. Procurou Fátima Toledo, que conhecera numa dessas preparações e que dava um bom curso de interpretação.

Fez as primeiras aulas e já achou que precisava ir mais fundo. Sabia que para ganhar alguma densidade, cru como era, só no teatro. Foi assistir à peça *O livro de Jó*, do Teatro da Vertigem, e levou um choque até as tripas.

O modelo ficou impressionado com a forma como os atores se jogavam em seus personagens. Não só viviam para valer todas as situações extremas que representavam, como não se preservavam de nada – pareciam realmente prontos para o Apocalipse.

Em seguida ficou sabendo que o Teatro da Vertigem abriria o tal curso. No meio da cambalhota que estava dando na vida, sua única certeza era que tinha de fazer aquela matrícula. Não podia dar mais um passo sem conhecer por dentro o grupo dos kamikazes teatrais.

Ao saber que a relação candidato/vaga era de mais de 20 para 1, sendo que nem ator ele era, Giane gelou. Estava praticamente desclassificado antes de concorrer. A não ser que apelasse. Apelou.

Na descrição por escrito de suas experiências profissionais, forçou a barra listando sua "atuação" em peças de propaganda – tentando fazer o modelo se passar por ator.

A gravação de um comercial de TV do xampu Seda, na mesma época, vinha a calhar. Não dizia uma palavra na peça de 30 segundos, mas interpretava uma cena de sedução no trânsito – jogava o seu telefone dentro do carro da mulher que o fascinara e depois ligava do orelhão para si mesmo, para que ela atendesse. Os celulares ainda eram novidade, e custavam caro, o que valorizava o gesto sedutor. O anúncio fez sucesso e inaugurou seu portfólio de ator.

O currículo meio contrabandeado surtiu efeito, e ele passou a primeira peneira. Sustentou suas versões na seleção seguinte e venceu mais uma. Na entrevista final, ele estaria cara a cara com um representante do Teatro da Vertigem por um bom tempo. Aí mudou de tática.

Diante do ator Roberto Audio, estrela da companhia encarregado da seleção final, Gianecchini deixou de lado a propaganda enganosa: despejou toda a verdade.

– Olha só, Roberto. Eu pus aí que fiz esses comerciais... Bom, eu sou modelo. Voltei pro Brasil pra ser ator, larguei tudo...

Giane foi se emocionando à medida que falava. De fato, tinha sido dado como louco na Europa. No auge da carreira, aos 26 anos, fase em que os modelos masculinos começam a faturar grosso, com os traços da maturidade que vão chegando, ele se mandou.

Paola, sua agente em Paris, lhe disse que ele tinha pirado. Sua fisionomia estava passando do garotão para o homem, era a hora de encher o bolso. Mas agora ele estava ali, batalhando uma vaga num curso de teatro experimental em São Paulo, sem perspectiva de ganhar um centavo. Seus olhos faiscavam de emoção, sua entrevista tinha virado uma cena – totalmente real.

– Roberto, eu duvido que tenha alguém aqui com mais vontade do que eu. Vi *O livro de Jó*, vocês são absolutamente do caralho! Eu tenho alma e estou disposto a tudo.

Saiu da entrevista meio tonto. Não sabia direito o que tinha falado, talvez tivesse se excedido. Só sabia que tinha sido totalmente sincero.

O suspense não o torturou muito. No dia seguinte, recebia a notícia de que uma das vagas era dele.

O curso tinha duração prevista de seis meses. O aluno botou a alma, o corpo, a energia que tinha e a que não tinha no Teatro da Vertigem. Mas não conseguiu ficar até o fim.

Um dia, Roberto Audio o chamou para uma conversa em separado. Tinha recebido uma solicitação urgente. O Teatro Oficina, de José Celso Martinez Corrêa, sofrera um desfalque no elenco de *Cacilda!*. O ator que fazia o par da protagonista, na peça sobre a vida da atriz Cacilda Becker, tivera que sair e precisava ser substituído imediatamente. Audio achava que Gianecchini podia fazer o papel. Queria saber se poderia indicar seu nome.

Se estava apaixonado pelo Teatro da Vertigem, Giane era fascinado pelo Oficina. Inclusive já assistira a *Cacilda!* e se encantara. Só não podia se imaginar subindo tão rapidamente a um palco de Zé Celso. Vertigem total.

Estourando de excitação, foi conversar com Marília Gabriela. Sua grande incentivadora na nova carreira precisava saber daquele convite.

A mudança para o Brasil transformara o namoro em casamento. Logo na chegada, quando ele ia começar a procurar apartamento, Gabi perguntou-lhe se não queria ir morar com ela. Dessa vez ele não hesitou: já que estavam indo rápido mesmo, que fossem logo para debaixo do mesmo teto, sem escalas.

A jornalista morava com seus filhos Christiano e Theodoro, pouco mais jovens que seu novo marido. Ambos tinham personalidade forte e influência junto à mãe. Giane sabia que o seu encaixe na família tinha que ser o primeiro passo do casamento. Apesar de solto na vida, ele próprio era um ser familiar – e não havia a menor possibilidade de ficar vivendo ali como um hóspede permanente. Não lhe bastaria ser gentilmente tolerado.

Na correria do dia a dia, cada um na casa fazia o seu horário. Logo de cara, Giane propôs que jantassem todos juntos. Os outros não se opuseram, a mesa poderia mesmo facilitar as apresentações. Mas o homem do interior não estava falando de um jantar só. Foi insistindo na ideia e acabou transformando as refeições em ponto de encontro da família.

Passaram a ver filmes juntos também e dali entravam em conversas filosóficas e fiadas. Os quatro se reuniam até em torno de jogos de tabuleiro. Numa partida de War, o jogo de dados e conquistas territoriais, Theodoro notou que Giane estava tenso. Seu exército estava sendo dizimado, e ele não conseguira esconder que detestava perder. Era o que era.

A afinidade que brotara no primeiro encontro do casal, quando a simplicidade irreverente de ambos derrubou o protocolo, crescia a galope. Racionalista, cerebral, Gabi não era dogmática e se permitia olhadelas para a astrologia – que Giane, escorpião convicto, respeitava. Ela então contou a ele que, pouco antes de embarcar para a França, uma astróloga lhe dissera que ia aparecer um novo amor em sua vida. Seria um homem jovem, muito bonito e de cabelos muito longos.

Ele se lembrou imediatamente de Caíque, o modelo que estava com ele em Paris. Cabeludo conforme a descrição da astróloga, ele estava louco para encontrar Gabi e teve que desistir na última hora, após um protesto da namorada. Giane concluiu no ato:

– Marília, que loucura! O novo amor da sua vida era o Caíque! Eu peguei o lugar dele! E agora?

Gargalharam juntos longamente, para variar. Mas os mistérios da vida também podiam fazê-los ficar sérios. Num passeio por São Paulo, ele resolveu mostrar a ela o quarto em que ficara ao chegar de Birigui, sua primeira moradia na cidade. Foram até a esquina de Cristiano Viana com Teodoro Sampaio e ele apontou sua janela exatamente na junção das duas ruas:

– Era aqui, entre Cristiano e Teodoro...

Parou de falar e os dois se olharam, impressionados. Eram os nomes dos dois filhos de Gabi, formando a coordenada exata do seu primeiro pouso na terra onde, agora, ele se fixava para se casar com ela. Dessa vez apenas sorriram. E ficaram em silêncio.

Marília vibrou com o convite para a peça de José Celso Martinez Corrêa. Achava que ele devia aceitar, mesmo tendo que abandonar o curso do Teatro da Vertigem. Era o que ele também estava sentindo. Uma oportunidade valiosa, que lhe caía no colo repentinamente – como boa parte do que acontecia na sua vida.

Não podiam deixar de comentar, porém, as particularidades do trabalho do Teatro Oficina. Era notório que Zé Celso usava bastante a nudez como fator de impacto, e ambos gostavam do estilo do diretor. Mas não iam fingir que não sabiam da repercussão que teria a nudez do jovem e belo marido de Marília Gabriela, a entidade pública.

Resolveram encarar a situação. Haveriam de encontrar uma maneira de administrá-la. Quanto ao possível assédio feminino, ele não se cansava de reafirmar: estava na dela.

Logo que começaram a morar juntos, ele fora convidado para um trabalho como modelo em Miami. Ia decolar de novo, e não sabia o dia exato em que estaria de volta. Seu histórico cigano naturalmente trouxe certa tensão à situação. Ele notou, e tomou uma providência.

Gabi estava saindo do banho, e Giane entrou no banheiro para lhe entregar uma caixinha. Era da joalheria Antonio Bernardo. Ela abriu, ainda de toalha, e foi surpreendida por um par de alianças. Ele riu e soltou a legenda da cena:

– Eu vou, mas eu volto.

Ela o amou ainda mais depois daquele pedido de casamento mambembe no banheiro. E queria estar cada vez mais ao seu lado, do aconchego do lar às loucuras do Teatro Oficina.

Gianecchini se apresentou a Zé Celso como candidato à substituição em *Cacilda!*. O diretor confirmou a indicação feita pelo Teatro da

Vertigem, mas disse que precisava observá-lo um pouco. Pediu que ficasse à vontade, fizesse o seu relaxamento, e então trabalhariam uma cena.

O candidato estava ansioso, mas não nervoso. Sentiu-se bem na presença do lendário fundador do Oficina e foi seguindo sua regência. Terminaram a cena, e o diretor disse-lhe que precisava vê-lo em outra. Mais duas cenas depois, a observação ainda não tinha sido suficiente.

Quando completaram seis horas de teste, Gianecchini tinha a impressão de que ainda não haviam se passado duas horas. E tinha outra sensação – mais forte e arrebatadora – de que não sairia nunca mais do Teatro Oficina. Zé Celso captou a entrega total do iniciante à sua catedral dionisíaca. E deu o papel a ele.

Giane tinha duas semanas para se preparar para sua estreia profissional como ator – ofício para o qual estudara menos de seis meses. Debruçou-se sobre o texto e o espetáculo como um todo, radiografou-o na cabeça cena a cena, foi recebendo as diretrizes de Zé Celso e fixando suas marcas. Sentia-se seguro para realizar tudo o que era exigido do seu personagem, com exceção de um detalhe.

Em determinado momento, parte dos atores se reunia numa plataforma do cenário, inteiramente nus, para um ritual de masturbação coletiva. O diretor queria sua participação na cena.

Aquele era o ponto em que a euforia virava tortura: "Pronto. Vou ter que bater punheta pra minha mãe ver."

Após duas horas de peça e um rápido intervalo, o público retomava seus lugares para assistir ao segundo ato de *Cacilda!* – mais duas horas de peça. Em se tratando de José Celso Martinez Corrêa, a maratona comportava tudo, menos tédio. A plateia estava eletrificada, e Reynaldo Gianecchini estava tranquilo.

O estreante atravessara o primeiro ato como um veterano. Nem uma ponta de aflição, nem mesmo ansiedade com o longo tempo de concentração que a peça exigia. As duas horas tinham passado voando. No camarim, antes de voltarem para o segundo ato, uma colega de cena perguntou-lhe ao pé do ouvido:

– E aí, Giane? Bateu?!

Ele pensou um pouquinho e confirmou:

– Claro! Bateu muito!

De imediato, não tinha entendido direito a pergunta. "Bateu" o quê? Mas logo viu que ela devia estar querendo saber, num linguajar de teatro, se deu liga, se ele tinha entrado na magia do palco, ou algo do gênero. Então tinha batido sim, claro. Mas não era nada disso o que a atriz estava falando.

O segundo ato começava com Cacilda Becker em Nova York, no meio de uma orgia. Era o momento em que vários atores nus se masturbavam no palco. Gianecchini entrou em cena calmamente.

Surgiu no meio da orgia, caminhando tranquilo – e impecavelmente vestido. Entre peles e pelos, ele estava de terno, gravata e sapato lustroso. Era um observador vip da suruba.

A solução surgira depois de um incidente nos ensaios. Na hora de montar a tal cena, quando o diretor indicara a Giane a sua marca (sem roupas), ouvira algo inédito ali no Oficina:

– Zé, eu não tô confortável pra fazer essa cena. Posso não fazer?

Apesar de surpreendido, o diretor se abriu ao diálogo. Gostaria de ser convencido dos motivos para o ator não estar na cena. O estreante alegou que a única personagem de fato naquela situação era Cacilda – os demais eram participantes anônimos da tal festinha de embalo.

– Um a mais, um a menos... Tudo bem eu não ir nessa festa, né?

Depois de uma pausa, o mago do Oficina encerrou:

– Bom, se você não se sente confortável, eu tenho que te respeitar.

O mal-estar se desfez no ensaio seguinte, quando Zé Celso chegou radiante. Tinha ido ao cinema e tivera um insight durante o filme. Fora assistir a *De olhos bem fechados*, de Stanley Kubrick, e desde as primeiras imagens se impressionara com a semelhança entre o protagonista, Tom Cruise, e Gianecchini. Veio então a famosa cena da orgia entre casais mascarados numa mansão, na qual o personagem de Cruise é o único vestido da cabeça aos pés, como um outsider da depravação.

Era a solução pronta: *Cacilda!* faria uma citação a Kubrick, com Giane surgindo à imagem e semelhança de Cruise.

A cena funcionou no teatro, o estreante cumpriu as duas horas do segundo ato com a mesma leveza do primeiro e, fechadas as cortinas, a companhia do Oficina celebrou o novo membro do grupo. Entre cumprimentos, abraços e beijos, a atriz que lhe perguntara se tinha "batido" quis saber:

– E aí? A onda tá forte ainda?

– Onda?

– É, cara! A onda do ácido!

– Ah, o ácido... Claro... Pô, tá ótima a onda...

Só então entendeu o que era o pedacinho de papel que puseram em sua língua durante o aquecimento para o espetáculo. Tinha sido, por assim dizer, protegido por sua própria inocência. Não precisara decidir se tomava LSD ou não – o que nunca é simples para quem não usa drogas. E também não precisara se preocupar de ter tomado.

No final das contas, achou que o ácido não tinha batido. Mas as quatro horas tinham passado como quatro minutos...

Depois da temporada de *Cacilda!*, Zé Celso o convidou para o elenco de *Boca de Ouro*, de Nelson Rodrigues. Tão excitante quanto o convite em si era o personagem que o diretor lhe oferecia: o suburbano Agenor, um tipo de bigodinho mal aparado que só andava de short apertado e ginga exagerada – o suprassumo da deselegância.

Era a cerimônia do adeus ao modelo clássico de rostinho bonito, a guinada da vida em direção à arte. Estava decidido: era no teatro que ele ia viver.

Só que aí apareceu a TV. E não fora procurá-lo no teatro, mas na agência de modelo. A TV queria o rostinho bonito. E a crítica queria despedaçar mais um bonitinho.

# Sua vida daria
# uma novela

Cadê o Edu? A pergunta estava no cabeçalho da *Folha de S.Paulo*, em novembro de 2000. O jornal cronometrara a presença do personagem de Reynaldo Gianecchini em alguns capítulos de *Laços de família*, no sexto mês de exibição da novela. A constatação era que, em vários deles, o protagonista Edu aparecia menos que alguns personagens secundários.

"Gianecchini desaparece em *Laços de família*", era o título da matéria, que sugeria também estar havendo uma redução dos textos entregues ao ator – em quantidade e em importância:

"Mesmo quando aparece bastante, como nos capítulos de segunda e terça-feira da última semana, Edu não fala nada além do limite que separa um ator de um figurante."

Depois de ser procurado pela Globo na agência L'Equipe e encontrado no Teatro Oficina, depois de fazer o teste no Natal e ler no jornal que o papel seria de outro, depois de estrear na TV e cair na novela paralela do caso com Vera Fischer, depois de protagonizar cenas mais quentes do que o horário nobre conhecia, depois de virar o galã do momento na novela de maior sucesso nos últimos anos, depois de rodopiar na trama largando a mãe e se casando com a filha, seu personagem realmente esfriara em *Laços de família*.

Giane ainda estava em plena luta contra a maldição do cigano Igor. Mesmo tendo segurado o rojão do triângulo amoroso que levava o ibope às nuvens, foi só sair do olho do furacão (após o casamento feliz de Edu e Camila) para voltar a ser "mais um modelo alçado à categoria de astro pela Globo", como descrito na matéria da *Folha de S.Paulo.*

Mas não era só a *Folha* que o via assim. A batalha mais pesada ainda estava por vir.

Questionado sobre "o sumiço de Edu", Manoel Carlos não confirmou ao jornal paulista que o problema era Gianecchini:

– Desaquecer alguns personagens faz parte das novelas que eu escrevo. O Edu deu uma desaquecida porque eu precisava aquecer o romance de Helena (Vera Fischer) com Miguel (Tony Ramos). Então coloquei o foco mais sobre eles.

Giane continuava frequentando a casa de Manoel Carlos no Leblon, e o autor estava tranquilo com sua aposta no protagonista iniciante. Sua cabeça agora estava na manobra radical que teria que operar, puxando a trama do erótico para o trágico. Com o aparecimento do câncer de Camila, quem ia ter que brilhar agora era Carolina Dieckmann. E a jovem atriz, que contracenava o tempo todo com Gianecchini, mudara sua opinião sobre ele.

Depois da primeira impressão no teste para a novela, quando achou que a Globo a pusera numa furada ao lado de um poste, Carol continuou achando-o cru para o papel. Mas se impressionou com a garra e a disciplina do iniciante. Semanas depois, no embarque para as primeiras gravações no Japão, ele parecia outra pessoa.

Ganhara corpo, cor e musculatura, numa metamorfose relâmpago do modelinho dark para o garotão do Leblon. Ela chegou a se perguntar de onde tinha saído aquele gato.

E nas primeiras cenas com ele, em que sua personagem seria conquistada pelo dele, Carolina foi conquistada por Gianecchini. Texto na ponta da língua – língua bem saborosa, por sinal – e interpretação convincente de tão simples, o estreante a fez acreditar em tudo de saída. Giane era Edu.

Diferentemente da atração exercida por Vera Fischer, o encantamento que vinha de Carolina Dieckmann era profissional. A atriz estava bem casada, era mãe de um bebê e pôde observar o colega sem a visão turva do desejo. Contou um pouco dessa observação à *Folha de S.Paulo*:

– O Gianecchini é tão preparado que deixa a gente com vergonha. Você vê um monte de gente que chega, faz metade do sucesso que ele tá fazendo, já compra carro do ano e começa a achar que a Globo precisa deles. A Globo precisa da Vera Fischer. Ele é um cara simples, do interior, não se abala com nada.

Um cara simples do interior que fazia questão de não esconder isso. Nos filmetes promocionais exibidos antes da estreia, com os principais atores do elenco contando histórias pessoais, o de Gianecchini conquistara a todos na emissora. A fala era tão simples quanto o cara:

– Eu sou caipira. De repente eu tava sozinho dentro de um ônibus, na rodoviária, com aquela ansiedade toda de ganhar a cidade grande. E quando eu fui ver tava ali toda a minha família em linha... Era aquela cena clássica do tchauzinho. Eu fiquei com um nó superapertado na garganta.

Uma voz em off arrematava o depoimento: "A vida de cada um de nós dá uma novela." Aquela simplicidade natural caía como uma luva para a divulgação de *Laços de família*, anunciada como uma novela de gente como a gente. Mas no interior as coisas não andavam tão simples assim.

A fama repentina de Gianecchini dera uma sacudida em Birigui, e especialmente na rotina dos pais dele. Na própria noite da estreia da novela o telefone de casa começou a tocar, e não parou mais.

Primeiro eram parentes, amigos e vizinhos, depois era todo mundo. Meninas e mulheres que descobriam o número na lista telefônica inventavam longas histórias para tentar a todo custo um contato com o galã. Repórteres ligavam a qualquer hora, sôfregos, precisando de alguma informação para fechar suas matérias. Um dia Heloísa pulou da cama com o toque do telefone à uma da manhã. Podia ser alguma coisa com sua mãe, que estava doente em Uberaba. Mas era uma fã do filho.

A primeira coisa que fez na manhã seguinte foi contatar a companhia e trocar a linha.

Sua rotina também mudou no trabalho. Sua sala na Secretaria de Educação se tornara mais movimentada que gabinete de ministro. Pessoas físicas, ONGs e autoridades batiam lá cheias de propostas – convênios, campanhas, ações filantrópicas. Todos queriam alguma parceria com a secretária Heloísa, naturalmente com a participação do filho dela. Se não desse, será que poderiam ao menos colocar o nome dele no projeto?

Heloísa precisou esclarecer que aquilo era um órgão público, não uma agência de negócios. E enxotou todos os oportunistas, de colarinho branco ou não.

No cardápio de confusões, nem todas eram nocivas. Dentre as vizinhas, tias e senhoras em geral que passaram a puxar conversa diariamente com a mãe do novo astro, algumas tinham unificado a realidade e a ficção:

– Heloísa, querida, manda um beijo pro Edu. É uma joia, esse menino. Tenho gostado muito do comportamento dele.

A mãe ouvia também conselhos que deveria transmitir ao filho, sobre como agir naquelas situações da vida (que passavam na TV). Heloísa até poderia responder que tais conselhos só Manoel Carlos saberia dar, mas entrava no jogo:

– Ah, claro. Obrigada. Pode deixar que eu falo com o Edu...

A mistura de tumulto e entusiasmo na forma como Birigui via seu filho ilustre na grande mídia chegava, eventualmente, aos ouvidos de

Gianecchini. Ele estava concentrado demais no seu imenso desafio para acompanhar a repercussão na sua terra. Mas um telefonema em especial o enfureceu.

"Aos poucos, Reynaldo Gianecchini descobre que para ser ator é preciso representar", escrevia a *Veja* em 13 de dezembro. A revista citava o script de Manoel Carlos, reproduzindo a rubrica do autor para a cena em que o personagem de Giane recebe a notícia da leucemia de sua mulher: "Edu fecha os olhos, desesperado, com o exame na mão. Música forte. Fim do capítulo." Aí vinha o comentário da revista:

"Pois é. Edu tinha que mostrar desespero. E foi aí que os problemas começaram. Fechar os olhos até que não foi difícil. Mas a angústia – essa não houve meio de o ator expressar."

O título da matéria era "Bonitinho, mas...", e o sarcasmo estava até no índice da edição: "Reynaldo Gianecchini e a arte de atuar." Ao final do texto, um quadro trazia três fotos iguais do ator sorridente, com três legendas diferentes: 1) "O ator, desesperado: o sorriso aqui denota o turbilhão da alma"; 2) "O ator, acabrunhado: o sorriso aqui denota a desilusão com o mundo"; 3) "O ator, zangado: o sorriso aqui denota uma certa ironia."

O repórter que assinava a matéria, Ricardo Valladares, entrevistara Giane por telefone. O ator respondera normalmente às perguntas, num intervalo das gravações, sem notar na conversa qualquer intenção de desqualificá-lo. Na publicação, sua fala aparecia após uma afirmação de que ele não conseguia atuar de forma convincente, nem inconvincente:

"'Está sendo difícil', reconhece o rapaz, com admirável humildade. 'Mas aos poucos eu vou melhorar.'" Aí se seguia a informação de que Gianecchini estava para ser escondido na trama. O pretexto seria de que a tristeza de Edu abatia ainda mais a esposa doente.

Giane estava próximo demais de Manoel Carlos para acreditar na tese de que seria mandado para a geladeira. E se, já no dia do teste para a novela, dissera à sua mãe que ia dar a cara para bater, agora não ia achar estranho apanhar. O problema foi que, ao ler a matéria da *Veja*, não se sentiu surrado. Sentiu-se humilhado.

E o telefonema de um primo de Birigui aumentaria sua indignação. No interior, as pessoas mais simples estavam achando que aquelas três fotos iguais eram, de fato, tentativas de expressões diferentes. Ele não achava que a maioria do público seria tão ingênua, mas sabia o quanto poderia grudar nele aquele selo jocoso de impostor.

No dia seguinte à publicação da matéria, chegou ao Projac bastante constrangido. Não ia ser confortável o encontro com os colegas de gravação. Logo que entrou na central de estúdios da Globo, cruzou com Denis Carvalho. Nunca tinha estado com o experiente diretor da emissora, mas ele veio em sua direção, cumprimentou-o e foi direto ao assunto:

– Eu quero que você saiba que tô muito chateado com o que li. O que eu posso te dizer é o seguinte: você é um cara em quem a gente quer investir.

Giane agradeceu e teve que fazer força para segurar o choro. Estava emocionado com a solidariedade de Denis. E estava, ao mesmo tempo, envergonhado. Ficara claro que as pessoas estavam com pena dele. O que confirmava sua pior impressão: era um caso de humilhação.

Procurou seu empresário, Sérgio Dantino, e lhe pediu que providenciasse uma ação judicial contra a revista. O empresário o aconselhou a não fazer isso: brigar com a imprensa era dar tiro no pé. O ator respondeu a Dantino que entendia sua posição, até porque ele representava vários atores e talvez temesse represálias. Mas avisou que iria em frente, e contratou um advogado no Rio de Janeiro.

Enquanto iniciava uma longa batalha em torno da sua imagem, Gianecchini entrava na mira de outro atirador. Um franco-atirador – o mais cáustico e ousado de todos, quase um feiticeiro. E esse ia pegá-lo de jeito.

As ações e reações de Giane no turbilhão da mídia, que o jogava para o topo ao mesmo tempo que ameaçava devorá-lo, eram observadas clinicamente pelo tal feiticeiro. E ele não tinha mais dúvidas: o ídolo que não entendia direito a máquina de mídia que o projetara era um inocente, um príncipe perdido em seu próprio castelo.

Gianecchini era um Hamlet, preso no dilema shakespeariano: ser ou não ser célebre?

O feiticeiro decidiu raptá-lo. E virar sua beleza do avesso, expondo só as entranhas. Faria dele um príncipe nojento.

# Shakespeare
# com ketchup

A vendedora olhou para a entrada da loja e mal pôde acreditar no que via: Reynaldo Gianecchini, em pessoa, estava vindo em sua direção. A moça ficou trêmula, ofegante, confusa. Felizmente lembrou-se de tirar os óculos, para atendê-lo mais bonitinha.

O ator cumprimentou-a e lhe pediu um par de sandálias. A moça foi buscar no estoque, mas não enxergava nada sem óculos. Esbarrou no suporte de mercadorias e as sandálias desabaram sobre sua cabeça. Ela apalpou um par, distinguiu a cor que o cliente pedira e levou a ele. Gianecchini agradeceu, e tinha outro pedido:

– Posso experimentar uma sunga?

– Sunga?!

A vendedora teve que recuperar o fôlego e logo superou o dilema: pôs os óculos de volta. Agora, o mais importante era enxergar com perfeição.

O comercial das Sandálias Havaianas apresentava o novo garoto propaganda da marca. O Edu da novela vendia chinelo, vendia xampu, vendia tudo. A certa altura daquele vertiginoso ano 2000, teve que começar a recusar cachês irrecusáveis, para que seu rosto não estivesse o dia inteiro na TV. Heloísa telefonara chateada: vira na rua um anúncio do CD da novela – que também tinha o rosto do seu filho na capa – coberto por uma pichação:

"Não aguento mais esse cara!"

Giane procurou consolá-la:

– Tudo bem, mãe. Daqui a pouco eu também não me aguento mais.

Heloísa estava discretamente orgulhosa do filho famoso. Seu marido Reynaldo estava euforicamente orgulhoso do filho famoso. Chegava a levar para sua sala de aula jornais e revistas com fotos do galã do momento, para delírio das alunas adolescentes que agora estavam adorando química. Elas cercavam a mesa do professor antes e depois da aula, pedindo-lhe que contasse histórias do Edu na vida real. Ele não só contava, como atendia quando as meninas o chamavam de "sogrão".

Para o patriarca de feitio italiano, as coisas tinham mudado. Explosões autoritárias – como a do vestibular, quando calara o filho pondo-o "no seu lugar" – não existiriam mais. O filho que vencia na vida merecia respeito, de homem para homem.

Logo que começara a trabalhar como modelo, Giane passara a pagar sua faculdade. Se sustentou em São Paulo e no exterior. Viveu bem e conheceu o mundo. Mas não conseguira juntar dinheiro além da reserva de segurança. Após oito anos de trabalho, seu único bem era um Fiat Strada, comprado na volta ao Brasil. O ano 2000, porém, valera por uma década. Ou mais.

O contrato na TV, bom para um estreante, fora o abre-alas para o arrastão no mercado da publicidade. E os cachês não tinham mais nada a ver com o do modelo que jogava o celular no carro da moça. Para os anunciantes, ele deixara de ser um rostinho bonito: agora era "o" rostinho bonito.

Giane não tinha muitos sonhos de consumo. Mas tinha uma questão que precisava resolver. O Rio de Janeiro o recebera na infância com um assassinato ao vivo. Depois o seduzira com Gisele Bündchen e a lente de Mario Testino. Depois o asfixiara com a aridez da Zona Oeste. Depois o assustara/fascinara com a tietagem febril no Leblon. Agora ele só sabia que essa salada de impressões virara um caso de amor. Aonde quer que sua andança o levasse, ele queria ter sua casa no Rio.

Ao final de *Laços de família*, conquistou seu laço carioca. Com vista para a montanha, a mata e o mar. Em meio à espuma das polêmicas, o belo apartamento na Gávea era um dado sólido do seu sucesso.

Sucesso que continuava fora de controle, e pronto para fazer seus estragos. No fim do ano, Gianecchini e Marília Gabriela aceitaram convite de amigos para passar o réveillon num barco em Salvador. O passeio estava ótimo, quando alguém sugeriu desembarcarem na festa de Licia Fabio, a rainha dos acontecimentos sociais, culturais e transcendentais da capital baiana. Quase todos adoraram a ideia.

Atenta, Gabi teve que tocar a real:

– Vocês estão lembrando que temos uma bomba atômica a bordo?

Ninguém ali desconhecia o culto histérico que se espalhara pelo país em torno da figura de Gianecchini. Mas surgiram as ponderações: era uma festa fechada, altamente selecionada, com gente que saberia se comportar. Cada um que argumentava dava uma olhada para Giane, que a certa altura, prestes a virar o estraga prazeres da noite, teve de se pronunciar:

– Bom, por mim, tudo bem. Claro. Não tem problema nenhum.

Desembarcaram. Entraram na festa, que acontecia num grande galpão à beira-mar, com mesas distribuídas em duas grandes alas separadas por um espaço livre para circulação e dança. Giane, Gabi e seus amigos foram avançando por esse corredor, e os convidados começaram a se levantar das mesas. Em dois minutos, a festa estava andando atrás deles.

Mulheres de várias idades se aproximavam do galã para cumprimentá-lo, ou talvez tocá-lo, ou talvez beijá-lo. Gabi teve que puxar pelo braço uma mais afoita que praticamente se pendurara no pescoço do seu marido. Mas atrás dela vinha outra mais afoita ainda. Giane apertou o passo para tentar furar o cerco, até que o corredor acabou num paredão.

Tentou voltar, mas não dava para se mover mais. Estava cercado por um bolo de gente, as mulheres na frente buscando contatos imediatos com ele, os homens atrás tentando achar suas mulheres.

Vendo que a situação saíra completamente de controle, Christiano, filho mais velho de Gabi, foi buscar reforços. Voltou com todos os seguranças da festa, que enfrentaram bravamente a fúria amorosa e tiraram a bomba atômica da festa. Giane desejou feliz Ano Novo com sorriso amarelo aos seus amigos e foi dormir.

No dia 2 de fevereiro de 2001, *Laços de família* chegava ao fim. Em pouco mais de dois anos, o eremita celibatário virara símbolo sexual na TV. Antes que pudesse parar para pensar nisso, foi capturado de volta para o teatro.

✑

O feiticeiro filmava seu interlocutor, ao mesmo tempo que o interrogava suavemente, de forma quase hipnótica:

– Como você vai conciliar a imagem do ídolo com a experiência da verdade? Está disposto a ocupar a vida com o seu lado mais perigoso, mais nojento, mais sombrio, mais desgraçado?

Dez anos antes, um bruxo lhe dissera que ia transformá-lo para subir numa passarela. Agora outro bruxo vinha transformá-lo para subir num palco. O primeiro o ajudara a construir sua beleza. O segundo ia ajudá-lo a desconstruí-la.

Gerald Thomas, o atrevido encenador que já tivera em suas mãos astros da grandeza de Tônia Carrero, Sérgio Britto, Fernanda Montenegro e Fernanda Torres juntas, queria Reynaldo Gianecchini. Para fazer Shakespeare.

No primeiro contato, o ator disse ao diretor que passar de Edu para Hamlet não lhe parecia uma transição muito suave.

– Gerald, acho que não estou preparado.

O diretor comemorou:

– Por isso é que você é perfeito pro papel. Hamlet é alguém despreparado.

Ao ver Gianecchini se debatendo com a mídia, sendo lambido e mordido por ela sem entender direito o que se passava, Gerald Thomas tivera a ideia subversiva. Adaptaria o dilema existencial de Hamlet para a cultura de massa. O jovem ídolo era o príncipe, a TV era o seu castelo e seu poder era também a sua dúvida – seu bem e seu mal.

Ninguém nunca vira um galã estreante da Globo interpretando uma caricatura do seu próprio estrelato.

Giane captou o plano. Seria uma ótima chance de se despir do mito em público, de mostrar-se humano, reles – e eventualmente sombrio ou nojento, com a bênção do diretor.

Gerald acabara de dirigir Marília Gabriela na peça *Esperando Beckett*, bem recebida por público e crítica. A jornalista, que fora bastante elogiada como atriz, alertou o marido para o processo criativo do diretor, à frente da sua Cia. de Ópera Seca. Gerald era genial e caótico, portanto ele podia ir se preparando para não estranhar nada.

Giane passou os primeiros dois meses de ensaios sem estranhar nada – e sem ensaiar nada. O texto seria criado por Gerald durante o processo da montagem, como era o seu estilo, mas até ali não havia uma só palavra escrita. O protagonista da peça não se preocupou, sabendo que era assim mesmo, até o dia em que foi convidado pelo restante do elenco para uma reunião.

O pessoal da Cia. de Ópera Seca estava em pânico. Não, não era assim mesmo. Dessa vez, Gerald estava completamente perdido.

Gianecchini gelou. *O príncipe de Copacabana*, como se chamaria a peça, já saíra em todos os jornais, com detalhes do que ainda não saíra

*Reynaldo Gianecchini com um ano e meio, em 1974; no colo da mãe, Heloísa, é alvo dos olhares das vizinhas, que se ofereciam para dar banho nele; com a bola, já simula um lance de basquete, tradição familiar que ele iria quebrar.*

*Fotos: acervo pessoal*

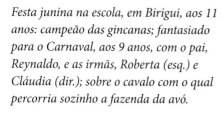

*Festa junina na escola, em Birigui, aos 11 anos: campeão das gincanas; fantasiado para o Carnaval, aos 9 anos, com o pai, Reynaldo, e as irmãs, Roberta (esq.) e Cláudia (dir.); sobre o cavalo com o qual percorria sozinho a fazenda da avó.*

ACIMA:
*Sempre cercado pelas presenças femininas,*
*Giane (que ainda era chamado de Júnior)*
*no seu aniversário de 10 anos, o último*
*que aceitou comemorar. No ano seguinte*
*pediria à mãe que não fizesse mais festas.*

À DIREITA:
*Formando-se em Direito na PUC-SP, em*
*1995. Estava entediado na cerimônia,*
*à qual compareceu só para agradar aos*
*pais. Depois nem iria buscar o diploma.*
*Já estava com a cabeça na sua nascente*
*carreira de modelo.*

*direção atelier- photo by Luís Rodriguez*

altura 1.88 manequim 40/42 sapato 43 camisa 44 terno 52M tórax 99 cintura 75 quadril 88 castanhos olhos castanhos
beigh 6'2 size 12 shoes 10 shirt 17½ suit size 42 chest 39 waist 29 hips 38

As primeiras fotos de Gianecchini como modelo, aos 19 anos, após seis meses
de preparação física e mental com o agente Ciro Álvaro, que o descobrira numa
festa à qual Giane fora por acaso. Nessa fase pré-profissional, ainda sem agência,
ele emagreceu 10kg e descobriu a meditação.

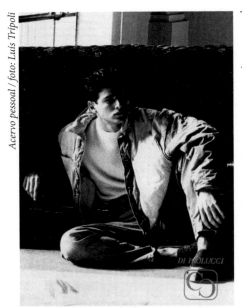

Pela lente de Luís Trípoli (no alto, à esquerda), o surgimento do seu estilo; o anúncio da rede Mappin (acima), sua primeira peça de publicidade importante, que fez porque a roupa não coube no modelo titular; foto da agência de Ciro que lhe abriu portas pela semelhança com Tom Cruise.

*Na China, o primeiro trabalho internacional.*
*O estilo era tão cafona que parecia proposital.*
*Em três meses, Gianecchini foi do abatimento inicial*
*ao faturamento excepcional, mas voltou sem nada.*

*Na Alemanha, para onde ele não queria ir de jeito nenhum, acabou tendo a fonte mais rentável de sua carreira internacional. Só aceitou trabalhar em Munique porque estava falido. De sobremesa, ganhou lições de liberação sexual.*

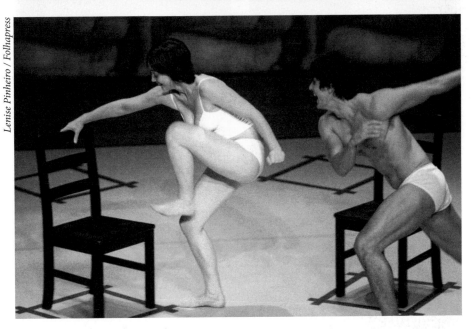

*Na peça* O príncipe de Copacabana, *de Gerald Thomas, em 2001 (ao lado
e no alto), um Shakespeare improvisado para criticar a fama repentina
do próprio Giane na TV; com Simone Spoladore em* A peça sobre o bebê,
*de Edward Albee, 2003: casal apaixonado
aprende que a felicidade não existe.*

O galã se revela na comédia: nos múltiplos esquetes de *Doce deleite*, com
Camila Morgado e direção de Marília Pêra (terceira foto da coluna à direita),
Gianecchini se divertiu durante dois anos – 2008 e 2009 – em palcos do Brasil inteiro.
Aprendeu a cantar e se descobriu um ótimo bailarino (primeira foto da coluna à direita).

BILHETERIA

THEATRO RECREIO

em cartaz

É BUBUBU NO BOBOBU!

MOMO DE BAMBOLÉ

É Xique Xique no Pixoxo

O Bilontra e a Mulher-Homem

Dá-se um Jeitinho

É da Balacobaco

High Sockly

É Bafo de Onça

DEVAGARINHO EU DEIXO

O Ébrio

O que eu quero é rosetá

*Com Marília Gabriela, o grande amor, numa festa em São Paulo, em 2005.*
*Após seis anos de reclusão, o casal passava a curtir a noite e os amigos,*
*indiferente aos eternos boatos de separação.*

Com Carolina Dieckmann (acima) em
Laços de família, *de Manoel Carlos,*
*sua estreia na TV, em 2000; com*
*Vera Fischer (ao lado), na mesma novela.*
*As duas atrizes viviam mãe e filha*
*apaixonadas pelo personagem de Giane.*

*Em* Esperança, *de Benedito Ruy Barbosa, em 2002, com Eva Wilma e Raul Cortez. Representando um imigrante italiano, Gianecchini refaz a trajetória de seu avô paterno. Contracenando com Raul, revive a barreira emocional que o separa de seu pai na vida real.*

PÁGINA AO LADO:
*Ainda* Esperança: *num ataque de ciúmes de sua personagem, Ana Paula Arósio destrói com uma barra de ferro a estátua feita pelo namorado, que tenta contê-la. Na luta, a barra quebra quatro dentes de Giane. A cena sangrenta foi ao ar sem cortes.*

Com Lima Duarte e Aracy Balabanian (no alto) em Da cor do pecado, de
João Emanuel Carneiro, em 2004, na qual interpretava gêmeos; com Claudia Raia,
o par cômico-erótico do mecânico Pascoal e da madame Safira, que roubou a cena
em Belíssima, de Sílvio de Abreu, em 2005.

*Fabiano Rocha / Agência O Globo*

*Com Mariana Ximenes (ao lado), em* Passione, *também de Sílvio de Abreu, 2010: Fred e Clara são um casal de golpistas que se estapeiam e se devoram com deliciosa vulgaridade. Os atores pediram paredes fixas para não derrubarem o cenário com seus duelos; após sucessivas rasteiras, Fred leva a pior e termina preso (abaixo).*

*Cedoc / TV Globo*

Gianecchini faz sinal de positivo na sua primeira saída do hospital depois da notícia de que tinha câncer. Estivera internado no Sírio-Libanês por quase dois meses, passando pelo diagnóstico demorado e por um acidente grave.

Com os pais, as irmãs, os sobrinhos e o orgulho interiorano da união familiar. A distância de Birigui quase separou Giane das suas raízes, mas ele conseguiu resgatá-las. Para isso, inventou até uma reunião anual da família no litoral baiano.

*No enterro do pai em Ribeirão Preto, em outubro de 2011, com a cabeça raspada por causa da quimioterapia: os dois descobriram no mesmo ano que estavam com câncer e chegaram a se tratar juntos. Com a aproximação da morte veio também a aproximação entre pai e filho.*

Gianecchini grava sua participação numa propaganda do Grupo de Apoio ao Adolescente e à Criança com Câncer (Graacc), em dezembro de 2011, em São Paulo, tornando-se o rosto da campanha "Eu sou fã de criança". Na sua luta contra a doença, teve o apoio de pacientes infantis internados com ele.

*Acervo pessoal*

*Eduardo Enomoto / Folhapress*

*Reestreia da peça* Cruel, *de August Strindberg, em março de 2012, com Erik Marmo e Maria Manoella. Pouco mais de um mês após o sucesso de seu transplante de medula, Giane reaparecia no palco recepcionado por um teatro lotado, com cinco minutos seguidos de aplauso em cena aberta.*

*A imprensa acompanhou cada passo da batalha de Gianecchini – no início de forma invasiva, depois respeitosa. Na entrevista exclusiva à revista Época, em fevereiro de 2012, concedida a Ruth de Aquino, o ator falou pela primeira vez sobre o transplante, do sofrimento ao alívio.*

*Primeiro ensaio fotográfico após a cura, já retomando a forma atlética
e com os cabelos reaparecendo grisalhos.*

CONVIDA PARA
SUA FESTA DE

*40*
*anos*

10·11·2012
ÀS 22:00 HORAS

ESPAÇO MEGA
RUA TEXAS, 235
BROOKLIN PAULISTA

Organização:
Tatiane Zeitunlian

Traje: Esporte Fino

*Convite para a festa de 40 anos, em São Paulo, novembro
de 2012: estilo de menino e cabelo cacheado, em decorrência
do tratamento. Após 30 anos sem comemorar aniversários,
uma grande celebração pelo seu renascimento.*

do papel – ou melhor, ainda nem saíra para o papel. A expectativa era enorme pela estreia do novo galã global na modernidade esfumaçada de Gerald Thomas.

A três semanas da estreia, o elenco resolveu cobrar do diretor a peça que não saía. Gerald se enfureceu, e Giane viu a fera que ainda não conhecia. O diretor disse que o trabalho estava ruim, que o grupo estava pouco propositivo e vinha sendo-lhe uma péssima base de inspiração. O protagonista não gostou, e resolveu lembrá-lo de que o autor ali era ele. Gerald ficou ainda mais furioso, e só não derreteram todos juntos porque Gabi intercedeu.

Com a força e a sensatez de sempre, e estando de fora do projeto, a jornalista teve a autoridade necessária para dizer o óbvio:

– Gente, péra aí. O que vocês têm é o Gerald, o que o Gerald tem são vocês. Se ficarem se acusando não vão sair do lugar nunca.

A ordem-unida quebrou a inércia, e o trabalho enfim começou. A dois dias da estreia no Sesc Copacabana, marcada para 8 de junho, Gianecchini declarou a *O Estado de S.Paulo* que o texto da peça ainda não estava pronto. Na mesma matéria, a atriz Paula Burlamaqui, que contracenaria com ele – faria a líder de um grupo de atores desempregados que sequestraria o galã da novela –, expunha certa preocupação:

– Eu nem sei que roupa eu vou vestir.

Os dois atores diziam ao jornal que estranhavam o método de trabalho do diretor, mas que não tinham pensado em desistir:

– É assim que o Gerald acaba tirando o melhor de nós – apostou Giane.

Na hora de entrar em cena para a estreia, o ator achava que o melhor de si podia estar em qualquer lugar, menos ali com ele. Se a proposta era encarar o lado perigoso da vida, estava no caminho certo. Subiu no palco e atravessou do jeito que deu as situações amarradas de véspera: aparecia assediado por fãs que puxavam sua roupa e seu cabelo como se fosse um boneco; coberto de ketchup da cabeça aos pés; sentado numa privada, segurando um rolo de papel higiênico; deitado sobre uma moça da plateia, simulando um ato sexual enquanto declamava o "ser ou não ser".

Ao final, aplaudido pelo teatro lotado, Gianecchini não encarou a plateia. Baixou a cabeça, esperou a cortina fechar e saiu correndo para o camarim. Precisava falar com o diretor, e estava preparado para assistir novamente à fúria dele com o que ia lhe dizer. Talvez a temporada terminasse naquele momento:

– Gerald, eu tô envergonhado. Não consegui nem olhar pro público no final. Acho que esse espetáculo não é digno de ser apresentado.

Foi mais uma vez surpreendido pelo diretor, que lhe respondeu com toda a calma do mundo:

– Eu vou continuar escrevendo. Vai ficar mais legal, você vai ver.

Na saída, entre cumprimentos sinceros e burocráticos, Carolina Dieckmann foi falar com ele sem disfarçar a raiva. Estava possessa com Gerald Thomas:

– Porra, Giane, não deixa esse cara fazer isso com você! Ele não é seu amigo, não gosta do seu trabalho... Esse cara tá te usando!

O colega contemporizou:

– Não se preocupa, Carolzinha. Tá tudo bem.

Mas a conversa não morreu ali. Uma repórter do jornal *O Globo* ouviu o desabafo da atriz e publicou. Logo a imprensa inteira estava ligando para saber do ator se ele se sentira usado. Giane defendeu Gerald.

Sabia que *O príncipe de Copacabana* tinha sido um processo complicado, talvez afoito. Mas não era redutível a um ato de oportunismo. O convívio com o diretor excêntrico fora penoso, porém rico. Havia bastante humor e ousadia naquela paródia de si mesmo, na petulância de ridicularizar sua própria fama.

Gerald era um cosmopolita dando mais uma sacudida no seu caipirismo. Vinha sempre com tiradas desconcertantes, como quando Giane lhe falou da sua gana, desde menino, de conhecer o mundo inteiro:

– Pô, esse negócio de "conhecer o mundo inteiro" é uma doença que dá no pessoal do interior, né?

Numa entrevista mais longa à revista *IstoÉ Gente*, Gianecchini falou da relação com Gerald e da tese de que o diretor fora interesseiro:

– Não é nada disso. Ele tem interesse em mim e eu tenho interesse nele.

Falou com franqueza sobre o processo "louco":

– O Gerald se questiona o tempo todo sobre o que fazer, pra onde ir, e entra em depressão. Surta, briga, xinga e você fica abalado emocionalmente. Mas estou adorando. Durante os ensaios eu tinha pesadelos horríveis, dormia mal. Sonhava que tinha matado gente, que estava sendo perseguido pela minha família, e acordava chorando.

Era o lado sombrio liberado pelo bruxo. De quebra, o príncipe entendera um pouco o que o aprisionava em seu castelo:

– Tinha momentos em que eu não queria sair de casa. Mas nem sabia o porquê. Era uma falta de coragem. Eu não era o Edu, mas também não conseguia ser o Gianecchini. Era um meio-termo.

A riqueza da experiência não seria suficiente, porém, para segurá-lo na pele do Hamlet praiano. Agora era a sua vez de surpreender: com apenas um mês em cartaz, Giane abandonou a peça. A TV o estava chamando de volta.

Indiferente às polêmicas em torno do Edu, a emissora o escalara no elenco estelar da próxima novela das sete. Ele escapara da maldição do cigano Igor.

# O ídolo no camburão

Fernanda Montenegro, Raul Cortez, Tony Ramos, Yoná Magalhães, Rosamaria Murtinho, Edson Celulari, Fernanda Torres, Thiago Lacerda, Claudia Jimenez, Regina Casé, Diogo Vilela, Andréa Beltrão, Cristina Pereira, Patrícia Travassos, Claudia Raia e... Reynaldo Gianecchini.

O projeto de *As filhas da mãe*, novela das sete escrita por Sílvio de Abreu, com direção de Jorge Fernando, fora concebido para aquele elenco. O time principal de atores estava no papel antes da primeira linha da história. O mix de medalhões com o maior time de comédia já reunido numa novela era o centro de um plano ousado: uma trama sem protagonistas, com todos brilhando juntos em histórias paralelas trançadas por uma linguagem de rap.

O poder de sedução do projeto era tamanho que a novela programada para o horário principal na mesma época, *O clone*, teve problemas para montar seu elenco. As estrelas queriam estar em *As filhas da mãe*.

E as que não estavam no plano inicial deram um jeito de entrar. No meio de todas as feras, Gianecchini fora escolhido por Sílvio de Abreu para liderar uma das histórias ao lado de Claudia Jimenez. Vindo do estrondo de *Laços de família*, que terminara em fevereiro, e escalado para a novela revolucionária que estrearia em agosto, ele tinha a garantia de emendar um sucesso no outro.

Mas emendou um sucesso num fracasso.

Se *O príncipe de Copacabana* fora assassinado com um mês de vida, *As filhas da mãe* receberiam pena de morte aos quatro meses. O público não estava entendendo tanta modernidade, e a emissora achou melhor deixar a linguagem do futuro para trás.

Manoel Carlos empurrara Gianecchini para fazer ele mesmo na TV, Gerald Thomas o chamara para desfazer ele mesmo no teatro. Sílvio de Abreu o chamara de volta para viver na TV um modelo entediado com o mundo da moda – ou seja, ele mesmo de novo. O personagem era um galã cansado da beleza óbvia que o cercava. Buscava uma mulher diferente, exótica, talvez estranha. E acabava se apaixonando por um homem – que na verdade era uma mulher, disfarçada de homem.

O par romântico escrachado com Claudia Jimenez fez tanto sucesso quanto o Hamlet lambuzado, isto é, nenhum. Talvez fosse a hora de o ator iniciante despontar para o anonimato. Aí apareceu outro bruxo em sua vida.

Desde que chegara à TV Globo para fazer *Laços de família*, Giane ouvia falar, entre os temas quentes de bastidor, de um projeto chamado *Terra nostra 2*. Em experiência inédita, Benedito Ruy Barbosa escreveria uma continuação de sua própria novela sobre a imigração italiana no início do século XX. Exibida antes de *Laços*, *Terra nostra* agora poderia ser retomada depois de *O clone*, em meados de 2002. Era o que se dizia nos corredores.

O diretor do "segundo ato" da novela seria o virtuoso Luiz Fernando Carvalho. Era dele a voz no telefone, convidando Gianecchini para uma conversa a dois. Não adiantou o assunto.

O ator deduziu que deveria se tratar de *Terra nostra 2*. E ficou confuso. Era grande fã de Luiz Fernando, achava a primeira fase de *O rei do gado*, dirigida por ele, um dos grandes momentos da televisão brasileira. Ao mesmo tempo, achava meio estranha aquela ideia de reabrir uma novela já terminada, reencarnando os personagens na nova-velha trama.

E tinha mais: o jovem galã de *Terra nostra* era Thiago Lacerda, que estourara no papel do desbravador Matheo. Portanto, Giane não podia estar sendo convidado para protagonizar a segunda fase. Talvez o diretor nem fosse convidá-lo – o que também seria uma pena, pois ser lembrado depois do fiasco de *As filhas da mãe* seria um alívio. Mas *Terra nostra 2* era um projeto arriscado, e embarcar em mais uma canoa furada era tudo de que ele não precisava.

Com a cabeça rodopiando entre tantas dúvidas, já a caminho da reunião na Globo, se decidiu: se fosse um convite para estar na continuação da novela italiana, ele não ia aceitar.

Sentou-se diante de Luiz Fernando Carvalho e ficou sabendo de cara que era, sim, um convite para o elenco de *Terra nostra 2*. Como protagonista. Engoliu em seco. Aquilo era uma temeridade. Não ia dar para superar o sucesso de Thiago Lacerda, ainda mais numa novela, por assim dizer, requentada. Estava esperando a brecha para iniciar sua negativa e, quando viu, estava hipnotizado.

Suave, envolvente e sofisticado, Luiz Fernando parecia ainda mais magnético que seus "gurus" anteriores. E o discurso era fatal:

– Você não é um puta ator. É verde ainda. Mas tem o olho de quem quer muito, de quem quer o mundo. Eu quero você. Não quero outro.

Convencido em tempo recorde, Giane saiu da sala do diretor-poeta direto para o túnel do tempo.

O homem saltou do táxi disfarçado e entrou rapidamente na floricultura. De boné, óculos, gola alta e cabeça baixa, ele foi até o balcão e pediu, quase sussurrando, uma dúzia de rosas brancas. Foi atendido, pagou, pegou o buquê e ia saindo mais ligeiro ainda de volta ao táxi, quando a vendedora da loja o deteve:

– Espera... Você não é o Gianecchini?

Pensou em negar, mas a mulher já o olhava com um grande sorriso e uma expressão de total intimidade. Fora descoberto, e ficaria um pouco ridículo fingir que não era ele.

– Sou. Mas posso te pedir uma coisa?

– Claro!

– Por favor, não conta pra ninguém que eu tô aqui.

Aqui era Olímpia, interior de São Paulo, cidade natal de seu pai. Embarcou de volta no táxi com a esperança de que a florista guardasse o segredo. Parecia ter esquecido que, na cidadezinha, o boca a boca era mais veloz que internet banda larga – especialmente com segredos da vida alheia.

Saltou do táxi em frente à casa da sua tia-avó Eny, que estava indo visitar. Na porta da casa ao lado, uma vizinha acompanhava atentamente os seus movimentos e se aproximou antes que ele tocasse a campainha.

– Olá. Você não é o Gianecchini?

– Sou. Mas, por favor, não conta pra ninguém que eu tô aqui, tá?

Tia Eny abriu a porta e ele entrou. Do lado de fora, o segredo estava pronto para ser devidamente espalhado, graças às duas coordenadas básicas: a da vizinha, que tinha a localização exata do ídolo, e a da florista, que estava mais distante e garantia que a informação não ficasse restrita à rua da tia.

Giane fora a Olímpia para mergulhar no seu passado. *Terra nostra 2* se chamaria *Esperança*, e ele faria o papel de um jovem imigrante italiano na década de 30. Ou seja: faria praticamente o papel do seu bisavô paterno, que abandonara a Itália no início do século XX para tentar a vida no Brasil.

Tia de seu pai, Eny não se casara nem tivera filhos. Sua grande paixão na vida fora armazenar a memória da família. Era portanto o elo perfeito para a preparação de Giane, no desafio de protagonizar uma novela de época. E encontrá-la era também a realização de um sonho.

No início da adolescência, sem saber por que, tivera um impulso de visitar a tia Eny. Sua mãe autorizou e ele pegou um ônibus de Birigui para Olímpia. Só voltaria uma semana depois.

Ela morava numa casa pequena, quase pobre, mas tinha uma fortuna em fotografias e histórias da família Gianecchini. Sozinho ali com a velha senhora, o menino não se cansava de ouvir. Só parava para tomar uma sopa com massa de tomate, às vezes um Nescau. Não havia nada mais sofisticado que isso na despensa. Foi ficando por lá e entrando na rotina da Tia Eny – acompanhando-a eventualmente até a mercearia para repor o básico do básico e viajando com ela pelas gerações passadas, que incendiavam sua imaginação.

A semana em Olímpia marcou o garoto. Ele descobrira um lugar mágico fora do mundo, aonde ele poderia ir a qualquer hora. Voltou para Birigui já fazendo planos de uma nova temporada com a Tia Eny. A adolescência foi passando, chegou o vestibular, ele foi embora do interior e não voltou mais lá.

Agora, com quase 30 anos, chegara enfim o momento de refazer a viagem espiritual.

Tia Eny estava muito diferente. A matrona de ossos largos e corpo farto tornara-se uma senhorinha franzina, debilitada por um câncer que lhe roubara parte da face. Tinha uma fisionomia entristecida e um tanto deformada. Em dez minutos, porém, mostrou que a cabeça continuava boa. Quando a conversa começou a engrenar, a campainha tocou.

Giane foi até a pequena sacada para ver quem era. Havia dez pessoas em frente ao portão, querendo vê-lo.

Ele foi até a rua, deu autógrafos para todos e explicou:

– Gente, agora eu quero pedir uma coisa a vocês. Preciso conversar com a minha tia, que tá doente, e só tenho algumas horas. Não contem pra ninguém, por favor, que eu tô aqui. Preciso ficar um pouco sossegado com ela, tá legal? Muito obrigado.

Entrou e retomou o fio da meada com a Tia Eny. Contou-lhe rapidamente sobre a novela italiana, e ia começar a ouvir sobre seus antepassados quando a campainha tocou de novo.

Voltou à sacada. Agora eram uns 30 em frente à casinha. Não precisou avisar de novo que estava com a tia doente, porque ela veio também à sacada – e seu estado de saúde estava, literalmente, na cara. Mas os curiosos queriam vê-lo mesmo assim.

Ele desistiu de se comunicar com os fãs, deu meia-volta e propôs a Eny que fechassem as janelas e portas. Era uma situação um pouco desagradável, mas era o jeito de evitar que o burburinho crescente lá fora atrapalhasse a conversa deles. Sentaram-se novamente, e a campainha voltou a tocar. Resolveram ignorá-la.

Iam tentando se concentrar de novo na história da família, o que já estava virando uma tarefa difícil, quando ouviram um barulho diferente e muito próximo de onde eles estavam. Giane teve que abrir a porta da sacada para ver o que era aquilo. E se assustou com o cenário.

Não havia mais um grupo grande de pessoas em frente à casa. Havia uma multidão tomando a rua inteira, como se fosse acontecer um show de rock ali. O ator olhou para baixo e viu de onde vinha o tal barulho. Algumas pessoas tinham pulado o muro da casa e estavam espancando a janela da sala.

Enfurecido, ele abriu a porta de entrada e partiu para cima dos invasores. Agarrou um por um e os expulsou aos safanões. Quando voltou para dentro, Tia Eny estava chorando e tremendo muito.

Tentou acalmá-la, mas as batidas voltaram ainda mais fortes, até que o vidro da janela se espatifou. A situação estava passando do descontrole para o desespero.

A única providência possível agora era ligar para a polícia. O próprio Giane já estava às vésperas do pânico e foi logo dizendo ao policial que o atendeu: ele e sua tia estavam em perigo. Avisou que a casa podia ser invadida a qualquer momento e que a polícia tinha que afastar a multidão dali imediatamente. A resposta foi chocante:

– Senhor, já estamos a par dessa ocorrência. Infelizmente não poderemos isolar a casa. A multidão que tomou o local está acima das nossas possibilidades de controle. Nosso efetivo não será suficiente.

Sem conseguir acreditar no que ouvia, Giane gritou para o policial:

– Quer dizer então que a depredação e a invasão de domicílio estão liberadas pela polícia?!

– Senhor, só estou lhe dizendo, com toda sinceridade, que este caso está fora de controle. O que podemos fazer é enviar uma viatura e tentar tirá-lo daí.

Meia hora depois, Gianecchini deixava o seu retiro espiritual de camburão. A única forma de salvar Tia Eny da fúria da multidão era abandoná-la. Dessa vez, para sempre.

# A bruxa quer sangue

Queria ir embora daquela terra o quanto antes. Ele não cabia mesmo naquele pedaço de interior. Deixou para trás a terra do pai e se mandou para São Paulo. Seu nome era Toni, sua cidade era Civita e sua novela era *Esperança*.

A alma aventureira do personagem era irmã gêmea da do ator que o interpretaria. Tomado por essa emoção, Reynaldo Gianecchini desembarcou na Itália para se emocionar mais: era parte de uma expedição artística liderada por Fernanda Montenegro, Raul Cortez e Walmor Chagas. Estava escalado para viver um pedaço da história do Brasil que se confundia com a história da sua família. Não tinha nem três anos como ator e, de repente, numa mesa de bar no norte da Itália, estava também diante da história do teatro e da TV no Brasil.

O melhor era que os monstros sagrados, com quem iria protagonizar a novela, tratavam-no como um igual. Na trama, Walmor era um tio anarquista que o empurraria para a libertação das amarras familiares. Na vida, era o viúvo de Cacilda Becker, a mítica atriz cuja vida Giane conhecera como obra de arte – na sua estreia nos palcos.

A lenda agora estava viva na sua frente, em papos amenos cheios de passagens históricas, como se o tivessem levado para uma voltinha pelos *Anos dourados*. Sem fãs histéricos para censurar o passeio.

Conhecido pela personalidade forte, Raul Cortez não dourava pílula. Era capaz de abandonar uma cena no meio se algo o incomodasse, e socialmente não tinha meio-termo. Podia tranquilamente dizer a alguém sentado em sua mesa: "Desculpe, não estou a fim de conversar com você." E podia se encantar. Giane teve a sorte de cair na segunda opção.

Na novela, Raul seria seu pai. Desde a chegada à Itália para o início das gravações, adotou-o também fora das câmeras. E logo deixou claro que o assumiria como pai artístico:

– Giane, você é uma pessoa em quem eu acredito.

O diretor Luiz Fernando Carvalho não tinha idade para ser seu pai, mas o adotou também. Um set de novela não era propriamente um lugar aconchegante, e o ator aprendera bastante sobre a eletricidade necessária ali com seus dois diretores anteriores, Ricardo Waddington e Jorge Fernando. Eletricidade que podia virar tratamento de choque, como fora o caso algumas vezes em *Laços de família*. Waddington chegou a lhe dizer para não se assustar com os gritos – era só a temperatura necessária para forjá-lo em cena. Mas com Luiz Fernando, a TV parecia movida a vapor.

No final das contas, a voltagem era alta do mesmo jeito, mas era como se a energia subisse em câmera lenta. Coisa de bruxaria. E naquela novela, quem não acreditasse em bruxa ia ter que rever suas crenças.

Às vezes, Gianecchini tinha a impressão de que Luiz Fernando era seu diretor particular. O diretor-geral da novela rastreava suas intenções, adivinhava seu espírito, lhe dizia duas palavras ao ouvido que resolviam tudo. E lhe dizia também: a alma do ator em cena tem que ficar acima de tudo, até dos riscos.

Aí morava o sucesso – e o perigo. Giane ia sentir o ensinamento na pele.

No seu estilo de fazer cinema na TV, Luiz Fernando Carvalho fez nevar na cidade de Civita. Quatro poderosas máquinas de espuma e uma enorme quantidade de sal espalhada pelas calçadas de pedra produziam a neve que cobria o cortejo fúnebre do personagem de

Walmor Chagas. O anarquista Giuseppe morria e deixava no sobrinho Toni (Gianecchini) a semente da aventura – que o levaria embora para o Brasil, rompido com o pai (Raul Cortez).

Depois de outra cena monumental, com a praça principal toda decorada e mais de 300 figurantes simulando uma festa popular, o prefeito de Civita declarou que a cidade passara por dois terremotos: o de 1695 e o da chegada da Globo. Com a fuga de Toni para São Paulo, o terremoto se deslocaria para o Brasil.

O jovem idealista deixara sua amada para trás. Maria (Priscila Fantin) não tivera coragem de acompanhá-lo. Ele prometera voltar para buscá-la, sem saber que ela estava grávida. Mas no Brasil começa a namorar a judia Camilli, personagem de Ana Paula Arósio – atriz que Giane conhecera dez anos antes (ainda pré-adolescente), quando ele era uma tentativa de modelo e ela já brilhava nas passarelas.

Camilli era possessiva e problemática. Uma personagem pesada, na qual Ana Paula jogou sua alma – conforme a doutrina do diretor – e pagou caro. A atriz estava numa fase emocionalmente frágil, e a combinação com os dramas e as paranoias de sua personagem lhe torceria os nervos. Na preparação para a chorosa Camilli, Ana Paula chorava sem parar no set.

Toni arranja emprego no armarinho do pai de Camilli, mas o ofício que ama é o de escultor. Joga todo o seu sentimento em bustos de gesso e acaba moldando um à imagem de Maria, a amada que havia deixado na Itália. A ciumenta Camilli o flagra fazendo uma declaração de amor para a estátua e enlouquece.

Apanha uma barra de ferro e começa a destruir a imagem de Maria. Toni sai em defesa de sua obra e se atraca com a namorada, tentando tomar-lhe a barra. Buscando como sempre o máximo realismo, Luiz Fernando Carvalho indicou a Ana Paula Arósio que resistisse com força – não se deixasse desarmar facilmente.

Possuída pela ira da personagem, a atriz jogou-se para valer na luta corporal com Gianecchini – e, num movimento mais explosivo, golpeou-o na boca com a barra de ferro. O sangue escorreu imediatamente, porque o ferimento era grande, e Giane sentiu pedaços de dentes soltos em sua boca. Ana Paula continuou gritando e lutando, e ele foi junto.

A cena ficou violenta, incontrolável. Até que a atriz foi projetada fortemente para trás e desabou de costas torcendo seriamente o tornozelo.

Todos no set perceberam a gravidade da situação, e ninguém fez qualquer gesto para interromper a gravação. O casal de atores dera a deixa de que a cena iria até o fim.

Passado o terremoto, o diretor correu em direção a Gianecchini e constatou que seus quatro dentes frontais estavam destruídos. Pegou-o pelo braço, gritou que precisava de socorro urgente, pulou com ele num carro da produção e desabafou, pela primeira e única vez:

– Porra, que loucura não parar essa cena...

O ator só entendeu a dimensão do estrago na clínica do dentista Olympio Faissol, quando foi se lavar no espelho: seu famoso sorriso estava dizimado. Tornara-se um galã semibanguela.

Como não era dado a desespero, resolveu não pensar nas consequências, nem mesmo se teria que se afastar da novela. Concentrou-se em saber o que poderia ser feito, que nível de restauração seria possível.

A equipe do Dr. Faissol informou que os pedaços de dentes recolhidos não serviriam para nada. Mas os pedaços que restaram estavam firmes e as raízes também. Os dentes seriam refeitos com uma resina especial. Teria seu sorriso de volta no mesmo dia. A única diferença seria a boca inchada e costurada.

Dois dias depois estava gravando de novo. Irritada com o episódio, Marília Gabriela lhe disse para tomar cuidado com sua colega de cena. Já sua mãe não podia nem ouvir falar em Ana Paula Arósio. Claro que Giane não contou a Heloísa o que aconteceu no reencontro de Toni e Camilli: no beijo da paz, a intensa atriz exagerou na paixão e mordeu o corte do parceiro, com pontos e tudo.

A bruxa estava solta nos bastidores de *Esperança*. Muito abalada com o acidente, Ana Paula entrou num estado psicológico ainda mais delicado. Acabaria precisando de uma licença e de acompanhamento psiquiátrico para prosseguir na novela.

Pouco mais de um mês depois do episódio sangrento, o ator Otávio Augusto, que vivia o espanhol Manolo, sofria um infarto. Seria socorrido a tempo, mas era mais um que precisaria de licença. Como se não bastasse, o autor da novela também estava em apuros.

A cena pesada do duelo entre Toni e Camilli fora ao ar sem cortes. Era a gota d'água para o Ministério da Justiça comunicar à emissora que, se não abrandasse a violência e as cenas de nudez (principalmente de Gianecchini com Ana Paula Arósio), a novela teria que ser reclassificada como imprópria para menores de 16 anos – e exibida mais tarde. Era mais uma pressão sobre Benedito Ruy Barbosa, que começava a ter dificuldades para entregar os capítulos.

Benedito desistira de fazer a continuação de *Terra nostra* e tivera que montar uma história inteiramente nova – sobre um tema absolutamente igual. Na época da estreia, tinha alguma reserva de texto, mas sua frente se reduziu rápido e logo a novela passou a ser feita quase ao vivo. Eventualmente, as cenas eram gravadas de manhã e iam ao ar à noite – um ritmo de produção que beirava a insanidade.

Gianecchini pôde continuar gravando com a boca costurada porque estava vivendo seu personagem em tempo real. Não havia mais tempo para um plano de gravação organizado por cenários e locações – era tudo agora, no ponto em que estivesse o script.

Para compensar o atraso no texto, a direção precisava inserir diversas cenas de paisagem, sem história. A audiência foi baixando e as críticas, aumentando. Irritado com as cobranças, Benedito declarou que *Esperança* seria sua última novela. E atacou *O clone*, a antecessora que fizera grande sucesso, escrita por Glória Perez e dirigida por Jayme Monjardim:

– Eu não tenho dança do ventre pra segurar um capítulo por meia hora – disse à *Veja*, referindo-se às coreografias marroquinas que marcavam a produção anterior.

O autor comprou briga também com o *Casseta & Planeta*. Nas habituais paródias das novelas, o grupo satirizara a repetição do tema de *Terra nostra*, rebatizando *Esperança* como *Semelhança* – "a novela que não é *O clone*, mas é o clone da anterior". Benedito jogou duro com a emissora e disse que não escreveria mais se a paródia dos humoristas não fosse proibida. Ganhou a parada.

Um dia, o autor de 72 anos ligou para Giane chorando. O choro não tinha a ver com as crises em torno da novela. Ele queria dizer ao ator que acabara de escrever uma das cenas mais bonitas da trama. Era a reconciliação entre pai e filho – o personagem dele com o de Raul Cortez, que também trocara a Itália pelo Brasil após a morte da esposa.

Coração apertado, imigrante confuso em busca de suas raízes, Toni está andando sem rumo pelas ruas de São Paulo e resolve entrar num bordel. Leva um susto lá dentro: o pianista do bordel é seu pai.

Igualmente perdidos, os dois começam a beber juntos e a situação inusitada quebra suas barreiras emocionais: pela primeira vez, pai e filho conseguem manifestar o amor que existe entre eles.

Raul Cortez e Reynaldo Gianecchini deram a Benedito Ruy Barbosa sua última alegria como autor de *Esperança*. Pouco depois, ele desistiria de lutar contra as bruxas: abandonaria a novela a dois meses do fim. Antes teria o prazer de ver toda a emoção que colocara naquela cena jorrando dos olhos dos dois atores.

Raul, o pai ficcional e artístico, acabara levando Giane a libertar um drama pessoal. Aquela história de amor represado era idêntica à que vivia com seu pai de verdade – um homem expansivo, mas afetivamente contido com o filho, por seu temperamento italiano durão.

Enquanto pediam perdão um ao outro, sentados na sarjeta, Giane chorava tanto que seu nariz escorria mais que o sangue na cena do acidente.

Fotografados de costas, os dois saíam andando abraçados pelo centro da São Paulo dos anos 30, reproduzido na mais cara cidade cenográfica erguida pela Globo até então. A novela problemática dava à TV uma grande cena.

Ao final de *Esperança*, Luiz Fernando Carvalho entregaria um bilhete a Gianecchini, lembrando-lhe de que a alma do ator em cena tinha que ser maior do que tudo – e tinha sido exatamente assim, com todas as dores e as delícias que moram no risco: "Giane, seja bem-vindo ao mundo da arte."

Já a avó paterna do ator não estava nada satisfeita com ele. Logo depois da tal cena, na qual pai e filho tomavam um porre no bordel, ela telefonara a Heloísa para se queixar do neto, a quem ainda chamava de Júnior:

– Heloísa, minha filha, estou muito chateada com o Juninho. Não estou nem reconhecendo esse menino. Que história é essa de ficar num lugar horrível daqueles bebendo até de madrugada?!

# Cadê o nosso bebê?

A felicidade não existe.

Quem veio dizer isso a Gianecchini, justo quando a vida lhe sorria e seus sonhos se realizavam, foi sua própria mulher, Marília Gabriela. Em público, diante de centenas de pessoas, ela o bombardeara com a lição amarga: quem não foi ferido pela vida ainda não viveu.

Pouco depois de terminar *Esperança*, Giane já seria convidado para sua quarta novela seguida. O menino que sonhava diante da TV agora fazia parte dela. Era feliz e sabia que era – mas teve que ouvir aquilo: tudo continuava sendo só um sonho.

As palavras ditas por Gabi eram do dramaturgo norte-americano Edward Albee, e ela estava com Giane em cima do palco, em cena. A jornalista e o modelo que tinham se apaixonado em Paris cinco anos antes, agora eram dois atores contracenando para um teatro lotado. *A peça sobre o bebê*, que gerara polêmica na Broadway, chegava ao Brasil com todas as suas suspeitas sobre a felicidade – interpretadas pelo casal feliz.

Depois de *Laços de família*, quando parecia haver uma contagem regressiva para a separação deles, Giane e Gabi passaram do tsunami à calmaria. O casal célebre sumira das badalações e, fora da TV, levava vida de anônimo. Casa, trabalho, casa, um restaurante de vez em quando, DVD em lugar de cinema.

Estavam vivendo seu grande amor da melhor forma possível: a dois. E continuavam presentes em todas as baladas secretas, romances paralelos e casos proibidos em que o imaginário coletivo os colocasse.

Lindo, famoso e mais de 20 anos mais jovem que sua mulher, Giane ganhava quase uma amante por mês nas centrais de mexerico. Depois de Vera Fischer, todas as atrizes com quem contracenava eram percebidas em algum "clima" com ele.

Um dia, Raul Cortez ligou sobressaltado: tinham vindo lhe perguntar se Gianecchini conhecera Gabi porque tinha um caso com o filho caçula dela, ou se o caso com o filho era consequência do namoro com a mãe. Raul estava cuspindo marimbondos, dizendo que os fofoqueiros precisavam saber que Gabi, sua amiga, jamais permitiria um triângulo daqueles. Mas acabaria entendendo que a indignação não valia a pena: as histórias andavam sozinhas.

Às vezes andavam até de marcha à ré. Uma versão recuaria até os tempos de modelo de Giane em Paris, sustentando que, para entrar no tal triângulo familiar, ele abandonara um amante francês. Isso numa época em que ele, por acaso, vivia numa bolha – num tórrido romance consigo mesmo. Nem Carla Bruni interrompera sua meditação.

Se fossem desmentir cada boato, não fariam mais outra coisa na vida. A possibilidade de Gabi e Giane terem um casamento sólido e de estarem juntos apenas porque se amavam era uma ideia com a qual muita gente não se conformava – e o casal resolveu se conformar com isso.

O falatório em torno deles ia muito além da razão, talvez os astros pudessem explicar. Pedindo licença à sua objetividade, a jornalista obtivera a resposta da astróloga Maria Eugênia de Castro: eles eram um casal que despertaria fascinação e intrigas, amor e rancor, mas nunca se misturariam à paisagem (por mais discretos que fossem). Em direção a eles poderia vir tudo, menos neutralidade.

No palco não foi diferente. *A peça sobre o bebê* estreou em 24 de abril de 2003 em São Paulo, inaugurando o Teatro das Artes, no Shopping Eldorado. E lá vinha mais mistura de aclamação e intolerância.

Pelos cálculos dos produtores, a forma mais segura de levar o público a um espaço novo – e encher seus 780 lugares – era ter Reynaldo Gianecchini em cena. Àquela altura, o ator encheria qualquer casa, qualquer coisa, com qualquer texto ou pretexto. Mesmo a peça exótica e turbulenta de Gerald Thomas tivera lotação esgotada todos os dias – e o público coalhado de tietes e ninfetas mal sabia quem era Gerald Thomas.

No caso do *príncipe de Copacabana*, cada espectadora ainda podia ter a sorte de ser a escolhida para se deitar com ele no palco, na cena da simulação sexual. Paula Burlamaqui puxava sempre uma jovem beldade da plateia para o papel grandioso. Um dia, a atriz resolveu variar e escolheu uma senhora pernambucana, que parecia mais inquieta na poltrona. Giane deitou-se sobre a mulher e fez a cena, mas não conseguia concluí-la.

Atracada nele, a felizarda queria mais.

Diante do incidente, Gerald usou sua autoridade de diretor: liberou a continuação da espectadora no palco, forçando seu Hamlet a uma performance heroica. Pura maldade.

Na peça de Edward Albee, o personagem que Gianecchini interpretava também tinha cenas de claro apelo sexual. Numa delas, inteiramente nu, o jovem apaixonado por sua mulher a perseguia excitado pelo palco, com o pênis ereto.

Giane vira essa cena na montagem da Broadway e propôs a Aderbal Freire-Filho, o diretor da versão brasileira, uma alteração estratégica: ele se despiria, mas não tiraria a cueca. Argumentou que, na forma original, com tudo o que estava acontecendo em torno dele no Brasil, a peça viraria pura sessão de voyeurismo.

Como José Celso em *Cacilda!*, Aderbal concordou. Mesmo assim o ator não ficou muito à vontade em cena. Tinha a sensação de que parte do público olhava menos para o seu personagem do que para a sua cueca – e alguns olhares pareciam equipados com raios x e fita métrica. O mal-estar ali, porém, tinha mão dupla.

Ao final de cada espetáculo, os aplausos vinham acompanhados de expressões constrangidas da plateia. Mas não eram todas: algumas estavam furiosas. De novo Giane se via agradecendo envergonhado ao público. Os produtores tiveram até que eliminar o intervalo da peça, pois no que acabava o primeiro ato, pelo menos uma centena de espectadores debandava do teatro. O bebê de Albee era indigesto.

Ou pior: era um bebê fantasmagórico. A alegria de viver do casal jovem, com seu filho recém-nascido, ia sendo destruída pelos alertas do casal maduro – sobre as mentiras escondidas no casamento, na família e no sucesso. Os jovens acabavam convencidos de que até seu bebê era uma ilusão.

"Porra, tem ou não tem o filho?!", era o que se ouvia os espectadores resmungando na saída do teatro. Giane sabia onde estava se metendo. Na sessão a que assistira em Nova York, ele se conectara com sua infância – mais precisamente com o dia em que enxergou as leviandades da vida e o castelo do mundo adulto desabou à sua frente. Mas enquanto ele chorava de emoção com a peça, a mulher na poltrona ao lado xingava o autor. E saía no meio, revoltada.

Edward Albee era o homem que bagunçara o sonho americano nos anos 60 com a peça *Quem tem medo de Virginia Woolf?*. O que Giane não imaginara era que até sua felicidade com Gabi ia entrar na dança.

Na rotina quase reclusa do casal, vivendo tudo a dois, a relação se tornara ainda mais absorvente com a parceria no palco. Ao final da temporada da peça, na qual seu personagem era emocionalmente asfixiado pelo de Gabi, Giane sentiu pela primeira vez sinais de asfixia no seu casamento.

Sabia que não era um impulso para voltar à vida cigana e solitária, que abandonara numa guinada relâmpago. Mas, ao começar a ensaiar para sua quarta novela em quatro anos, olhou para o seu sucesso profissional e afetivo com olhos de Albee: era hora de desconfiar um pouco do sonho.

— Eu preciso ir. Não tô saindo do casamento. Mas preciso sair daqui. Quando puder eu volto.

Gianecchini não abriu um debate com Marília Gabriela, não discutiu a relação, nem a chamou para participar de sua decisão: ele estava indo embora para Los Angeles, porque tinha que ir.

Era objetivo e firme nas decisões, mas não era dado a atitudes unilaterais, muito menos egoístas. Aquela decisão saíra assim, em forma de comunicado, porque era uma panela de pressão estourando. O ator emendara a peça na novela *Da cor do pecado* – indo para o quinto ano de emendas consecutivas sem férias. Para completar, na novela de estreia de João Emanuel Carneiro, ele interpretava gêmeos.

Giane era Paco e Apolo, dois irmãos que não se encontravam durante a trama. O primeiro caía de helicóptero no mar e era dado como morto. Mas sobrevivia e assumia a identidade do segundo – que desaparecera de fato num acidente de barco. Aí começava a gincana do ator.

Paco era um botânico rico, educado e tímido. E ia ter que se fazer passar por Apolo, que era um garotão de praia pobre, irreverente e meio burro. Giane não interpretaria duas pessoas iguais com personalidades diferentes, como em todo papel de gêmeos. Faria um tentando imitar a personalidade do outro, que era seu oposto. Ou seja: além do papel duplo, tinha que ser duplo num mesmo papel.

*Da cor do pecado* estreara em janeiro de 2004 com uma tensão no ar. No texto de João Emanuel, supervisionado por Sílvio de Abreu – que de novo fisgara Gianecchini –, a mocinha era negra. Mas não era uma negra às voltas com questões raciais, uma heroína das minorias.

A feirante Preta, personagem entregue a Taís Araújo, tinha como questão central o amor, entre outros temas femininos de qualquer protagonista branca. O mocinho era branco (Giane), e a história do casal miscigenado não giraria em torno da miscigenação. A emissora não sabia como a audiência reagiria a isso.

Certas subversões de costumes às vezes eram rejeitadas pelo público, que tendia a ser conservador. A maioria acreditava naquilo com que conseguia se identificar. Por isso a novela foi ao ar com um plano B. Se o romance "normal" entre negra e branco não colasse, a mocinha substituta seria a gatinha surfista interpretada por Alinne Moraes.

Mas o público quis a Preta Taís. Embarcou com tudo no seu amor com o Apolo Gianecchini (que era o Paco disfarçado) e *Da cor do pecado* terminou com sucesso absoluto no dia 28 de agosto. Se o último capítulo fosse dia 29, porém, nem Paco nem Apolo apareceriam para o final feliz. Giane não aguentava mais um minuto de gravação.

Precisava se ver longe do cenário – o da novela, o do casamento, o da vida que estava levando. Através de amigos, aparecera a oportunidade de um curso de interpretação em Los Angeles, e ele a agarrou no ato. Mas poderia ser Nova York ou qualquer outra cidade distante. A decolagem, na verdade, era rumo ao topo da sua árvore – o lugar onde encontrava consigo mesmo e conversava com o seu destino.

Disse a Gabi que não era uma separação. Que precisava, entre outras coisas, andar um pouco na rua sem se sentir como açúcar no formigueiro, botar um pouco a cabeça de fora da prisão da fama. Para uma parceira de todas as horas que, de repente, se via fora dos planos do parceiro, por sabia-se lá quantos meses, não fazia muita diferença: era uma separação.

Giane ficou preocupado com a reação de Gabi. Ela disse que compreendia, ele achou que ela estava magoada. Se o casamento estaria entre parênteses em Los Angeles, ia ficar entre parênteses em São Paulo também – era o que ela lhe parecia dizer, sem dizer.

Receou que ela, ameaçada pela dúvida, desembarcasse primeiro. Mas ele não tinha medo de Virginia Woolf nem de liberdade. Era hora de deixar novamente o Brasil para trás.

# E o Oscar vai
# para o mecânico

Na vizinhança de Hollywood, galãs e beldades estavam reunidos no estúdio para o início do treinamento. O preparador de atores distribuiu os textos para as performances de cada um. Eram cenas dramáticas, poéticas e românticas. O mais feio da sala recebeu um texto de comédia. Não era o que ele estava acostumado a fazer no Brasil, mas o jeito foi encarar.

Gianecchini estava encarando qualquer coisa, feliz da vida. O desembarque em Los Angeles lhe trouxera um bem-estar instantâneo.

Sentiu de novo a leveza de não ter fronteiras, de não ser um homem de um lugar só. Agora tinha tempo e dinheiro – sem compromisso com nada nem ninguém. Dali podia olhar para trás e para a frente, rever todas as ondas (grandes) que tinha pegado – ou que o tinham pegado – para chegar até aquele ponto da sua história. E podia ficar sem planos, só vivendo. Esperando a próxima onda.

Isso não significava ficar à toa. Aliás, aí estava uma coisa que ele não sabia fazer. Logo se matriculou em cursos, programou atividades físicas e culturais, encontrou amigos novos e antigos, entupiu sua rotina – para variar.

Era uma pessoa bem diferente do modelo que conhecera a Califórnia dentro de sua bolha espiritual. Tinha até um pouco de raiva daqueles anos de isolamento, da doutrina xiita que o apartava das pessoas. Descobrira que o melhor da vida eram as pessoas. Marília Gabriela o salvara do autoexílio. Agora ele estava interessado em gente – sem ela a seu lado.

Mais que tudo, estava interessado em estudar. Vinha batalhando seu aprimoramento artístico no Brasil, extraindo o máximo das escolas que o trabalho lhe dera de bandeja: Zé Celso, Gerald, Aderbal, Waddington, Jorge Fernando, Luiz Fernando Carvalho, Manoel Carlos, Silvio de Abreu, Albee, Fernanda Montenegro, Raul Cortez, Lima Duarte, Walmor Chagas e grande elenco de influências. Mas ainda era citado como um bonitinho imposto pela TV.

– A proliferação de atores-modelos, como Reynaldo Gianecchini, incomoda a senhora? – perguntou a revista *IstoÉ* a Barbara Heliodora, a implacável dama da crítica teatral.

A resposta contrariou a proliferação de perguntas repetitivas:

– Tem uns que acham que são maravilhosos e pronto. Não vão melhorar nunca, porque já são maravilhosos. O Gianecchini está fazendo um esforço extraordinário. Está estudando e está melhorando.

Agora ele teria que ser enquadrado na proliferação de atores-modelos que nas primeiras férias em cinco anos vão parar no Ivana Chubbuck Studio – de onde Brad Pitt, Halle Berry e outras feras saíram lapidadas para ganhar o Oscar. E tendo que estudar, interpretar e improvisar em inglês.

Giane adorou quando começou a receber do coach do estúdio textos de comédia. Já tinha achado que era o menos belo da turma, e o desenrolar do curso lhe mostraria que ali, definitivamente, ele não seria tratado como galã. Pela primeira vez.

No Brasil, o papel de bonitão já era quase um dado da natureza. Nas raras vezes em que escapara dele, fizera paródias de si mesmo como galã – ou seja, nunca escapara de fato. Uma propaganda da Brastemp radicalizava a imagem do galã inevitável:

– Desculpe o senhor aí em casa: o senhor se acha parecido comigo? Assim, ó, de perfil. Não? – perguntava o ator, numa poltrona, desdenhoso. – Mas quando sua mulher olha assim de repente pro senhor: acha que parece comigo? Não?

Giane se ajeitava meio impaciente na poltrona e concluía o interrogatório ao pobre marido anônimo:

– Quando o senhor sai na rua, gritam: gostoso! (em falsete). Também não?! Então, meu amigo, quando sua mulher perguntar "cadê a minha Brastemp nova", não deixa ela sem micro-ondas, não. É, porque afinal o senhor não é assim... Nenhum Brastemp...

Já o *Casseta & Planeta* lançara o Creme Gianecchinator Tabajara. Era um produto de beleza que, numa demonstração impressionante, o não tão belo Bussunda passava no rosto – e assumia, em segundos, a fisionomia de Gianecchini.

Em Los Angeles não ia dar para fazer rir parodiando a sua própria beleza, porque ninguém estava nem aí para ela. Ele foi experimentando a liberdade de atuar sem ter que derreter corações, até se soltar completamente, entre a graça e o drama, no papel do travesti Molina, de *O beijo da mulher aranha* (vivido no longa-metragem de Hector Babenco por William Hurt).

Mergulhou na história de Manuel Puig e transportou-se para a prisão escura no Brasil, entretendo seu companheiro de cela com a descrição afetada de um filme de guerra. A peça de propaganda nazista narrada com sotaque gay era uma cena inimaginável para os fãs do galã brasileiro. E as testemunhas hollywoodianas estavam sorridentes.

Com mais de seis meses de retiro californiano, Giane não tinha pensado nenhuma vez em voltar ao seu país. Mas tinha gente pensando na volta dele.

Numa conversa telefônica com Denise Saraceni, que o dirigira em *Da cor do pecado*, o ator soube do novo projeto de Sílvio de Abreu, com direção dela: *Belíssima*, a próxima novela da Globo para o horário das nove, programada para estrear em novembro de 2005. Giane disse logo a Denise que era candidato a não estar nela.

A diretora compreendeu e, alguns dias depois, ligou de novo com a boa notícia: ele estava fora do elenco de *Belíssima*. Ou quase. Poderia fazer uma participação especial no início da novela, contracenando com Glória Pires numa sequência na Grécia, ao fim da qual o autor mataria o seu personagem.

– Você vai pra Grécia, grava naquele lugar incrível com a Glorinha, morre e volta pras suas férias. Que tal?

Estava ótimo para ele. Perfeito. Não precisaria nem ir ao Brasil. Fechou a participação relâmpago na novela e voltou para o seu retiro.

Dois meses depois, Denise Saraceni deixou-lhe um recado: precisava falar urgente com ele. As gravações deviam estar para começar, era a hora de dar um pulo na Grécia. Giane ligou de volta, só que o assunto era outro.

Sílvio de Abreu estava a par do projeto norte-americano do ator. Mas na hora de fechar a escalação com Denise, concluíra que um certo personagem da trama tinha dono:

– Denise, não tem jeito: o Pascoal da oficina é o Giane.

A diretora revelou as "más intenções" do autor para com ele e encerrou o telefonema antes que o ator começasse a responder. Disse que lhe mandaria o texto, depois terminariam a conversa.

Giane recebeu o script e foi checar quem era o tal mocinho da oficina. Possivelmente a novidade de Sílvio era lhe oferecer um galã humilde, talvez um herói da classe C. Ou D.

Enquanto lia e pensava em como escapar delicadamente do convite, foi vendo que o Pascoal da oficina não era herói de nada, nem mesmo mocinho. O personagem que o autor queria lhe dar era, praticamente, um palhaço.

E um palhaço sério. Ou seja, aquele que não faz piada, e se torna engraçado de tanto que não quer ser. Giane não se enganou nem por um segundo: aquilo era um trabalho de interpretação sofisticado, para quem dominava inteiramente o ofício. E mesmo assim, veia cômica era algo que nem todos os bons conseguiam achar. O que tinha dado na cabeça de Sílvio de Abreu?

Não dava para saber. Só sabia o que estava dando na sua própria cabeça: aquele convite insólito que o ameaçava era o típico desafio fatal que o seduzia. E vinha no exato momento em que o destino lhe dera, como galã de segunda no estúdio hollywoodiano, dez meses de preparação para comédia.

A vida o estava chamando de novo para o tudo ou nada – e não precisava chamar duas vezes: fez as malas e se mandou de volta para o Brasil.

A dama apetitosa de meia-idade passava empinada pela calçada, de salto alto e minissaia, quando uma tábua com rodinhas rolou da oficina em alta velocidade e a derrubou. O corpão da mulher girou no ar e caiu exatamente deitado sobre a tábua. De dentro da oficina, um mecânico com olhar de capeta foi puxando a tábua por uma corda, recolhendo a presa (intacta).

Era telenovela, mas parecia desenho animado. A direção quase artesanal e a edição vertiginosa faziam a ação dos personagens ir até o impossível e voltar – como perseguição de Tom e Jerry zombando das leis da física. Entre o mecânico Pascoal e Dona Safira, tudo podia acontecer. Tudo mesmo.

– Agora você me puxa pela cordinha?! Eu não sou cachorro, não! E também não sou esses carros de segunda que você conserta!

Claudia Raia também tinha tido sua primeira encarnação na TV como símbolo sexual. Era o mulherão que já posara para a *Playboy* e se destacava, antes de tudo, pelas pernas formidáveis. Logo se firmaria como atriz nas novelas e, para surpresa de muitos, estouraria como comediante na *TV Pirata*. E aí podia ser tudo – da sexy à bagaceira. Em *Belíssima*, era as duas coisas.

– Que isso, Dona Safira? Deixa eu falar...

– Não deixo! Eu sou uma mulher de palavra. Você tem que escolher: ou a pequenininha ou eu!

– Mas... É que eu não sei qual das duas...

Até quando era malicioso Pascoal era inocente. Um sujeito rude, primário, quase uma criança grande. Enquanto quebrava a cabeça para compô-lo, Giane esbarrou num impasse: por mais cartum que aquilo fosse, não existia um homem tão ingênuo assim em São Paulo. Mas em Birigui existia.

Ligou para Sílvio de Abreu e lhe perguntou se poderia botar um sotaque interiorano no mecânico. O autor aprovou a ideia, e o mecânico virou caipira.

Quando *Belíssima* entrou no ar, veio o estranhamento geral. O galã bonzinho surgira na tela todo desajeitado, falando errado e insultando a elegância a cada cena. Era o anti-Gianecchini. Com menos de uma semana de novela, a coluna de TV de *O Globo* deu nota zero para o ator. A crítica citava o tom exagerado da interpretação. E humor com exagero perde a graça.

Sílvio de Abreu assistira a cenas de Pascoal antes da estreia e tomara uma providência. Procurara Giane e lhe dera um aviso:

– Olha, você nunca fez isso que você tá fazendo. As pessoas não vão gostar. Vão achar estranho. Aí eu quero de você o seguinte: continue fazendo exatamente a mesma coisa. Depois a gente conversa.

A angústia do ator com o desafio o acompanhara até o início das gravações. Depois que se sentiu pela primeira vez na pele do Pascoal, a adrenalina saiu do nível crítico. Aí começou a se perder da sua missão, do plano de superar o galã convencional, por um fato que nenhuma estratégia poderia controlar: estava se divertindo loucamente.

A chegada das críticas o colocava no papel, não muito confortável, do que se diverte sem divertir – o que no mínimo obrigaria o autor a diminuir seu personagem, que já era coadjuvante. Pela primeira vez, Gianecchini não estava na trama central de uma novela. E enforcar personagens paralelos era sempre mais fácil.

Passada a primeira semana no ar, a direção não lhe disse nada especial. Sílvio também se calara sobre as críticas. Deveria então apenas continuar em frente, como lhe dissera o autor? A resposta veio da calçada, quando saía de casa para o Projac:

– Dá-lhe, Pascoal! Mete bronca, fera!

O passante que o saudara sorridente, com o dedo polegar para cima, era um espécime raro. Não na população carioca, mas na sua carreira. Estava acostumado a ser olhado por todos nas ruas. Só as mulheres, porém, o abordavam ou se dirigiam a ele.

Devolveu o aceno masculino com o polegar para cima, e teria que se acostumar com o gesto. No dia seguinte, e a cada dia mais, marmanjos, barbados, garotões, engravatados, tipos que jamais mandariam um alô para um galã de novela, cumprimentavam-no simpáticos – sempre com ar de cumplicidade, e frequentemente com uma risada. Os homens tinham descoberto Reynaldo Gianecchini, achando graça em Pascoal.

Já as abordagens femininas estavam diferentes. As manifestações derretidas ou histéricas davam lugar a uma tietagem mais leve e irreverente:

– Aí, Pascoal! Dá um pulinho na minha garagem pra trocar o meu pneu? Não me importo com graxa, não, tá?

Com um mês de novela, as ruas já tinham dito a Giane, com toda a clareza: ele saltara a barreira da beleza. O público não estava saudando o galã, mas o ator. E a crítica também. A coluna de TV de *O Globo* voltaria a julgá-lo. E a nota agora era 10.

A passante que o convidara para uma visitinha à sua garagem com graxa e tudo tinha em que se inspirar. As cenas de Gianecchini e

Claudia Raia eram um pastelão altamente sensual – uma atração fatal cheia de cafonice, clichês e charme.

– Só um borracheiro sujo, nojento como você, para me fazer passar uma vergonha dessas... – A atriz vai falando e se movendo na contramão do seu discurso, agarrando sofregamente o mecânico. – Imagina! Me esconder do meu próprio filho! Como se eu fosse uma criminosa... Não ouse chegar perto (puxa-o pelo quadril) de mim! Fique longe (encaixa seu quadril no dele) de mim!

Os dois correm para baixar o portão de aço da oficina e entregam-se um ao outro ali mesmo.

Dona Safira era uma mulher descasada que tinha como principal pretendente um de seus ex-maridos – rico e pai de seus filhos. Enquanto isso vivia o amor proibido com o mecânico paupérrimo dentro da oficina, a qualquer hora do dia.

Sua própria moral (e de sua família) a impedia de assumir a relação com o brucutu irresistível, ao mesmo tempo que, ciumenta, exigia exclusividade dele para viver o romance escondido. Ele também passaria a dizer que só transava com ela casando, numa salada de moralismo e tara que terminava sempre na cama – ou, mais precisamente, no colchãozinho da oficina.

Claudia Raia era uma das musas do garoto de Birigui e o inspirara até em sua iniciação sexual – ele projetara a atriz em Sabrina, pela semelhante exuberância física. Quando conheceu Claudia nos estúdios da Globo, houve um magnetismo imediato entre os dois. Parecia que eram um par desde sempre.

A cumplicidade e o prazer de estarem juntos transbordaram para os personagens, e a dupla roubou a cena em *Belíssima*.

A trama paralela foi para o centro das atenções, rivalizando com o show de perversidades de Bia Falcão, protagonista que Fernanda Montenegro colocaria entre as grandes víboras da TV. Sílvio de Abreu teve que desistir de casar Pascoal com sua namorada de adolescência

(Claudia Abreu) porque o Brasil podia ficar de mal com ele para sempre. Pascoal e Safira já eram uma instituição, com vida própria.

O autor caprichou então nos argumentos do mecânico para convencer a madame a ficar com ele, num diálogo noturno à luz de um par de faróis dentro da oficina:

– Pensou bem no que eu disse? Se é pra casar com alguém, vai ter que casar é comigo.

Safira respondeu didática, quase como uma professora primária:

– Pascoal, como é que eu vou casar com você? Você é um borracheiro. Você é um ignorante, cheio de graxinha... Agora eu tenho quem me ame de verdade, e que se encanta pela minha alma, mais do que pelo meu corpo...

– Que alma?! Homem que é homem vai gostar de alma de muié? Só se for de outro mundo, minha filha.

– Ai! Mas você não entende nada mesmo de poesia, de delicadeza, dos mistérios da alma humana, da sensibilidade...

– Não entendo mesmo essa coisa aí, não. E sensibilidade de muié pra mim, a senhora sabe o que é, né, dona Safira? (com as mãos já rodeando os seios dela).

– Ai, como você é grosso (totalmente derretida).

– Mas isso eu sempre fui, né, dona Safira? A senhora nunca que recramou antes...

Aí Sílvio de Abreu e Denise Saraceni fazem o romance proibido se revelar a todos pela força do amor. Muita força. Numa transa animalesca no segundo andar da oficina, a vibração da cama vai sacudindo as estruturas, como num terremoto de cinema catástrofe, até fazer ruir a parede frontal da oficina – e expor à cidade escandalizada os amantes nus.

Com quatro prêmios de melhor ator coadjuvante (incluindo o Qualidade Brasil 2005), Gianecchini concluía sua quinta novela como uma unanimidade. Na seção de TV de *O Globo*, a colunista Patrícia

Kogut quebrava a regra das notas zero e 10, e conferia uma nota 20 a Giane.

O ator aprendera a não contar com elogios. E quando alguém o elogiava, ele já ficava esperando a ressalva: "superou suas limitações", "foi muito criticado no início", "conseguiu melhorar com muito esforço", etc. Tinha a sensação de que elogiá-lo era quase politicamente incorreto – parecia necessário pedir desculpas para falar bem do seu trabalho.

Mas agora ninguém estava se desculpando. E a consagração do Pascoal acabaria levando-o para o caminho da política. Gianecchini seria candidato em 2006.

# Será que acabou?

A política nunca estivera nas veias de Gianecchini. Somado ao seu total desinteresse por futebol, isso o excluía de boa parte das rodas de conversa fiada. Ele, aliás, dava um boi para não entrar nessas rodas – e, se por acaso entrasse, dava uma boiada para sair rápido. Mas agora ia ser diferente.

Decidira ser candidato após vários convites recebidos a partir do sucesso do mecânico Pascoal. Bastaria sua bela estampa, sua juventude e as promessas certas para chegar ao poder – desde que não se importasse de fechar os olhos para a montagem, por assessores experientes, de um bom caixa dois. Ele não se importava. Afinal, caixa dois todo mundo faz.

Suas propostas seriam tão fictícias quanto as de diversas outras candidaturas oportunistas. A única diferença era que, assim como as propostas, a candidatura de Giane também era fictícia. Ele concorreria à presidência no teatro, como protagonista da comédia *Sua Excelência, o candidato*, de Marcos Caruso. O galã saía da pele do mecânico sujo para a de um político imundo.

Os convites que tinha recebido eram todos para papéis cômicos. Como os atores-modelos que proliferam na TV não servem para fazer comédia, ele estava jogando finalmente aquele rótulo no lixo. Agora, quem voltasse a classificá-lo dessa forma estaria passando recibo de má vontade.

Era a hora de dizer também que discordava da sua conceituação como símbolo sexual. E o pior era que, diferentemente do seu personagem candidato, estava falando a verdade:

– Me acho um cara bacana, mas estou longe de ser esse sex symbol que é apresentado ao público. Não curto essa beleza clássica, acho entediante. Adoro gente esquisita. Gosto de traços que fazem uma pessoa ser única.

A declaração à revista *IstoÉ* continha elementos que não costumavam estar associados a Reynaldo Gianecchini: personalidade e maturidade. Aos 33 anos, saía de cena o belo rapaz e surgia o homem com traços que fazem uma pessoa ser única. Começava a ficar claro para o país o que o diretor Moacyr Góes dissera a Manoel Carlos na época de *Laços de família*: ninguém é como o Giane.

Junto com seu presidenciável picareta, Gianecchini estava chegando ao poder – não pelas tramoias eleitoreiras, mas pela afirmação artística, profissional e financeira.

Em setembro de 2006, lotando o Teatro Vivo em São Paulo com uma comédia, ele pagara com sobras a aposta da TV Globo no seu taco, tinha um dos melhores cachês de publicidade do mercado e aumentara para três suas residências nas duas maiores cidades do país – com a compra de uma cobertura na Barra da Tijuca. De quebra, ganhara o processo contra a revista *Veja*, recebendo uma bolada que praticamente pagava seu novo imóvel, embora ele não precisasse disso.

Além de conquistar sua autonomia, podia proporcionar certos luxos aos seus – como mandar os pais para um passeio à Europa de primeira classe. Era um prazer especial para o filho que crescera fazendo viagens internacionais só em sonho. E a chegada ao poder lhe permitiria dar aos pais um presente mais caro ainda.

No dia em que os viu ficando para trás na plataforma da rodoviária, na sua partida de Birigui, tivera o conforto de carregar para o mundo a força da família. Sabia que seu movimento não tinha volta, e sabia também que, por mais longe que fosse, suas raízes o acompanhariam. Passados 15 anos, porém, essa certeza já não estava tão forte assim.

Seu mundo dera muitas voltas, por todos os continentes, beiras de abismo, furacões, paraísos e infernos. Se a distância do interior aumentara depois do pesadelo de Olímpia (entre outros episódios graves de histeria), a distância mental se tornara maior ainda. Giane percebeu que começava realmente a perder contato com suas origens. E foi atrás delas.

Não tinha mais tempo para estar fisicamente presente no universo de Birigui. Buscou então recuperar terreno se conectando mais aos pais, procurando saber sobre a rotina deles, telefonando, falando e ouvindo mais. E não gostou do que ouviu.

Heloísa e Reynaldo, o casal harmonia, os pais que jamais tinham brigado diante dos filhos e tinham decidido ser felizes para sempre, estavam às turras. Um ponto qualquer do pacto tinha falhado e desencadeara um extenso acerto de contas, cheio de cobranças mesquinhas e tristes. Até dinheiro tinha entrado no duelo – o que era impensável naquela família. Giane não se conteve.

Sabia que não se deve se meter em questões de casal, mas se meteu. Delicadamente. Conversou com cada um várias vezes, para fazê-los ver a dimensão real daquela coleção de queixas. Tudo indicava que eram migalhas – fermentadas pela intolerância. Viu que os pais iam ficar ali sangrando um ao outro em revanches sucessivas, e um dia resolveu ser claro:

– Olha, eu acho que vocês estão se matando por nada. Mas vocês é que sabem o que tem importância ou não. O que eu sei é que nada vale esse sofrimento, esse inferno. Nem um casamento da vida inteira. Se é pra viver assim, pelo amor de Deus, se separem! Virem amigos, virem o que quiserem, mas se livrem dessa tortura inútil.

Heloísa e Reynaldo ficaram quase ofendidos com a ideia da separação, vinda do próprio filho. "Como assim?" "De jeito nenhum!" Disseram que sabiam muito bem cuidar da vida deles.

Vendo que o choque funcionara, Giane não disse mais nada. Só assistiu à mudança de tom dos pais, que pareciam voltar a reconhecer um ao outro por trás da nuvem de recriminações. Era o início do fim da crise.

Silenciosamente, saboreou a mais sutil das conquistas: seus pais podiam contar com ele na vida, muito além da primeira classe.

A maturidade para lidar com aquele imbróglio conjugal tivera também, sem dúvida, a contribuição da sua experiência pessoal no assunto. O casamento de oito anos com Marília Gabriela passara por todo tipo de prova. A mais recente – seu "exílio" em Los Angeles – terminara bem. Ou talvez ainda não tivesse terminado.

Ao voltar para o Brasil, Giane estava mais alegre para viver com Gabi – e não só com ela. Retomara nos Estados Unidos o prazer de se divertir à noite, de tornar a ter vida social.

As condições do seu retiro californiano favoreciam uma temporada de curtição sexual – um pouco de recreação no intervalo matrimonial. Mas ele fechou a porta. Não queria bagunçar o casamento, e o prazer de estudar e fazer novas amizades estava de bom tamanho. Se a pressão física por sexo crescia demais, dava um pouco de vazão a ela sozinho.

Por outro lado, na volta ao lar em São Paulo, sentiu de cara que não viveria mais no casulo. A fase da vida entocada com a mulher estava encerrada. Gabi sentira o mesmo, e o casal abriu seu dia a dia aos amigos e às festas.

Giane sempre fora o mais caseiro dos dois. Costumava dizer que ele era "o velho" do casal. Várias vezes ela tivera o impulso de sair à noite para nada, para ver um pouco a vida lá fora, por uma curiosidade quase juvenil – que o parceiro rebatia com um murmúrio preguiçoso. Ele era o que juntava a família nas refeições, que estimulava o convívio doméstico. E ainda fazia a crônica das manias de cada um.

O jeito rabugento do mecânico Pascoal, por exemplo, nascera do mau humor engraçado de Theodoro. Na primeira vez que o vira subitamente de mal com o mundo, Giane chegou a achar que ele estava brincando. Não estava, mas cinco minutos depois estaria ótimo, como se tivesse sempre estado. Puro cartum, devidamente roubado para o personagem na TV. Já a inocência quase infantil do mecânico era uma caricatura dos seus sobrinhos. A voz que às vezes saía fina, embargada pela timidez, o gestual acelerado e meio desengonçado – tudo era a mimetização dos meninos de Roberta.

Depois do sucesso de *Belíssima*, porém, suas atenções estavam se voltando para a vida do lado de fora. Surgia a necessidade de se ligar em mais gente. A química com Claudia Raia, instantânea e definitiva, estava entre as descobertas que abriam seu apetite para o novo. Quantas outras surpresas não estariam à sua espera se soltasse as amarras?

A disciplina e a obstinação – na preparação pessoal, no afeto e no trabalho – lhe tinham trazido muitas conquistas. Mas ele pulara o desbunde da juventude, a fase da experimentação inconsequente. Não tinha a esbórnia no currículo. Muito bem casado, tinha a felicidade estável de um senhor de 50 anos. Mas acabara de passar dos 30, sem ter passado pelos 20 – ou pelas prendas dessa idade. Seu diabinho começaria a lhe perguntar se ia mesmo dispensar a passagem pelo lado B da vida.

Gabi o libertara da sua bolha espiritualista. O encorajara a virar ator. Fora mentora e protetora do seu amadurecimento como artista e como homem. Agora esse homem aparecia mais pleno – de cabeça para pensar, de pernas para andar, de autonomia para brilhar. Não era mais o lindo sob as asas do mulherão. O casal tinha que redesenhar suas metades. E não estava fácil.

Quando entravam num embate mais duro, Gabi às vezes lançava um rápido jogo da verdade, meio de brincadeira, meio a sério. "Ainda existe amor entre nós?" "Será que acabou?" Sim, o amor existia, e Giane fazia questão de afirmá-lo: casal que não se estranha é que não se ama.

Como em toda relação mais longa, o ímã do sexo já não era irresistível. Não fazia mal, também era bom se amar sem transar. Mas nos embates para redesenhar a relação, com o campo de força instável e sujeito a curtos-circuitos, amizade era pouco para segurar a onda do casal. Ainda mais com os chamados que vinham do lado B.

Em outubro de 2006, num rali conjugal de muita argumentação e pouca compreensão, ela arrematou com o jogo da verdade:

– Será que acabou?

Quando ele pensou, já tinha respondido:

– Acho que acabou.

Menos de 24 horas depois, a notícia estava na TV: Reynaldo Gianecchini se separa de Marília Gabriela para ficar com Claudia Raia, que também está se separando de Edson Celulari.

Após um casamento de oito anos, Gabi e Giane decidiram a separação em minutos, na cozinha de casa. Ele se surpreendera consigo mesmo ao responder, pela primeira vez, "acho que acabou". Eram palavras pesadas – inclusive porque verdadeiras. Estava em suas raízes interioranas a característica de não falar por falar. Gabi sabia disso, e a resposta certeira do marido a ajudou a ver instantaneamente o que ele estava vendo: sim, dessa vez tinha acabado.

Objetiva, sabendo da quantidade de sofrimento que iam ter que atravessar, ela propôs que passassem a tratar logo da separação. Saíram do quarto para a cozinha, já desinflamando a atmosfera da discussão, preparam um lanche e começaram a ser práticos. Christiano chegou em casa, cumprimentou os dois e sentiu o clima diferente. Perguntou à mãe se eles estavam brigando. Ela respondeu que não:

– Estamos terminando o casamento.

A reação dolorida do filho era mais uma indicação de que precisavam ser ágeis para abreviar a novela da ruptura. Combinaram que

Giane iria no dia seguinte para um flat. Aí acordaram com a notícia inacreditável.

Por uma coincidência atroz, um colunista de celebridades da TV Bandeirantes dera o furo casual. Ninguém tinha como saber da separação decidida na noite anterior, até porque depois da conversa na cozinha eles tinham ido dormir. Tanto que a notícia só tinha meia verdade, ou, mais precisamente, um terço: Claudia Raia não estava com Gianecchini nem se separara de Celulari.

O problema era que agora o assunto estava na boca do povo. E quando Giane voltou do flat que já reservara, recebeu um telefonema de Gabi. Informada de que a fofoca estava no ar, ela sugeria que eles fizessem o contrário do combinado: retardassem a saída dele de casa. Se saísse naquele momento, os dois iriam para o centro de uma história rocambolesca – e o que era para minimizar a dor, ia virar um inferno.

Ele concordou, e mergulhou com Gabi no estranho epílogo de uma linda história.

Continuaram dividindo a mesma cama, sem a mesma intimidade – suprimida pela decisão de que não eram mais um casal. Como dar boa-noite? Com beijo ou sem beijo? Tocando um no outro? Que partes do corpo podiam ser tocadas? Pareciam questões ridículas para pessoas maduras e abertas como eles, mas a situação na prática era, de fato, desconcertante.

Decidida a separação, Giane passou a não ir mais do teatro para casa. Depois da peça saía com os amigos, às vezes chegava quase de manhã. Não tinha muito sentido informar seus passos a Gabi, ao mesmo tempo que era embaraçoso chegar a qualquer hora, sabia-se lá de onde. Às vezes perguntavam um ao outro o que iam fazer ou tinham feito, às vezes paravam a pergunta no meio.

A única resposta completa que conseguiram se dar, diante de tantas perguntas impronunciáveis, veio após um mês e meio de separação sob o mesmo teto: não mereciam aquela agonia.

No último ato de sincronia do casal, procuraram-se no mesmo dia e na mesma hora para dizer que chegara o momento. Desligaram o telefone combinando o encontro derradeiro em casa, para que fizessem a mala dele e desfizessem o laço que restava.

Depois de um abraço forte e longo, sentaram-se os dois na mesma poltrona da sala, íntimos e enroscados como um casal de adolescentes.

– Talvez não exista outro amor como esse.

– Era isso que eu ia te dizer.

Descarregaram a tensão, voaram juntos pelos oito anos gloriosos. A Copa do Mundo acidental, a volta ao mundo perseguindo a lua cheia, o casamento sacramentado no banheiro e desfeito na cozinha. A quebra de protocolos, o deboche das pompas e circunstâncias, as alianças presenteadas em frente à pia, o anel elegante de Alexandre Herchcovitch dado a ela num pacote de biscoito abandonado sobre a geladeira, que quase a levou ao desmaio.

Após a travessia entre o banheiro e a cozinha, o matrimônio passava à exumação no closet – para o recolhimento dos vestígios finais.

Ali, a clássica cena do desalento virou um ritual raro de carinho e dignidade. Os dois fizeram juntos, peça a peça, a desocupação do hemisfério dele. E tinha mais presentes: o cinto e a blusa que ela sempre vinha ali lhe "roubar" agora eram dela. Riram juntos. Deitaram juntos. Dormiram abraçados.

Acordaram, choraram juntos diante do elevador. Desejaram-se sorte na vida. E agradeceram a sorte de terem sido um do outro.

O elevador não parou no térreo. Continuou descendo, em alta velocidade. Seu ocupante estava indo direto de casa para o andar de baixo da vida – aquele onde tudo é permitido, menos se divertir pouco.

# Me usa, me toca, me alisa, me abraça

O diretor Daniel Filho explicou que o personagem precisava demonstrar desgaste emocional, abatimento. No longa-metragem *Primo Basílio*, Jorge era um engenheiro envolvido na construção de Brasília – conforme a adaptação de Euclydes Marinho, que trazia o romance de Eça de Queiroz para o Brasil do século XX. Jorge estava um caco. Ao mesmo tempo que ajudava a erguer a cidade do futuro, em São Paulo sua mulher se atirava num amor do passado.

Ao longo da filmagem, o diretor disse a Gianecchini que sua caracterização do abatimento de Jorge estava ótima – o personagem parecia realmente tresnoitado. Mas o ator não se esforçara muito para isso: quem estava tresnoitado era ele.

Na primavera de 2006, a agenda de Giane estava florida. O sujeito caseiro não conseguia mais parar em casa. Às vezes chegava da filmagem com a bateria arriada, decidido a desabar na cama e dormir uma noite decente. Mas o primeiro toque do telefone o condenaria a repetir a noite anterior, e a anterior a ela: morder todas as iscas, ver o sol raiar, ir às últimas consequências.

O recém-descasado montara sua rede baladeira em tempo recorde. No elenco do filme, Débora Falabella, que interpretava a mulher de

Jorge, e Fábio Assunção, o primo Basílio com quem ela o traía, eram bons parceiros noturnos. As opções eram bem variadas e iam até os plantonistas de copo que o convidavam só para bater ponto no botequim da esquina – e ele batia.

Às vezes chegava ao camarim da peça temendo por suas condições de entrar em cena. Seu confidente no elenco de *Sua Excelência, o candidato* era Wilson de Santos, que fazia o seu mordomo na peça. Giane dividia com ele as loucuras que andava vivendo, chegando a confessar-lhe estar à beira da irresponsabilidade profissional:

– Porra, Wilsinho, por mim hoje eu deitava e dormia nesse camarim... Essa noite foi foda, não sei nem se vou ter voz pra fazer o espetáculo. Logo eu, que sempre fui tão responsável...

Wilson ouvia, apoiava. E também ria da metamorfose do colega, que iniciara a temporada casado e careta. Quando entrava em cena, porém, na pele do mordomo venenoso (que é um transformista enrustido), a solidariedade acabava. Pegava o "patrão" de jeito – enfiando no texto as confissões de que só os dois sabiam:

– O senhor está um pouco rouco hoje, doutor? O que foi isso? Ficou fazendo política até de madrugada?!

Normalmente, Giane já não podia olhar muito para a cara de Wilsinho durante a peça, porque o risco de rir era grande. E, quanto mais cansado, mais difícil de segurar. O "mordomo" sabia disso e usava contra ele todas as conversas do camarim. Quando o "candidato" tapava o rosto com as duas mãos, fingindo preocupação, era o sinal de que não conseguira prender o riso. Aí era que Wilsinho torturava sem piedade:

– O senhor está passando bem? Quer deitar e dormir um pouco?

Aí já não bastava a Giane tapar o rosto, porque o riso começava a sacudir o corpo inteiro. O jeito era sumir atrás do sofá do cenário.

Parte da crítica achava que a remontagem de *Sua Excelência, o candidato* – escrito nos anos 80, na época das Diretas Já – soava anacrônica. Alguns diziam ser uma opção populuresca de Gianecchini, criticando-o por buscar diversão barata no vaudeville. Dessa vez, o ator não estava nem aí. Depois da experiência pesada e hermética em *A peça sobre o bebê*, estava adorando a ligação fácil com o público. Era exatamente isso que estava querendo, no palco e na vida: diversão barata.

Inaugurando o verão, terminou de enterrar a fase marido pacato, abrindo sua nova cobertura na Barra para um réveillon nada familiar. Virou o ano a mil por hora e cumpriu à risca sua resolução para 2007: acelerar mais.

Dali para a frente, o escorpião que já deixara tantos pedaços de si para trás assumia praticamente uma nova encarnação. Giane agora ia ser o que nunca fora – e ia ser muito. Aos 34 anos, começava a revanche, com juros, da juventude casta no mundo das delícias. E um encontro casual no aeroporto de Salvador, voltando de uma participação no Festival de Verão da Globo, abriu de vez o portal da gandaia.

Ao cruzar com a cantora Preta Gil, comentou superficialmente que adorava a Bahia. A rainha dos agitos fez uma correção:

– Não, você ainda vai conhecer a Bahia. Volta aqui comigo no Carnaval, aí é que você vai entender tudo.

Ele voltou com Preta no Carnaval. E aí entendeu não só a Bahia, mas o que era, em detalhes, o tal lado B da vida. Sem cortes.

Depois de seis dias, Giane se despediu de Salvador, mas não do Carnaval. Estava enlouquecido com sua descoberta: a vida era um carnaval, e ninguém o avisara. O lado A era mero pretexto para o lado B. Estava escalado para a novela *Sete pecados*, e seu problema agora era como acomodar esses sete no meio de todos os outros.

Em Salvador, durante os seis dias que abalaram o (seu) mundo, Giane fizera de tudo, menos dormir. Não dava tempo. Trio elétrico, festa, cama a dois, barco, festa, trio elétrico, cama a mais de dois, praia, cerveja para rebater a vodca, sol, lua, cama. As mulheres mais lindas, felizes e liberadas pareciam programadas pelo carnaval baiano para cumprir o mandamento sagrado: amai-vos uns aos outros (e não desperdicem ninguém).

A mística dos anos 60-70 sempre lhe parecera algo meio fantasioso e idealizado. Aquela ideia de liberação dos sentidos, experimentação total, desbunde – tudo soava como um pacote de romantismo hippie. Agora ele entendia que era tudo verdade. Giane tinha desbundado.

E seu novo estado de espírito passaria a governá-lo em tudo. Num comercial da Bombril, o ator saiu da gravação com a sensação de que tinha pirado no estúdio. E tinha. Ao lado do antigalã Carlos Moreno, famoso garoto-propaganda da marca, ele fazia um número musical, como se fosse o próprio Bombril cantando. No meio da cena, começou a fazer caras e bocas, dançar e requebrar, "interpretando" a letra da música num estilo bagaceira que o público não conhecia:

"Me usa, me toca, me alisa, me abraça / Me aperta, me troca, me tira, me veste / Me molha, me esfrega, me estira e me seca / Me dobra, me passa e me pisa / Me vira do avesso, me joga no chão, me deixa vestir esse seu corpo nu / Me aperta, me cheira, me chama de Mon Bijou."

A mensagem cantada era uma ótima trilha sonora para o momento de Giane, que embarcou na inspiração, mandou ver no rebolado e acabou emplacando um dos maiores sucessos das campanhas da Bombril.

Na volta de Salvador para o Rio, ele trouxera na bagagem o padrão da experimentação total. E botou para quebrar. Quebrou inclusive seus próprios limites de censura e responsabilidade. Queria ser irresponsável, deixar a vida chegar aonde ela pudesse chegar. Só não abandonaria duas sentinelas: a do profissionalismo e a da discrição. Por mais louco que estivesse, não admitiria descumprir compromissos de trabalho. E não exibiria suas aventuras em público.

Só que este segundo aspecto do plano ele não poderia controlar totalmente. Ainda mais com as figuras variadas que passavam a frequentar sua intimidade. Ele poderia ser discreto com elas da porta para dentro, mas elas poderiam não ser tão discretas da porta para fora. E o primeiro rolo não demorou a acontecer.

Ao retornar de um trabalho em Portugal, o ator foi informado pelo porteiro do seu prédio na Gávea sobre um episódio desagradável. Um homem armado passara uma noite rondando o local, ameaçador, perguntando por ele. Giane se assustou e comentou o ocorrido com as pessoas mais próximas, tentando decifrar o mistério. Acabou conseguindo.

Uma das mulheres com quem estava saindo escondera dele que era casada. Apresentava-se como uma pessoa independente, livre. Frequentemente até trazia uma amiga para dormir com eles. O marido descobrira, ficara possesso, prometera queimar esse tal de Gianecchini. Mas agora já estava calmo de novo e não voltaria mais a rondar seu prédio de revólver em punho.

A esposa o acalmara com uma explicação simples: dissera a ele que Giane era gay.

Na versão que confortara o marido traído, ela ia muito à casa do ator porque ele era divertido, como são os gays. E os dois nunca estavam a sós, porque ele sempre chamava uns rapazes para passar a noite na sua casa.

O álibi da amante, naturalmente, não serviu só para limpar a barra dela com o marido. Fogo morro acima, água morro abaixo e fofoca sobre Gianecchini ninguém controlava. Não demoraria para o babado dar a volta completa no circuito dos "bem informados" sobre a intimidade dos famosos. Nas altas-rodas cariocas e paulistanas, volta e meia alguém se exibia tirando da manga a história criada pela tal esposa fiel.

Ela evidentemente desaparecera da vida de Giane. Mas um dia deu de cara com ele numa festa. E aí passou sufoco.

O ator partiu em direção à periguete no instante em que a viu, sem dar-lhe a chance de uma escapada (o que ela fazia bem). Pôs-lhe o dedo na cara e falou para quem quisesse ouvir:

– Eu quero ver você ser escrota agora aqui, na minha frente! Conta agora a tua historinha pra mim, aquela que te salvou do seu maridinho! Fala, porra!

Giane nunca se vira tão agressivo com alguém, e sentiu que estava prestes a esganar a fofoqueira. Ela virara estátua, não ia dizer nada – nem que quisesse – e o melhor que ele fazia era virar-lhe as costas antes que fizesse uma besteira.

Aquele era um dos raros momentos em que ele identificara a origem de um boato a seu respeito, daí a fúria. Em geral não identificava a fonte, só os espalhadores. Com esses não falava, nem para desmentir – mesmo se fosse na imprensa.

Um dia um amigo lhe telefonou para comentar as especulações publicadas sobre seus casos amorosos. Giane disparou sua sinceridade desconcertante:

– Olha, tudo que estão publicando é mentira. O resto eu posso estar fazendo...

Era simples. Suas loucuras ou depravações eram só suas. Os curiosos iam ter que se contentar com as imaginárias.

E a imaginação era fértil. Qualquer espirro poderia virar uma pista sobre a vida pessoal de Gianecchini, o descasado. Numa entrevista, o empresário André Almada, que se tornara um fenômeno da noite paulistana com a boate GLS The Week, contou que já tinha morado com Giane. Pronto. Aquela declaração poderia ser, quem sabe, uma informação preciosa. Será que estaria ali a prova de que o ator era gay?

O que poderia cortar um pouco a excitação geral era o fato de que Almada morara com Giane no Birigui Palace – o apartamento transformado em república pela garotada do interior em São Paulo. Acompanhando o falatório sobre a sexualidade do amigo famoso, outro ex-colega do Birigui Palace, João, cientista político, mandou-lhe um bilhete espirituoso:

"Giane, querido, estou escandalizado. Um século depois de Freud, meio século depois de Sartre, as pessoas estão discutindo sexo na base do 'olha a cabeleira do Zezé, será que ele é, será que ele é'. Onde vamos parar?!"

Talvez ele pudesse confundir um pouco mais a patrulha da classificação sexual citando uma cena de *Hair*, uma das obras que lhe tinham ensinado sobre a liberdade. Detido na delegacia por invadir uma festa burguesa, o rapaz se debate para que não cortem seus cabelos louros que vão até a cintura. Perguntam-lhe, então, se é homossexual. Ele explica:

– Não. Mas não expulsaria o Mick Jagger da minha cama.

Assim como *Hair*, *On the road*, o clássico beatnik de Jack Kerouac, estava entre as obras que falavam a Giane sobre a liberdade da experimentação total – e a coragem de ver a vida por trás dos tabus. Ele poderia explicar isso aos curiosos. Mas viver era melhor do que prestar contas.

Aos que tinham medo de Virginia Woolf, aos que tinham medo de sair da sua casinha de felicidade, aos que tinham medo de descobrir talvez que não eram homens, às que tinham medo de seus maridos, a todos os que miravam obsessivamente no outro por temer a si mesmos, ele não tinha nada a declarar.

Ia continuar acelerando, e se despindo. O próximo tabu a cair era o da nudez.

# Bailando na curva

Maconheiro experiente, Reynaldo Gianecchini estava apresentando um baseado à namorada, que nunca fumara. Ansiosa por saber qual era o efeito daquilo, ela tragava seguidamente, reclamando que não estava sentindo nada.

– Segura bem o ar quando tragar... Calma, também não precisa se sufocar!

Ela riu do comentário, riu do baseado que não dava onda, e já estava gargalhando incontrolavelmente quando disse pela terceira vez "não estou sentindo nada". Ele já passara da fase de rir à toa quando fumava maconha, mas foi contagiado pela iniciação cômica da namorada e também não conseguia mais parar de rir. Só parou quando a polícia chegou. Ela, nem assim.

Era uma cena do filme *Divã*, com Lilia Cabral, e estar ali tinha sido um problema para Giane. Não por causa da maconha. Ele não fumava na vida real, não gostava. Nem de cocaína. Já experimentara de tudo, como era a sua filosofia, mas sua droga para diversão ficara sendo mesmo o álcool. Era capaz de beber uísque ou vodca a noite toda sem perder o equilíbrio, sem ter ressaca no dia seguinte e sem se viciar. Passava muito bem sem. Mas ser maconheiro no cinema não tinha problema – os filmes e as peças eram mesmo sua chance de deixar de ser o bonzinho, sua sina nas novelas. O problema era outro.

Ele recusara o convite de Lilia Cabral explicando a ela que estava sem tempo para se coçar. Naquele final de 2007, estava no ar em *Sete pecados*, começara a ensaiar a peça *Doce deleite* dirigido por Marília Pêra, filmara o longa *Sexo com amor?*, de Wolf Maia, e estava às voltas com o roteiro do filme *Entre lençóis*, que já quisera recusar (por falta de tempo para se coçar). E ainda tinha sua balada diária, que era o mais importante.

Lilia não se conformara com a recusa, e o diretor José Alvarenga Jr. o chamou para conversar. Giane foi por delicadeza, porque aceitar mais um trabalho àquela altura estava fora de cogitação. Saiu da sala do diretor contratado para o filme. E indignado consigo mesmo:

– Por que será que eu nunca sei dizer não, cacete? Que horas eu vou filmar isso?!

Só se fosse na calada da noite. E assim foi. Filmou a sua participação no longa de madrugada e acabou se divertindo horrores com a cena da maconha, que faria grande sucesso no cinema.

Agora precisava voltar correndo para o motel. A trabalho.

O homem que não sabia dizer não recebera um roteiro do diretor colombiano Gustavo Roa sentindo-se quase desonesto. Por causa de uma pequena curiosidade e uma grande incapacidade de contrariar os outros, prometera ler mais de 100 páginas sabendo que não teria como ler 10 – descontado o tempo para estudar os capítulos da novela, o texto da peça e todo o resto.

Ficou andando com aquele calhamaço para cima e para baixo, mais pela culpa do que pela esperança de lê-lo. Numa ponte aérea entre Rio e São Paulo, naqueles 45 minutos sagrados para um cochilo e insuficientes para a leitura de um roteiro de cinema, resolveu encarar a tarefa pendente. Pelo menos uma leitura diagonal poderia lhe dar os argumentos para se livrar do convite com classe.

Mal saiu do avião, ligou para o diretor de *Entre lençóis*. Avisou que tinha que falar rapidamente: era só para dizer-lhe que poderia contar com ele para o filme.

A história se passava toda dentro de um motel, entre um homem e uma mulher jovens que tinham acabado de se apaixonar à primeira vista. Sem saberem nada um do outro, tinham entrosamento total. Depois de algum tempo se devorando, começavam a falar sobre quem eram, de onde tinham vindo e para onde iam. Aí começavam a se desentrosar.

Giane terminou a leitura emocionado. Amantes instantâneos, íntimos e desconhecidos, amor sem passado e sem futuro – era exatamente o que ele estava vivendo, a toda hora, em suas aventuras pelo lado B. Não podia deixar de fazer aquele filme.

Seriam 12 dias de filmagem dentro de um motel, e só. Quando chegou à locação única, para contracenar com a atriz única – Paola Oliveira –, se deu conta de que o filme não tinha figurino. Internados no motel, os personagens não precisavam de roupas. Nem os atores. E a produção não estava falando em recursos cênicos para esconder as partes íntimas.

Mas quem estava ali era Gianecchini, o ator que conseguira não ficar nu nas peças de José Celso Martinez Corrêa, o rei dos pelados. Depois de aparecer de terno e gravata na orgia de *Cacilda!*, nos ensaios de *Boca de Ouro* ele voltara a receber de Zé Celso uma cena de nudez. De novo, Giane respirara fundo e dissera que não estava à vontade para tirar a roupa. O diretor acatara novamente o pedido. Mas antes da estreia, desabafaria diante de todo o elenco do Oficina:

– Porra, eu tô me sentindo péssimo! Encaretei de vez, não é possível! Aceitei duas vezes o Giane não ficar pelado. Respeitei esse cara. Logo eu, que não respeito ninguém!

O tema se repetia com o diretor de *Entre lençóis*, e o ator colocou a condição de não haver cenas de nudez total no filme. Mas como o espírito da coisa não era *Entre lençóis, de cueca*, seria difícil deixar de rodar as cenas pelado – não para uma plateia de milhares, mas para uma plateia de dezenas, ao vivo. E ele já não sabia o que era pior.

Viu que quanto mais tímido ficasse, pior seria. E resolveu inverter a atitude. Entrou no estúdio já tirando a roupa toda, sem o estágio intermediário da cueca. A equipe ficou olhando meio de lado, desviando o olhar para diminuir o constrangimento. Até que a maquiadora fez uma observação cerimoniosa: ele estava com uma pequena marca numa das nádegas, talvez um cravo. Giane viu que a situação estava beirando o patético e resolveu esculhambar de vez:

– Tudo bem, meu amor. Pode vir pintar a minha bunda.

A partir daí, todos relaxaram. Inclusive ele próprio, que passaria 12 dias andando nu pelo set, tranquilamente, como se fosse um índio. O desafio estava superado. Ou quase.

Com o filme já montado, ele pediu para assistir e levou um susto. Numa cena em que seu personagem brincava de striptease com a parceira, ele aparecia segurando a cueca diante do pênis. A câmera rodava para trás de Paola e ele jogava a cueca de lado exatamente quando a cabeça dela encobria sua nudez. Ao contrário do combinado, porém, a câmera "roubara" por alguns segundos um take do seu pênis, e o diretor mantivera essa imagem no filme.

Enfurecido, Giane não só mandou "cortar o pau", como fez a produção redigir um novo contrato e assiná-lo imediatamente. Se alguma fração de segundo daquela imagem vazasse para qualquer mídia, ele teria direito a uma indenização milionária.

Preferia não ter que passar por mais essa loucura, porque já estava tendo que se preparar para a próxima: protagonizar um musical de Marília Pêra sem nunca ter sabido cantar na vida.

Na velocidade com que ia dizendo sim para tudo, só se deu conta da tragédia na véspera de ela se consumar. Definitivamente, tinha perdido o juízo.

O dia ainda não tinha nascido quando Gianecchini chegou ao aeroporto de Congonhas. Acabara de terminar um trabalho de publicidade que atravessara a madrugada e tinha que estar de manhã no Rio de Janeiro para gravar a novela. Ia ser mais uma virada. Sua resistência física era incomum, mas o alarme da exaustão já estava começando a piscar.

Sentou-se numa cadeira do salão de embarque, criteriosamente distante dos outros passageiros, de óculos escuros e boné enterrado na cabeça com a aba inclinada para baixo – todas as providências, enfim, para não ter que atender algum fã naquele estado lastimável.

Ficou ali, olhando para o chão, e teve a impressão de que alguém se aproximava. Ficou firme, sem levantar o rosto, mas logo a moça sorridente parou diante dele. Fora descoberto, e ia ter que fazer o monumental esforço de ser legal.

– Oi. Posso tirar uma foto com você?

O homem que não sabia negar teve uma imensa vontade de dizer não. Desde que mergulhara na gandaia, seu humor passara a oscilar bruscamente. Sempre tivera o astral estável, e agora vivia diariamente entre a euforia e a depressão. Naquele momento, estava ancorado no polo negativo, com paciência abaixo de zero.

– Hein, Gianecchini? Você pode tirar uma foto comigo?

Acionou seu guindaste mental, levantou-se e murmurou um "tudo bem". Talvez fosse o jeito mais rápido de se livrar da situação. A moça deu a câmera para um amigo, postou-se ao lado do ator e fez uma objeção:

– Ah, mas com essa cara? Pô, dá um sorriso, né?

A fã ainda por cima queria dirigi-lo. Enquanto ele pensava se ignorava o comentário ou pedia para tirarem logo a maldita foto, a moça fez mais uma exigência:

– E você vai tirar esse boné. Desse jeito, ninguém vai saber que é você comigo na foto...

Ela não sabia, mas acabara de queimar o último fusível de bondade do ídolo para com os chatos. Pelo menos ia vê-lo falando, e com bastante energia:

– Minha querida, é o seguinte: vão me conhecer de boné, sim, porque você me reconheceu, não reconheceu? Pois é. Então eu vou tirar o meu boné se você tirar a sua blusinha e o seu sutiã, ok?

A moça arregalou os olhos e tentou exclamar um "que isso?", mas a voz não saiu. Ele continuou:

– Ué, eu acho justo! Você não quer que eu tire uma peça de roupa? Então eu posso querer que você tire também. Aí você vê o meu cabelo, e eu vejo o seu peitinho.

A moça saiu andando rápido, entre indignada e assustada. "Que cara grosso!", disse meio de longe, já sem saber o que mais poderia vir daquele louco.

A roda-viva em que estava vivendo deixara Giane mais exposto no nível pessoal, e ele fizera uma constatação triste: ser uma pessoa sempre afável era também um convite aos abusados. Entre os variados tipos que vinham girando em sua órbita, identificara a figura dos doces vampiros. Não eram como os de Rita Lee, que matavam de amor. Esses partilhavam sua doçura pela frente e envenenavam pelas costas.

Depois de desenvolver grande intimidade com uma amiga recente, figura simpática do meio artístico, descobrira que ela estava nessa categoria. Ao seu lado, era pura diversão; na sua ausência, pura manipulação. A "amiga" chegava ao ponto de difamá-lo em certos círculos, movida por algo entre o sadismo e o despeito. Quando captou o jogo dela, Giane lhe telefonou. E foi didático:

– Olha, eu desejo o melhor pra você. Mas quero te pedir que se você me encontrar na rua, não me cumprimente, porque eu não vou te cumprimentar. Eu devo ter te confundido, e você achou que eu gostaria da amizade de uma pessoa inescrupulosa como você. Mas foi um engano. Estou te ligando porque quero que saiba que eu escolho não ter você por perto.

Entre tantos sinais confusos de amabilidade e traição, e com uma agenda pessoal e profissional que seria pesada mesmo se ele fosse duplo, Gianecchini estava precisando de ajuda.

Queria alguém para confiar suas contas e a organização da sua vida, num esquema que não fosse frio e impessoal. Fora empresariado durante oito anos por Marcos Brandão e achava que estava na hora de encerrar esse ciclo – passando a ter uma estrutura exclusiva sua. Aí a solução se materializou na sua frente.

Desde que conhecera Ciro, que o lançou como modelo, Giane se impressionava com pessoas com aquele dom de enxergar à frente, de vislumbrar o futuro. Através de Preta Gil, conhecera mais um sensitivo. Tarólogo, muito firme nos seus prognósticos, Daniel era além de tudo uma companhia agradável. E quando o ator comentou com ele sua necessidade de organizar a vida, ouviu de volta quase um eco de tudo o que andava desejando: Daniel lhe recomendava a montagem de um escritório pessoal, e ele próprio se oferecia para geri-lo.

Foi um grande alívio. Giane fechou a parceria no ato, entregou suas finanças ao novo amigo e foi se deleitar no teatro.

Primeiro, porém, tinha que aprender a cantar. E era melhor que Marília Pêra, a diva dos musicais e diretora de *Doce deleite*, não soubesse que o protagonista da sua peça tinha, desde garoto, sérios problemas de afinação.

Aos 11 anos, ele dissera um dos poucos nãos de sua vida. Estudava piano, levava jeito e sabia que era alvo de enorme expectativa da mãe. Tocava para Heloísa um noturno, de Chopin, com perfeição. Ao final ela dizia ao filho, emocionada, que ele seria um grande pianista.

O que ela não sabia era que ele já era, aos 11 anos, o pianista mais enfastiado do mundo. Demorou, mas um dia não aguentou mais, criou coragem, chamou Heloísa para conversar e anunciou:

– Mãe, eu não vou mais estudar piano. Eu detesto piano.

Golpeada, Heloísa procurou ficar firme. Sua vontade era dizer a ele que não deveria desistir fácil assim das coisas. Como pedagoga, porém, sabia do risco de querer usar o filho como veículo de um desejo seu. Engoliu em seco, aceitou a decisão do menino e preferiu não dizer a ele por que achava que ele estava desistindo.

Giane fazia parte do coral da escola. E a regente não tinha a menor simpatia por ele. Pegava no pé do garoto em todos os ensaios, sempre pelo mesmo motivo: ele desafinava muito. Heloísa tinha certeza de que agora ele abandonava o piano porque estava traumatizado com a música, desde que fora praticamente convidado a calar a boca na hora de cantar.

No Rio de Janeiro, 25 anos depois, Heloísa assistiria à metamorfose. A bela voz de seu filho brotava do palco e enchia todo o Teatro dos Quatro, potente, segura – e afinada. Era o milagre de Marília Pêra.

E o milagre do paredão (matar ou morrer), que instigava o escorpião a se transformar em qualquer coisa. De modelo a galã da TV, de galã a comediante, de desafinado a cantor. Com o amadurecimento artístico, as metamorfoses iam ficando ainda mais fáceis e rápidas. Em maio de 2008, em cena ao lado de Camila Morgado, Giane era também bailarino – um excelente bailarino.

Fazendo esquetes de humor debochado, reeditando o besteirol dos anos 80 – originalmente com Marco Nanini e Marília Pêra –, trocando de roupa diversas vezes sem sair de cena e encarnando os tipos mais escrachados, a dupla parecia criança em parque de diversões. Depois de fazer mais um bonzinho na novela de Walcyr Carrasco (seu personagem em *Sete pecados* o entediara profundamente), Giane encontrava em *Doce deleite* o momento mais alegre de sua carreira.

Ele não queria sair de cena por nada nesse mundo – nem por uma febre de 40 graus. Com menos de dois meses em cartaz, ele passara a lutar contra uma gripe renitente, que virou uma infecção na garganta, que se desdobrou em reações alérgicas variadas, que ele já não sabia direito de onde vinham.

Seu organismo estava apresentando a conta da vida no limite – ou além do limite. Mas ele não queria parar. Foi se automedicando e entrando em cena de qualquer jeito. O deleite do palco o ressuscitava a cada noite.

Até que no dia 24 de julho Giane não pôde mais ser salvo pela magia do teatro no Shopping da Gávea. Teria que ser salvo alguns quarteirões rua acima, pela UTI da Clínica São Vicente – para onde fora levado às pressas pelo produtor Eduardo Barata. Em estado grave.

# A balada do Gianecchini
# (noite do terror)

—V océ teve medo de morrer?
— Não. Nem penso nessas coisas.

Na entrevista exclusiva a Patrícia Kogut, de *O Globo*, Reynaldo Gianecchini falava pela primeira vez do susto que levara. A insistência em continuar acelerando tudo, mesmo quando o corpo lhe pedira pelo amor de Deus para frear, o colocara em perigo.

O diagnóstico do mal que o levara para a UTI não era muito claro. Aparentemente, tivera uma reação alérgica brutal – talvez aos remédios contra a infecção na garganta, talvez não – e o fato era que suas funções vitais tinham caído fortemente, sobretudo a pressão sanguínea. Com inchaços, coceiras e placas vermelhas pelo corpo, tivera que receber altas doses de cortisona. E permanecera internado para monitoração do ritmo cardíaco, totalmente alterado.

— E como você está agora?
— Estou pronto pra voltar ao trabalho.

Giane estava em casa, depois de quatro dias de internação. Mas talvez respondesse a mesma coisa se estivesse no hospital, tomando soro. Ele estava sempre pronto.

Ainda estava inchado, vermelho e se coçando, mas a coceira para voltar ao palco era mais forte. Principalmente agora, a um mês da estreia de *Doce deleite* em São Paulo. Com vários problemas técnicos corrigidos e o espetáculo mais amarrado, a temporada no Teatro Raul Cortez prometia. E a volta de Giane à sua primeira cidade dos sonhos também – agora que ele acabara de comprar um belo apartamento lá.

O ator interrompera a fase da loucura sem limites. Na volta a São Paulo, em setembro de 2008, iniciava uma nova fase: a da loucura com limites.

Entre idas e vindas, já vivera na capital paulista como estudante, como modelo zen, como marido. Depois de mais de 15 anos, porém, por incrível que parecesse, estava sendo apresentado pela primeira vez à noite paulistana. E a constatação inicial era clara: o Rio de Janeiro não sabia o que era noite.

Giane se atirou de cabeça no circuito de festas, boates, baladas incríveis. E acabou encontrando a sua praia particular, onde passaria a bater ponto religiosamente, num hotel desativado no centro da cidade. Ali um grupo de atores tinha criado uma festa chamada Gambiarra, com a melhor seleção de música e gente que ele já vira. E melhor ainda: mesmo frequentada por muitos artistas, não tinha pompa, nem glamour ostensivo, nem paparazzi. Bom gosto, simplicidade, cerveja a 2 reais e sexo para todos os gostos. Na Gambiarra, o bicho pegava (e se ficasse, ele comia).

A festa acabou ganhando um segundo nome, informal: Balada do Gianecchini. Ele estava sempre lá, e dessa vez não precisava de disfarce. O público local, descolado, era a prova de que tietes e bisbilhoteiros desaparecem onde há diversão de verdade.

Giane não tinha mais tempo para fofoca. A rigor, não tinha tempo nem para conversa. Uma grande amiga que andava querendo botar o papo em dia com ele, depois de sucessivas tentativas frustradas, telefonou com uma proposta diferente:

– Giane, vamos trepar? Eu tava querendo trocar umas ideias, mas hoje em dia, com você, só dá pra conversar trepando...

Ele não pôde discordar. E ela deixou claro que não era uma crítica, se mostrando até compreensiva com a falta de tempo dele: "Quem pensa que administrar a putaria é fácil está muito enganado!"

A maioria das mulheres com iniciativa, porém, estava dispensando a parte verbal do encontro.

– A mulherada perdeu um pouco o rumo. Tem mulher que já chega pra mim assim: "E aí? Vai me comer ou não?" – contou Giane à revista *Época*.

A essas, em geral ele respondia: "Não, não vou te comer." As mais renitentes ainda murmuravam um "então é viado", numa última tentativa de captura pelo orgulho. Mas aí já tinham dançado.

– Gosto de mulher ousada. Mas os dois precisam ter a sensibilidade de saber como chegar lá.

No meio da gincana de amores sem passado e sem futuro, havia uma bela mulher com quem ele tinha, sim, tempo para conversar. E sem trepar. Com essa ele tinha passado, presente e futuro. E apesar de tê-la deixado para trás numa das suas decolagens solitárias, o mundo voltaria a juntá-los algumas voltas depois. Marilza, sua metade, sua cúmplice, sua irmã de alma, também saíra de Birigui – e também vencera.

O destino dos dois refletia perfeitamente o que eram na infância: ele, a emoção e a imaginação da dupla, virara artista; ela, a força e a exatidão, virara engenheira. E continuavam gêmeos no estilo de vida. Também por conta do trabalho, ela já morara em vários lugares do Brasil e do exterior, e seu recorde de permanência numa cidade era de cinco anos.

Funcionária sênior de uma megaempresa, Marilza se mudava de acordo com a próxima obra que ia tocar. Agora estava indo morar no Peru. Giane não perdeu a chance de cutucar a amiga solteira:

– Ih, minha filha... Peru? Vai suar pra dar beijo na boca, hein?

Alta, esbelta, loura de olhos azuis, Marilza amadurecera de um jeito diferente da maioria da geração deles em Birigui. Grande parte dos amigos, inclusive gatinhas e gatinhos da época, chegara aos 36 anos com estampa de senhoras e senhores. Marilza ainda podia tranquilamente ir para a noite paulistana com Giane e fazer bonito numa boate – como nos tempos em que os dois, sempre ótimos dançarinos, davam show de lambada nos anos 80.

A dupla cigana ia trocando figurinhas sobre seus planos "on the road". Se ela ia para o lado dos Andes, ele ia ficar um ano rodando o Brasil com a peça. E acelerando.

Do Sudeste ao Centro-Oeste, do Sul ao Nordeste, dos interiores às capitais (com parada especial em Salvador, claro), Gianecchini entrou 2009 cumprindo sua mistura radical de diversão e trabalho. Em cada cidade que aterrissava com *Doce deleite*, agendando sempre o máximo possível de sessões, saía do espetáculo extenuante para longas sessões de autógrafos. Depois de atender o último fã da multidão, saltava para o turismo boêmio – explorando as belezas e beldades de cada pedacinho de Brasil.

Na avidez de continuar vivendo a mil – pagando a si mesmo a dívida pela juventude espartana –, saltava qualquer obstáculo. E deixou para trás mais um recado do seu organismo. Menos de um ano depois do colapso que o levara ao hospital, voltara a ter períodos de febre alta e dores corporais. Acabou sendo diagnosticada uma caxumba, doença rara na sua idade.

Teve que fazer dez dias de repouso absoluto, do qual saiu diretamente para o alvoroço absoluto. O carnaval baiano do desbunde já durava mais de dois anos.

Outro alarme que começara a piscar para ele era o do mercado. Por mais discreto que procurasse ser na vida pessoal, a imagem do Gianecchini baladeiro – acrescida da boataria habitual – parecia estar afetando-o profissionalmente na área de publicidade. Esse aviso já lhe chegara duas vezes, de fontes diferentes. E, de fato, depois do famoso comercial da Bombril em 2007, os convites tinham secado.

Com a abertura do seu próprio escritório, tocado por Daniel Mattos, deixara de se preocupar com controle de contas e toda a parte administrativa da carreira. No final de 2009 ia completar seu segundo ano seguido fora da TV – o que era inédito. E com a coincidência da falta de comerciais, estava com a cabeça exclusivamente no seu palco voador.

Só que a altura do voo, no caso, seria a exata medida do tamanho do tombo.

Giane não tinha noção nem do caixa que fizera com a extraordinária bilheteria de *Doce deleite*, após um ano e meio em cartaz. Tinha lá suas estimativas, mas quando foi confrontá-las com a contabilidade real, nada batia com nada. Sua experiência de autogestão fracassara, e suas finanças estavam seriamente baqueadas.

Decidiu fechar imediatamente o escritório, para então fazer a autópsia do projeto e tentar se entender com seus números. Mas a prestação de contas que ele buscava não era a mesma que Daniel lhe oferecia. O desencontro administrativo era grande, capaz de transformar até um imóvel numa abstração.

Para vender sua cobertura na Barra, doara-a ao seu agente. A premissa era de que um ator famoso se desfazendo de um apartamento poderia desvalorizá-lo aos olhos do comprador. Mas a venda não se consumou, e ele acabou tendo que ir à Justiça para tentar reavê-lo. A alegação da outra parte era de que a doação tinha sido um presente. Giane foi também buscar judicialmente as respostas contábeis que não conseguira obter. Era o desfecho lamentável de um projeto no qual depositara um de seus bens mais caros – a confiança.

Abatido física, financeira e emocionalmente, tendo ainda que lidar com mais uma safra de histórias fantasiosas sobre o conflito com seu agente, Giane enfim entendeu que saíra do trilho. Sua aceleração incondicional passara muito da liberdade. Perdera o equilíbrio sem sentir, derrapara feio sem notar, e jogara sua vida contra o muro.

Sem deleite, sem força e sem coragem, novamente recluso, refugiou-se no alto de sua árvore para tentar vislumbrar algum horizonte.

Mas o homem bom dessa vez estava perdido. E prestes a passar para o lado do mal.

∽

A vida de Reynaldo Gianecchini devia estar ligada a algum chip na cabeça dos autores de novela, que sempre escreviam papéis conectados à sua realidade. E lá vinha Sílvio de Abreu de novo.

A última dele tinha sido cismar com o galã para um papel cômico (o Pascoal de *Belíssima*), sem saber que Giane estava estudando comédia em Los Angeles. Agora, sem saber da enrascada em que o ator se metera, ele vinha com mais um plano inusitado: queria meter o mocinho da Globo na pele de um vigarista.

Ao convidar Gianecchini para fazer *Passione*, Sílvio não tinha ideia de quanta bagagem o ator trazia para representar a sordidez. A novela das nove teria um vilão com conhecimento de causa.

# Asquerosos
# e deslumbrantes

O feirante e a biscatinha estavam demais. Ela saiu da gravação com o queixo sangrando, depois de se esborrachar no chão. No dia seguinte, a agressividade do casal a deixaria com um dos seios de fora, tendo que interromper a cena. Com todo aquele ímpeto, o corpanzil dele ia acabar derrubando uma parede do cenário. Reynaldo Gianecchini e Mariana Ximenes tomaram então uma providência: pediram à produção uma parede fixa, de verdade. Assim poderiam se empurrar e se estapear à vontade.

"Biscatinha" e "feirante" não estavam no texto de Sílvio de Abreu. Assim como a parede fixa, os apelidos depreciativos tinham sido propostos pelos atores. Eles estavam profundamente dedicados ao show de vulgaridade e canalhice que iam protagonizar em *Passione*.

Tanto Giane quanto Mariana iam ser vilões pela primeira vez na carreira. E vilões da pesada. Fred e Clara eram personagens com sangue de barata e espírito de porco. Só pensavam pequeno, só davam golpes grandes. Ela como falsa enfermeira, ele como falso advogado, se infiltravam na rica família Gouveia, dona de uma metalúrgica poderosa. De chantagem em chantagem, de ardil em ardil, Clara acabaria se casando com um herdeiro do falecido patriarca, e Fred chegaria à presidência da empresa.

A única verdade que havia nos dois era o sexo voluptuoso que os unia. Mas não unia muito. Como irremediáveis cafajestes que eram, teriam um ao outro também como seus principais inimigos.

Mariana Ximenes contratou uma psicanalista para assessorá-los na construção dos personagens, para entenderem a ausência de emoção do psicopata. Gianecchini entrou com a amargura proporcionada a ele pelos vampiros travestidos de amigos que tinham atravessado seu caminho. E os dois explodiram em cena.

Espremidos num cubículo no Minhocão, onde os personagens assumiam sua verdadeira (e vil) identidade, Mariana e Giane viraram bichos. Entraram num jogo de atuação altamente livre, esperando sempre a ação estúpida do outro para reagir à altura com a sua própria estupidez. Sincronizados no improviso, iam subindo o tom e baixando o nível em alta velocidade, num formidável balé de obscenidades.

Ator e atriz entravam no set, invariavelmente, com o diabo no corpo. Vinham preparados e afinados, mas não tinham total controle de onde a cena ia parar – até porque ambos eram, por coincidência, um tanto estabanados.

– Sua anta... Você nunca vai sair da merda onde você vive, Clara. Mas sabe por quê? Porque você não olha pro alto... Você só olha pra baixo.

Fred diz isso olhando para baixo – ou mais precisamente para Clara, que é bem mais baixa que ele. Mas não a olha nos olhos. Vai rodeando-a, e termina de falar exatamente atrás dela, que então dá um berro de estremecer ("Chega!"), daqueles de encerrar a discussão – mas com eles, tudo é combustível para mais agressão. Ele a empurra violentamente e ela voa sobre a cama, sem efeitos especiais.

Depois de bater e voltar como borracha e fazê-lo desabar sobre uma cadeira com um duplo tapa no peito, ela vai erguê-lo pela gravata, como se o puxasse pela coleira:

– Se você não me der a grana que a gente combinou, eu te estrepo a vida, seu cachorro. Tá pensando que eu tenho medo? Conto tudo. Eu conto que a gente armou um plano. Eu conto que você me fez conquistar o italiano pra conseguir a procuração. Todo mundo vai saber o cafajeste vigarista que você é. Não brinca comigo, não, Frederico! Vamos no banco agora!

A essa altura os espectadores já sentiam um frio na espinha – pela fúria dos personagens e pela febre dos atores, que pareciam prestes a se esfolar em cena.

Ele ainda ia se desvencilhar com um golpe de caratê na própria gravata, ela ainda pularia no seu cangote pelas costas, ele ainda a faria girar no ar e se espatifar de novo. Em meio a feras como Tony Ramos (Totó, o italiano seduzido por ela) e Fernanda Montenegro (Bete Gouveia, a matriarca ludibriada por ele), Giane e Mariana carregariam a novela com suas interpretações no limite. E com suas escoriações.

De sobremesa, havia o amor bandido. As agressões eram pontuadas o tempo todo pelo erotismo do casal asqueroso e deslumbrante.

Numa das chantagens cheias de charme, Fred roubava de Clara as joias que ela roubara de Bete Gouveia – e a subjugava com a ameaça de entregá-la à polícia. Ela primeiro tentava trucidá-lo, depois decidia devorá-lo.

– Tá pensando que vai me jogar nessa cama e sair daqui com essas joias, sua piranha?

Ela estava pensando. Mas aí os dois pararam de pensar, arrancaram as roupas e se entregaram à versão mais doce da sua voracidade.

A diretora Denise Saraceni fora ousada na construção da atmosfera pesada e vulgar. Montara o set no próprio Minhocão, enfiando a equipe e toda a sua tralha através de corredores exíguos e cômodos claustrofóbicos, em meio a travestis, mendigos e ladrões.

Denise encorajava a gana da dupla de atores e também os temperava. Entre as poucas ressalvas feitas, estava a de que os tapas na cara não fossem reais. Na temperatura a que chegavam as cenas, era perigoso. Giane e Mariana assimilaram a orientação. E mal começaram a se engalfinhar, estalou a primeira bofetada. Fingiram que não tinha acontecido nada. A diretora naturalmente percebeu. E no final da cena foi repreendê-los (se esforçando para não rir):

– Seus traidores...

Mariana Ximenes e Gianecchini tinham mergulhado forte no realismo. Em cena, ela fazia ovo mexido e jogava dentro do pão, enquanto ele encarava um frango de padaria – e se beijavam ainda mastigando a gororoba. Chegaram a um nível raro de intimidade no set, que era reflexo da intimidade construída fora do set.

Desde que souberam que iriam contracenar, os dois se procuraram. E foi encaixe à primeira vista. Eram igualmente fanáticos por trabalho e diversão (nessa ordem) e tarados por viajar. De saída, gravariam dois meses na Itália, na região da Toscana. E não custava nada fazerem antes um aquecimento no Brasil: se mandaram juntos para uma semana em Búzios. A intimidade dos paulistanos Clara e Fred nascia à beira-mar.

Entre outras afinidades, ambos vinham de casamentos longos com parceiros mais velhos (ela estava recém-separada do produtor de cinema Pedro Buarque de Hollanda). Tinham visões parecidas do amor, trocavam ideias sobre relacionamentos passados e futuros. Um dia Giane fez uma confidência que fez Mariana morrer de rir, mas a coisa era séria.

Ele estivera saindo com uma jornalista, e chegara a gostar dela, até o dia em que telefonou e uma voz masculina atendeu. Era o namorado da moça, que ele nem sabia que existia. O sujeito se apresentou como o dono do pedaço e disse que precisavam resolver aquilo de homem para homem. Giane respondeu que não tinha nada para resolver. Se ele era o dono, que fizesse bom proveito.

Mas o namorado traído não parou mais de ligar para ele. Queria marcar um encontro a três, para que o ator dissesse ao vivo ao casal que não queria mais nada com a moça. Era uma situação surrealista – e Mariana gostava de surrealismo. Disse a Giane que iria com ele ao encontro do casal. Se fosse preciso, assumiria os poderes malignos de Clara para defender o parceiro.

Mas não foi preciso invocar a víbora. A própria Mariana fez um belo trabalho diplomático, desfez as tensões, e saíram do jantar convidados para o casamento dos agora felizes noivos. Não compareceriam à cerimônia. Mas ficariam sabendo seis meses depois que o matrimônio chegara ao fim – e dessa vez não era culpa do galã da TV. Pelo menos não daquele.

Assim como Mariana, Giane estava num momento de repensar a vida (e, no seu caso, de deixar as confusões para trás). Pusera um freio nos seus três anos de loucura, mas ainda sentia o estresse dos exageros e dos erros – e seu personagem ia agravar um pouco esse espírito desassossegado.

Continuava tendo gripes prolongadas, febres persistentes e outras perturbações meio esquisitas, como uma conjuntivite que ia e voltava. Eventualmente surgia uma nova reação alérgica, às vezes sem causa aparente, outras com causa clara, como na ingestão de camarão – que sempre comera normalmente e agora se tornara proibitivo para ele.

No rush de *Passione*, sempre que o estresse de seus personagens diabólicos os aproximava do limite, Mariana transportava-se mentalmente com o parceiro para a cachoeira. Era a memória de um momento especial que tinham vivido juntos, no início das gravações.

No dia do aniversário da atriz, 26 de abril, eles teriam gravação de manhã. Era uma segunda-feira, mas ela não foi de casa para o Projac. Tomou outro caminho e se embrenhou na mata.

Acordara antes do sol, sentindo que precisava de um encontro forte com a natureza, inadiável. Ligou para o parceiro de trabalho e aventura e o convocou para a missão urgente. Não sabia explicar-lhe por que, apenas tinha a certeza de que precisavam tomar um banho de cachoeira juntos naquela manhã de segunda-feira, antes de encarnarem Clara e Fred.

Confirmando seus cálculos, Giane topou na hora. Em minutos, enquanto a cidade iniciava o primeiro rush da semana, eles já estavam numa trilha Floresta da Tijuca adentro. E logo ouviam o barulho das quedas da cachoeira do Horto, à margem da estrada que leva à Vista Chinesa.

Com os raios de sol ainda tímidos iluminando suavemente a clareira onde estavam, os dois se colocaram juntos na pedra onde a água batia mais forte. Enquanto o jato que descia da montanha enxaguava seus corpos, pediram que a força da natureza os abençoasse na travessia que tinham pela frente.

Depois se deram as mãos, e a aniversariante falou ao parceiro:

– Guarda esse momento com você. Se alguma coisa te acontecer, faz uma oração pra cachoeira. É a nossa bênção.

Ele guardou. E atravessou 2010 com o sucesso de *Passione* e o início da recuperação do seu tombo. Pouco depois do final da novela, porém, precisou orar.

Em Birigui, Heloísa atendeu o telefone e logo viu que era mais uma reclamação contra seu filho. Na família e na vizinhança, crescia a lista de senhoras indignadas com o comportamento dele. "Esse rapaz está muito mudado", dissera uma. "Foi sempre tão correto... O que houve com ele?", indagava outra. Agora ela estava ouvindo quase um pito:

– Heloísa, minha filha, você é mãe. Diga ao Fred pra parar de fazer maldades com as pessoas. Que história é essa de ficar passando os outros pra trás? Não foi essa a educação que ele recebeu!

Heloísa ainda tentou explicar que era só o papel dele, mas foi cortada:

– Ninguém pode se prestar a um papel desses, minha filha. Muito menos o Fred, que teve uma criação muito boa aqui em Birigui.

Não adiantava. Para uma faixa mais simples da audiência interiorana, Giane era Fred. E fim de papo.

Fred, que já fora Edu, que se transformara em Apolo e Paco, que virara Pascoal, entre outras encarnações, às vezes sentia falta da simplicidade do interior – e mais especificamente da família. Não poderia mais viver no universo deles. Mas poderia criar um ponto de encontro entre os dois universos.

Inventou esse ponto de encontro na Bahia. Alugou uma casa na Costa do Sauípe e mandou passagens aéreas para os pais, as irmãs, sobrinhos e cunhado. Estavam todos convocados para o posto avançado de Birigui no litoral, com a missão de passar dez dias sem fazer nada. A iniciativa deu muito certo, e Giane passou a repeti-la quando a roda-viva permitia.

Em janeiro de 2011, logo após o último capítulo de *Passione*, ele se mandou para o exílio familiar baiano. Era hora de novo do aconchego, dos grandes almoços em volta da mesa presidida por Reynaldo pai, sempre o mais falante e o mais comilão. Mas dessa vez seria diferente.

Reynaldo estava quieto e comendo pouco. Numa das refeições, uma batida forte de talher fez todos pararem de falar. Era o garfo do patriarca, que ele tirara da boca e largara com impaciência no prato:

– Não dá pra comer. Não desce nada.

Na volta a Birigui, depois de muita luta, Heloísa conseguiu levar o marido ao médico. Alguns dias depois telefonou para o filho com o resultado dos exames que seu pai fizera.

Giane ouviu, desligou o telefone e não o atendeu mais. Trancou-se sozinho em casa e sumiu do mundo.

# A queda do muro

Depois de dois dias em depressão profunda, como nunca tivera antes, sem falar com ninguém e mal se levantando da cama, Giane foi para o aeroporto. Dez anos depois de deixar o interior, estava fazendo o caminho de volta, de malas e bagagens. Seu pai estava precisando dele.

Era a hora de corrigir aquele amor distante, de duas vidas tão importantes entre si, mas que pareciam correr sempre em paralelo. Pai e filho precisavam se encontrar de verdade – antes que fosse tarde.

Reynaldo pai não conseguia comer na Bahia porque estava com câncer no pâncreas. A família se mudara para Ribeirão Preto, para iniciar o tratamento. Giane se mudou junto.

Foram todos para a casa de Tia Marisa, que os acompanhou na consulta médica para a definição de como seria enfrentada a doença. Apesar do baque ao saber que tinha câncer, Reynaldo estava firme, positivo. Com a mesma determinação com que se recusava a ir a médicos – chegara a brigar com Heloísa para não fazer os exames –, agora ele marchava decidido para o consultório. Se o problema existia, ele queria conhecê-lo e encará-lo de frente.

Sentou-se com Heloísa diante da mesa do oncologista, enquanto Giane e Marisa ficaram em cadeiras laterais. O próprio paciente foi fazendo as perguntas ao médico, que lhe falou sobre a gravidade da sua doença e das características do tratamento com quimioterapia, que era penoso. Reynaldo disse que tudo bem, estava ali para enfrentar o que fosse preciso. Era hora de ser prático, e ele fez mais uma pergunta objetiva:

– Doutor, e quanto tempo dura esse tratamento?

– Até o fim, Sr. Reynaldo.

A sala ficou em silêncio. O paciente parou de perguntar, baixou a guarda. Agora entendera que tinha, sim, a possibilidade de lutar – mas não tinha a possibilidade de vencer. Sua doença não tinha mais cura, e sua luta seria apenas para adiar a vitória dela.

A coragem de Reynaldo se esvaziou, e seus olhos se encheram d'água. Pela primeira vez na vida, Giane via seu pai fraquejar.

E sua mãe também. Diante do choro contido do marido, Heloísa não conteve o seu. E na saída da consulta teve que ser fisicamente amparada. Quem a segurou foi Giane – que continuaria segurando-a, emocionalmente, nos dias e semanas seguintes. Era a única pessoa capaz de fazer isso, pela intimidade e a força que tinha com a mãe, embora nunca a tivesse socorrido antes dessa forma. Heloísa nunca desmoronara.

A perspectiva visível da morte transformou Reynaldo completamente. E a tristeza não era o traço principal da sua nova personalidade. Convivendo com ele todas as horas sob o mesmo teto, Giane viu pela primeira vez seu pai sem armadura. O homem intocável começava a se tornar tocável, e até afável. Por uma circunstância dramática, o muro que impedia a troca de carinho entre pai e filho estava se desmanchando.

Era uma relação cheia de divisórias, de vazios e com algumas feridas. Na infância, a forma mais frequente que o menino encontrava de estar perto do pai era deitar-se na cama dele enquanto ele não chegava do trabalho. Estava com o pai quando ele não estava. Na adolescência, fora aluno de Reynaldo na fase da rebeldia planejada, o que fizera da sala de aula mais um ponto de desencontro entre os dois.

Quando o pai disse que o filho "ficaria caro" para ele se não passasse no vestibular, a mágoa virou estímulo para o voo de Giane para longe.

Quando o filho passou a pagar sua faculdade trabalhando como modelo, o pai começou a respeitá-lo. Chegou a ajudá-lo custeando sua passagem para Paris, no salto para a carreira internacional. Acabou virando fã declarado do filho famoso – sempre a distância, sem sair da armadura.

Na primeira visita de Giane a Birigui depois do estrondo de *Laços de família*, Reynaldo o recebeu cheio de orgulho. Disse que havia amigos de infância e vizinhos querendo ir vê-lo e se dispôs a abrir a casa para que celebrassem o filho.

– Obrigado, pai. Mas acho que vai te dar trabalho. Pode ser que venha mais gente do que esses que falaram...

– Imagina! Seria até indelicado a gente não receber agora as pessoas que te viram crescer. Deixa que eu organizo.

Naturalmente, apareceram amigos de infância de várias encarnações, vizinhos de várias galáxias, e a celebração virou um pandemônio. Reynaldo tentou selecionar a visitação. Conseguiu contrariar os que ficaram de fora, e também os que entraram (e tiveram que sair rapidamente para dar vez aos próximos) – todos convictos de que o pai estava lá para dificultar o acesso ao ídolo.

Seriam horas para se livrarem da balbúrdia, que deixaria mais um rastilho de estresse entre pai e filho. E este levaria anos para voltar a pôr os pés em Birigui.

Um dia, quando já tinha várias novelas nas costas, Giane ligou para a casa dos pais e Reynaldo atendeu, do jeito de sempre:

– Oi, filho. Tudo bem por aí? Espera que vou chamar sua mãe...

Mas o filho não respondeu do jeito de sempre:

– Não, pai. Vamos conversar. Como estão as coisas? Me fala do senhor.

O italiano durão travou, mas acabou falando, abrindo uma brecha na carcaça. Não muito tempo depois, Giane foi fazer uma de suas rápidas visitas aos pais. Reynaldo estava sozinho na sala, cumprimentou o filho e foi logo dizendo que Heloísa estava no quarto. Giane não foi ao quarto. Sentou-se ao lado do pai, disse que queria saber dele. Ao final da rápida conversa aproximou-se, beijou-o no rosto e disse que o amava. Reynaldo tentou esconder a emoção, sem conseguir.

Em julho de 2008, quando foi internado às pressas por conta da síndrome alérgica, Giane ligou para Birigui e avisou aos pais que estava hospitalizado, mas a situação já fora controlada. Reynaldo foi econômico como sempre, mas dessa vez foi ele quem surpreendeu o filho:

– Estou indo pra aí te ver. Te amo.

Se mandou para o Rio de Janeiro sem Heloísa, e ficou ao lado de Giane até que ele se recuperasse.

A sós, pai e filho não tinham muito assunto. Mas o carinho começava a surgir detrás das couraças. O corpo de modelo do galã estava maltratado por placas vermelhas e inchaços que, além de incomodar, traziam dificuldades prosaicas. Um dos tratamentos era a aplicação de pomada antialérgica sobre as áreas afetadas – várias delas nas costas, exigindo-lhe certa ginástica para localizá-las pelo espelho e alcançá--las com o remédio. Aí o pai surpreendeu de novo.

Disse ao filho para tirar toda a roupa, o que não era comum entre eles. E se encarregou de espalhar o creme pelo seu corpo, sem constrangimento, sem pressa.

Depois desse momento silencioso, a conversa entre os dois melhorou. Estavam um pouco mais íntimos. Ou um pouco menos estranhos. E quando a crise alérgica cedeu e Reynaldo voltou para Birigui, Giane teve a sensação de que a casa ficou vazia.

Pela primeira vez na vida adulta, sentia falta do pai. Não de um pai, mas do seu.

Continuariam distantes, se amando daquele jeito remoto. Com a

diferença de que surgira no horizonte uma promessa de aproximação, quem sabe até de amizade. No ano seguinte, quando Giane teve
caxumba e precisou ficar dez dias quase sem se mover, seu pai repetiu
a visita. E deu plantão ao lado da cama.

Dois anos depois, agora era o filho quem visitava. E a fragilidade de
Reynaldo diante do inimigo invencível punha abaixo de vez a barreira
entre os dois. Sentado ao lado dele no sofá, mesmo em silêncio e sem
assunto, deixando o tempo passar, sentia enfim que estava de verdade
com seu pai. E conseguia até assistir futebol com ele.

Não era apenas a voz do locutor que parara de incomodá-lo. Nas
tardes calmas com seu pai em Ribeirão Preto, Giane passara milagro-
samente a se interessar pelos jogos, a ponto de comentar os lances.
E até de torcer, se o Palmeiras estivesse em campo. Aquilo não tinha
preço para o velho Reynaldo. Nem para o jovem Reynaldo.

Giane estava desenterrando um tesouro. Resgatava o pai e o interior ao mesmo tempo. O aconchego das pessoas simples e calorosas,
que entram sem bater, que afagam por afagar, que se revelam inteiras
num olhar – aquilo não existia no Rio de Janeiro. Nem em São Paulo,
Paris ou Nova York.

Era muito bom ser cosmopolita sem deixar de ser caipira.

Depois de um mês em Ribeirão, praticamente só saindo de casa
para se exercitar numa academia, Giane se purificara um pouco da
rotina de celebridade. Era um alívio poder ser normal, sem administrar a imagem a cada passo.

Numa manhã qualquer, sabendo que a despensa da Tia Marisa precisava ser reabastecida, decidiu ele mesmo ir ao supermercado. Seria
bom ver um pouco a rua, comprar rapidamente os itens da dieta de
seu pai e voltar para o lado dele – e continuar recuperando cada minuto das décadas perdidas. Mas não ia ser fácil voltar.

Ao chegar e pegar o carrinho de compras, recebeu acenos e cumprimentos, aos quais respondeu com a simpatia de sempre. Um fã se

aproximou para pedir um autógrafo, outra quis uma foto. Normal. Atendeu-os e pegou seu carrinho para começar a percorrer as gôndolas. Mas não pôde sair do lugar. Havia mais um grupo de fãs no caminho, esperando para apertar sua mão.

Era além de tudo uma coincidência curiosa encontrar Gianecchini num supermercado, ele que acabara de estrelar o comercial do papel higiênico Neve – fazendo grande sucesso como o mordomo Alfredo. O ator atendeu o novo grupo de admiradores, atrás do qual já havia outros candidatos a alguns segundos de atenção.

Com o caminho bloqueado, o jeito era recuar. Atrás dele, porém, já havia também uma fila de fãs esperando a sua vez. Cercado, teve de mudar o texto:

– Gente, eu adoraria falar com todos vocês. Mas tenho que fazer minhas compras, então eu peço que agora vocês me deem licença...

Foi interrompido energicamente por uma mulher de meia-idade que falava bem alto:

– Vai ter que falar com todos, sim! Vai dar autógrafo pra todo mundo que tá aqui! Que conversa é essa? A gente mantém vocês! Todo mundo aqui vê televisão, a gente paga o seu salário!

A resposta não veio no tom do mordomo Alfredo, mas do abominável Fred:

– Eu falo com todo mundo que eu quiser falar. Com a senhora, por exemplo, eu não quero. A senhora é dona da TV Globo? Não? Então a senhora não me paga nada. Mesmo que pagasse, eu não lhe daria autógrafo, porque o meu trabalho não é dar autógrafo em supermercado.

A manifestante ainda murmurou alguma coisa, mas já não havia ninguém para ouvi-la – nem para pedir autógrafo. No que Fred começou a espanar, o público achou mais prudente não pagar para ver como ia terminar a cena.

Era hora de voltar para São Paulo. Depois de flertar com o diabo em *Passione* e de conviver com a doença maligna do pai, ia encarnar o mal no teatro. Fora convidado para o papel mais pesado da peça *Cruel*, de August Strindberg. Daria a partida no projeto e voltaria a Ribeirão Preto na primeira pausa.

Quando retornou, viu que também ali se iniciava a montagem de um cenário cruel.

Após seis meses de quimioterapia, Reynaldo pai estava fisicamente triturado. Logo no início do tratamento ele dera sinais de abatimento, e a situação só piorara a cada sessão. O que o segurava era a convicção de que um remédio violento daqueles deveria estar fuzilando seu câncer. Talvez no próximo exame nem aparecesse mais nada, chegou a calcular.

O resultado do exame feito ao final de seis meses de tortura, porém, era quase igual ao primeiro. A diferença era que o tumor tinha crescido um pouco.

A notícia fez o homem duro, que não se entregava, enfim jogar a toalha. A vida o preparara para quase tudo, mas não para lutar em vão.

Nem para receber outra notícia mais bizarra ainda: seu filho também estava com câncer.

# Biotônico espiritual

Claudia Raia atravessou de volta sua passagem secreta e saiu do hospital Sírio-Libanês enxugando as lágrimas. Parecia um pesadelo pensar que seu amigo tinha pouco mais de três meses para ganhar ou perder a batalha pela vida. Estavam em setembro de 2011, e o transplante de medula estava previsto para dezembro. Para sobreviver, Gianecchini precisava que a nova medula "pegasse", isto é, fosse aceita pelo seu organismo.

Antes disso, ainda havia outra batalha. Ele só poderia fazer o transplante se o tratamento à base de quimioterapia funcionasse, matando as células cancerígenas na sua medula atual. Giane estava indo para a segunda sessão de quimio. Era hora de repousar e rezar.

No dia seguinte, Claudia teve uma folga nos ensaios de *Cabaret* e conseguiu chegar mais cedo ao hospital – ao qual ia diariamente, já que metade do seu cérebro estava "alugado" para Giane. Apesar de não precisar dessa vez burlar o horário de visitas, usou sua passagem secreta mesmo assim, para não ser vista pela imprensa (e não alimentar o circo).

Ao chegar ao quarto do amigo, não entendeu nada.

O lugar parecia uma festa. Uma dúzia de pessoas ou mais, incluindo parentes que ele vira três vezes na vida e amigos para lá de esporádicos, todos muito falantes e espaçosos. Só faltava música.

Mas não faltava garçom. No momento em que Claudia Raia chegou,

Giane circulava, com sua cabeça raspada e roupa de hospital, servindo refrigerantes aos presentes numa bandeja. Uma cena surrealista.

Transtornada, ela marchou quarto adentro e lhe tirou a bandeja das mãos. Ele ficou sem ação, ela continuou agindo. Puxou-o num canto e descascou:

– O que tá acontecendo aqui? Virou ponto turístico, esse quarto?! Você não pode ficar no meio dessa bagunça, cara! Muito menos ficar cuidando de visita, circulando de camisolinha com bandeja na mão!

Depois de segurar uma leve vontade de rir da cena descrita, o amigo ponderou que devia dar um pouco de atenção às pessoas. Afinal, elas chegavam lá muito comovidas com a situação dele. Ouviu mais:

– Comovidas? Quem tá comovido é você! Era só o que faltava agora você gastar sua energia pra consolar plateia! Não senhor, acabou a palhaçada.

Giane obedeceu. E adorou. Estava mais do que na hora de um choque de ordem.

Em um mês, desde que sua doença fora divulgada publicamente, sua vida virara um turbilhão: a tempestade de e-mails e telefonemas do Brasil todo e do exterior, o acidente com o cateter que quase o matara, os vazamentos para a imprensa da sua privacidade dentro do Sírio, o nocaute da primeira quimio, a operação de guerra para sair do hospital cercado pela multidão de jornalistas e curiosos, a maratona de visitas em casa e na volta para o Sírio.

Era seu estilo tentar responder a todas as mensagens e corresponder a todos os gestos, com simpatia e serenidade. Mas o fato era que estava em plena preparação para a segunda sessão de quimioterapia – e não podia fugir da tensão que crescia.

A primeira sessão fora difícil de aguentar, e a incógnita sobre o seu futuro próximo também era difícil de aguentar. A cabeça não podia parar diante da ameaça, nem se afundar no inconformismo ou na revolta. Além de resistir, ainda tinha que ser positivo – a cabeça precisava ajudar o corpo. E foi aí que começou a receber a transfusão de alegria.

Por volta de meia-noite começava o show. Claudia Raia se infiltrava pela passagem secreta, dava uma beliscada na quentinha que Heloísa guardava para ela e começava a bailar.

A estrela do cabaré, que dominava um palco inteiro com suas pernas voadoras, fazia o musical da Broadway caber no quarto de hospital. Aos pedaços, fatiado, espremido, simulado – e exuberante. Quem passasse de madrugada em frente ao Sírio-Libanês e visse uma luz acesa no 9º andar poderia imaginar tudo, menos uma bailarina dançando com uma cadeira e cantando o "Mein herr", número imortalizado por Liza Minnelli.

Ali estavam Pascoal e Dona Safira, agora numa versão particular da sua comédia, nas cenas improváveis que se desenrolavam em volta de uma cama. Ou em cima dela.

Na versão light do espetáculo, a estrela se deitava ao lado do espectador, lhe dava o script da peça e passava o texto com ele. Pedia-lhe que opinasse, corrigisse, sugerisse. Giane fazia isso tudo, além de rir, evidentemente. Claudia era o seu biotônico espiritual.

E portadora de mensagens espirituais. Como sempre, ela gargalhava no hospital, saía de lá aos prantos e ia farejar esperança pelo caminho. Às vezes era abordada por algum fã com uma mensagem de força para o ator, ou uma rosa, ou um bilhete. Ela levava tudo para ele – levaria até uma moeda de 10 centavos se o doador lhe dissesse que daria sorte. Um dia, Claudia chegou ao hospital trazendo um nome.

Um rapaz desconhecido a abordara de um jeito meio misterioso. Aproximara-se bem dela e dissera em voz baixa: "Bezerra de Menezes." O nome não lhe dizia muito, mas suas antenas estavam em alerta máximo e ela se agarrou imediatamente à pista.

Perguntou ao rapaz o que era aquilo, e foi informada de que se tratava de uma ampla corrente espiritualista, ligada por uma sequência de rituais repetidos simultaneamente por seus seguidores. Se Claudia quisesse, poderia se tornar receptadora das mensagens da corrente, desde que Gianecchini se comprometesse a cumprir rigorosamente cada passo dos rituais.

A atriz chegou ao Sírio já consultando-o sobre a novidade:

– Querido, me falaram sobre uma corrente, chamada Bezerra de Menezes, e eu queria saber se você...

– Acho ótimo. Legal, Bezerra de Menezes. Tava mesmo pensando nisso.

Ela ficou surpresa. Achava que teria que explicar a tal corrente – e teria mesmo, porque Giane só sabia do nome. Na pilha de livros que andava devorando, havia alguns de Alan Kardec, e com o interesse pelo espiritismo ele passara pelo nome de Bezerra de Menezes, médico espiritualista do século XIX. Não se aprofundara, mas o nome ficara por alguma razão piscando na sua cabeça.

Quando Claudia o mencionou, ele já sabia que era para ir naquela direção.

A atriz passou a receber as mensagens da corrente por sms, e repassava a Giane prontamente – mesmo que estivesse no meio do ensaio da peça. Ele seguia regiamente os rituais de purificação, através da ingestão de água fluidificada pelas orações da doutrina. E ao sair da segunda sessão de quimioterapia, ia querer a ajuda dessa e de todas as doutrinas que aparecessem.

No retorno à casa de volta do hospital, se deu conta do quanto estava debilitado. Em boa parte do tempo não conseguia nem ler. Às vezes não dava sequer para ver filmes. Olhar para a TV com um mínimo de concentração era exaustivo.

Passou a seguir estritamente a alimentação ayurvédica, conforme os preceitos da medicina tradicional indiana. E passou também a receber em seu apartamento em São Paulo todos os líderes religiosos que se ofereciam para rezar por ele.

O espírita, o evangélico, o católico, o rabino, o budista – todos que telefonavam ou mandavam recado eram bem-vindos. Eles vinham, oravam, prometiam voltar outro dia. E voltavam. Às vezes rezavam por telefone também.

Um alquimista juntou-se à romaria, trazendo-lhe um pé de goiabeira. Explicou que a planta se tornaria uma extensão da sua energia e, enquanto ele estivesse cuidando dela, estaria cuidando de si mesmo. Giane ficou com a goiabeira, por sinal a árvore que escalava na infância para mirar o mundo. Como estava sem força para subir em árvore, aquela muda estava de bom tamanho.

Entre outras bênçãos e terapias, pediu a Claudia Raia que lhe arranjasse um psicanalista. Andara assistindo na TV a série americana *In treatment*, e as sessões de análise ficcionais o encorajaram a encarar o espelho do doutor Freud.

Em uma semana, o paciente de câncer tinha uma agenda de executivo. Emendava compromissos da hora em que acordava até a que ia dormir. Sem esquecer a fisioterapia. A agitação crescia, a disposição nem tanto, as interrogações continuavam estáticas no horizonte, e o tempo, mesmo abarrotado, não passava.

Até que Giane deu de cara com o engano. Na sua rotina repleta de contatos, estava faltando encontrar-se consigo mesmo. Era desse contato que sempre viera sua maior força, por mais apoio externo que tivesse.

Precisava se isolar de novo, imediatamente. Mas não ia ser fácil.

A quimioterapia dera resultado zero, e não havia mais nada a fazer. Depois de saber que seu filho também estava com câncer, Reynaldo falou com ele pelo telefone. Conversa rápida, como sempre. Apesar da notícia aterradora, a emoção que vinha brotando entre os dois, dessa vez, não aflorou tanto. Giane teve a sensação de que seu pai reagira à notícia do seu câncer como se fosse uma catapora. Desejou que o filho ficasse bem, e desligou.

Olhando mais de perto, Heloísa viu o que se passara com o marido. Depois do soco inicial, o câncer do filho se tornaria para Reynaldo a batalha a ser ganha – já que a sua própria estava perdida. E a confiança na nova luta até preencheria o vazio que o tomara.

O combatente duro pôde voltar a mostrar sua bravura: não hesitou em apoiar a ida de Heloísa para São Paulo.

– Vai cuidar do nosso filho. Eu fico bem aqui.

Enquanto Giane fazia suas duas primeiras sessões de quimioterapia, Reynaldo vivia seu primeiro período sem o tratamento. E sentia-se melhor.

A suspensão do bombardeio até trouxera de volta algum apetite. Com a ida de Heloísa para São Paulo, as filhas Claudia e Roberta tinham passado a cuidar do pai. Em mais um ato de abnegação familiar, Claudia passara a dedicar 24 horas do seu dia a ele. E contara que Reynaldo vinha tendo até alguns momentos de bem-estar. Giane achou que era o momento de aproveitar para tentar proporcionar algo ao pai – talvez um período juntos em São Paulo. Alguma forma, enfim, de confortá-lo um pouco mais.

Era mais uma razão para zerar sua exaustiva agenda ecumênica. Mas já havia um novo compromisso batendo à sua porta.

Estava no Brasil uma respeitada terapeuta espiritual, a quem se atribuíam várias curas por tratamento baseado na fé católica. Trabalhava na Áustria e, quando Giane ouvira falar nela, disse que se interessaria em conhecê-la. Agora ela estava à disposição dele, que não sabia como dizer que não estava mais interessado.

Aí teve o insight: poderia trazer seu pai a São Paulo e fazer a terapia junto com ele. Reynaldo não era místico, mas com a doença ficara mais aberto ao universo espiritual. E era católico.

Em setembro de 2011, o pai-fortaleza, imenso e distante, voltava para o lado do filho absolutamente frágil, algumas dezenas de quilos menos imponente. A vida quisera que o momento de maior carinho e cumplicidade entre os dois fosse assim, insólito, ambos metidos numa negociação com a morte. Unidos, serenos, concentraram-se nas orações dirigidas pela curandeira Jane.

A programação era intensa, e ela explicou que precisaria ficar hospedada na casa de Giane. Fazia parte da imersão que teriam de alcançar, com pelo menos três sessões de orações ao dia. O recebimento da mensagem do Espírito Santo dependia do rigor da liturgia.

Jane se instalou no apartamento e passou a conduzir a rotina de pai e filho. Os horários das rezas e das pregações determinavam todos os outros. A terapeuta era espartana. Não permitia que seus pacientes se desconcentrassem da imersão, cuidava de cada passo deles.

No quinto dia de terapia, Giane encontrou uma brecha na programação e decidiu sair para dar uma volta. Estava precisando ficar um pouco sozinho, com seus próprios pensamentos, sem doutrina. Quando girou a maçaneta da porta da rua, Jane apareceu:

– Aonde você vai?

– Vou dar uma volta.

– Não, agora você não vai sair, porque nós vamos fazer um rosário.

Ele não quisera assumir nem para si mesmo, mas já não estava suportando aquele regime. Sentia-se recebendo ordens dentro de sua própria casa, o dia inteiro. E Jane não sabia que, quando ela chegou, seu cliente já estava louco para se livrar dos gurus todos. Agora ela ia ver um reservatório de paciência estourando ao vivo:

– Minha querida, eu vou sair, sim. E vou rezar na hora que eu quiser. Aliás, eu gosto de rezar na hora em que eu tenho vontade. Não vou mais rezar com hora marcada.

As palavras eram duras e o tom era rude. Giane amedrontou a terapeuta com sua reação. Foi caminhar como se fosse um preso saindo para o banho de sol. Na volta, pediu desculpas a Jane. Mas decidiu que não faria mais um minuto de imersão com ela. Agradeceu, se despediu e decretou que não entrava mais ninguém na sua casa.

Reynaldo se dedicara às orações, cumprira com fé toda a programação espiritual, mas voltava para Ribeirão Preto do mesmo jeito que chegara a São Paulo. O filho o vira chorar algumas vezes naquele reencontro, e dessa vez não era pela queda do muro entre os dois. Era emoção de despedida.

No dia 16 de outubro, um domingo, Giane conversou com Claudia Raia sobre um exame importante que faria no dia seguinte. Era um PET scan, que traria informações cruciais sobre a evolução do seu linfoma e os efeitos da quimioterapia – que a essa altura tinha que ter reduzido as células cancerígenas. Do contrário, o transplante de medula estaria ameaçado.

Claudia não disse nada sobre o exame. Só disse que achava que Giane tinha que ir para Ribeirão Preto. Ele disse que iria, logo depois do exame. Ela insistiu:

– Não, vai agora. Vai se despedir do seu pai.

Ele ligou para Ribeirão e falou com a médica que cuidava de Reynaldo. Ela disse que o estado dele era muito grave. Giane desmarcou o exame e se mandou para o interior.

Encontrou seu pai no Hospital São Lucas, consciente. Os médicos haviam consentido a presença da família na UTI. O filho se aproximou, o acariciou e procurou lhe dar algum conforto. Não era possível. As dores já o fustigavam de todas as formas, sem tréguas. Giane determinou que lhe fosse aplicada morfina, até a sedação total.

Caiu a madrugada e o filho ficou a sós com o pai. O ambiente não estava silencioso: Giane conversava com Reynaldo, já totalmente inconsciente.

Falava da coragem de ambos de lutar para ter um ao outro como mereciam. E da vitória final. Talvez um pouco tardia, mas gigantesca. Pediu perdão por não ter sido amigo. Perdoou por tudo. Lembrou-

-se da grande cena com Raul Cortez – a reconciliação de pai e filho após uma vida de desencontros, com a emoção estourando todos os diques, no melhor estilo italiano de ser.

Agora Giane não precisava mais da ficção para celebrar o reencontro com o pai. Mesmo que, exatamente como em *Esperança*, a vida fosse tirá-lo dele logo depois. Abraçou-o e lhe disse para ir tranquilo, que ele cuidaria da família.

Parou de falar, e começou a cantar. Com todas as orações e mantras que já recebera, encontrou sua melhor prece em Roberto Carlos. Quando criança, adorava entoar as canções religiosas do compositor no coral da escola. E agora tinha a considerável vantagem de não desafinar.

Enquanto Giane cantava os versos de "Nossa Senhora", os aparelhos mostravam a queda final das funções vitais. O pai partia embalado pela voz do filho, deixando-lhe de herança uma aposta: a luta que um Reynaldo perdera, o outro haveria de ganhar.

# Por favor,
# seja menos original

O pai que morrera em seus braços agora lhe mandava um recado: "Você foi o melhor filho que eu já tive."

A mensagem era de Lima Duarte para Gianecchini. Os dois tinham sido pai e filho em *Da cor do pecado*, onde o personagem de Giane dava ao de Lima um neto negro – filho da personagem de Taís Araújo. O avô coruja que supera seus preconceitos raciais roubara a cena na novela. E sua morte nos braços do filho emocionara especialmente os dois atores, pela ligação que tinham desenvolvido nos bastidores.

Giane se sentira meio órfão com a saída de Lima Duarte da novela, e nunca sentira nada parecido com outro ator. Agora, no hospital, ficava sabendo que a recíproca era verdadeira: Lima declarava que Giane tinha sido o seu melhor filho na ficção.

No dia 12 de novembro de 2011, várias mensagens comoventes vinham encorajar o aniversariante de 39 anos em sua luta contra o câncer. Faltando cerca de um mês para o transplante de medula, os amigos queriam fazê-lo acreditar que havia futuro. Manoel Carlos mandou seu recado pelo site UOL:

– Giane estreou na minha novela, como um dos protagonistas masculinos. Hoje, dia do seu aniversário, mando meu abraço, meu beijo e meu desejo de que logo esteja de volta ao trabalho. Ele ainda tem muito que fazer no teatro, na televisão e no cinema.

Carolina Dieckmann, outra parceira na estreia em *Laços de família*, enviara-lhe um tesouro. Um recorte de jornal com uma foto dela – careca como Giane estava agora – ao lado dele e de uma criança com câncer, na visita ao Inca no auge da novela. E uma carta que essa mesma criança lhe enviara anos depois (junto com a página de jornal) para agradecer a "Camila e Edu". E lhes contar que estava curada.

Mariana Ximenes enviou o sinal simples e poderoso: a evocação à cachoeira – momento sublime, no aniversário dela, que os dois tinham guardado como amuleto.

A parceira do sucesso em *Passione* unira forças à parceira do sucesso em *Belíssima*. Mariana juntara-se a Claudia Raia na blitz permanente no Sírio. Naquele 12 de novembro, a crescente rede de solidariedade e afeto em torno do ator mostrava sua força. Mas não o salvava da guerra microscópica dentro do seu corpo.

No dia do seu aniversário, Giane estava na UTI.

Se não adiasse o exame do PET scan, não teria se despedido de seu pai. Em meio a toda a dor, tinha sido um alívio não perder o último encontro com ele. Depois, a ansiedade com o exame dobrou.

Precisava saber logo se o seu organismo estava respondendo à quimioterapia – que para o seu pai não fizera o menor efeito. Fez a remarcação, passou pela varredura tomográfica, e o resultado lhe trouxe mais um alívio. Não o definitivo, mas um reforço de esperança: embora o combate às células cancerígenas ainda tivesse que evoluir muito para permitir o transplante, o linfoma não ficara indiferente ao tratamento.

Pelo menos estava decidido que ele continuaria com a quimioterapia. E a terceira sessão já não o abatera tanto. No final de outubro, Giane teve vontade de dizer aos brasileiros que estava firme na luta.

No que começou a pensar nisso, recebeu uma ligação do jornalista Luiz Erlanger, diretor da TV Globo. No comando da Central Globo de Comunicação (CGCom), responsável pelas relações com a imprensa, Erlanger geria entre outras coisas o mundo de informações provenientes dos bastidores da emissora. E entre as intempéries possíveis desse mundo – dos boatos sobre gravidez de atriz a polêmicas sobre cobertura jornalística –, o câncer do jovem galã entrava no hall das explosivas.

A primeira aparição de Reynaldo Gianecchini como ator da Globo havia sido nos filmetes promocionais de *Laços de família*, bolados por Erlanger (com o slogan "A vida de cada um de nós daria uma novela"). Quando viu o depoimento gravado por Giane, em que ele falava do adeus à família na rodoviária de Birigui, o diretor da CGCom não teve dúvidas: aquele era o mais forte de todos os comerciais da série.

Não só pela fala do jovem bonito (que ele nunca vira antes), mas pelo que seus olhos diziam. "Esse cara é um anjo", concluiu no ato Erlanger.

Uma década depois, esse anjo se firmara na constelação da Globo com o star quality dos que forjam a própria cara da emissora. Um status que não se fabrica – o público é que dá. E era preciso decidir o que dizer a esse público, porque o anjo da beleza refém de um câncer era como o super-homem na cadeira de rodas – um atentado contra a sagrada instituição do final feliz.

Giane recebeu Erlanger em seu apartamento em São Paulo, disposto a ouvir seu plano.

Àquela altura, imprensa para ele era campo minado. Além da rede de boatos que o acompanhara por toda a carreira, agora lutava contra uma doença grave e contra a transformação dela em circo. Perdera todo o primeiro round da luta – com o vazamento, de dentro do Sírio-Libanês, do diagnóstico do linfoma (antes da sua confirmação) e de detalhes da sua privacidade de paciente.

Sabia que a CGCom estava no centro das demandas por uma entrevista sua, e que Erlanger devia estar ali para falar disso. O diretor confirmou que Giane era a bola da vez na pauta nacional, e apresentou o objetivo da sua missão:

– Eu vim aqui pra saber como você tá e te dar um abraço. Se você quiser, a nossa conversa termina agora. Se quiser falar de imprensa ou de outro assunto, estou à sua disposição.

Apesar da ansiedade geral por uma fala do ator, Erlanger estava admitindo sair dali sem uma unha de Gianecchini para oferecer à imprensa, por um motivo não tão simples.

Sabia que a privacidade dos grandes ídolos tinha limites e que diante de certos fatos públicos, não dar informação era o mesmo que esconder informação. No episódio do beijo de Vera Fischer no próprio Gianecchini, no Japão, quando soube da operação abafa que impediu a divulgação da foto, o diretor da CGCom criticou a manobra. E avisou à sua equipe que o papel deles ali não era desfazer flagrantes.

Em outro episódio na emissora envolvendo saúde (dependência química), Erlanger não aceitara o argumento do astro em questão de que se tratava de assunto pessoal e ninguém tinha nada com isso. O caso viera à tona após uma batida policial, e o diretor chamou o ator para assumir sua responsabilidade:

– Me desculpe, mas esse assunto é público. Você não vai poder passar a vida se negando a falar dele.

O câncer de Giane era um caso barulhento, mas o diretor da CGCom estava convicto de que, dessa vez, lhe cabia defender o direito do ator de ficar calado, se ele assim quisesse. Inclusive porque ali estava um profissional que jamais o assediara para limpar sua barra.

Em 2006, a imprensa publicara uma foto de Gianecchini e Carolina Ferraz aparentemente se beijando no Copa Café. O casal vivera um affair em *Belíssima* (matando de ciúmes a Dona Safira de Claudia Raia), mas na vida real a atriz era casada – e o babado estava no ar.

A equipe da CGCom esperou o pedido de Giane para desmentir o flagrante. Mas ele nem tocou no assunto com a emissora.

Agora, diante de Erlanger, ele não encerrou a conversa depois de agradecer o apoio. Deu o sinal de que gostaria de dizer aos brasileiros que estava bem. O jornalista fez então duas considerações.

A primeira era que, para falar com o Brasil, tinha que ser no *Fantástico*. Seria uma exposição enorme, ok, mas era melhor do que passar uma mensagem aqui, outra ali, e deixar o terreno fértil para versões e especulações. A outra consideração era que, para dizer ao país que estava bem, ele tinha que estar bem mesmo.

– Você tá bem?

– Tô.

– Ótimo. Tá com a cara boa mesmo. Você só não deve passar uma imagem que depois seja desmentida pelos fatos. Aí é ruim pra todo mundo.

– Bom, às vezes eu fico indisposto, tenho umas tonteiras.

– Então espera um pouco. Você é que vai nos dizer a hora certa.

Erlanger obviamente não mencionou, mas o que tinha em mente era o inevitável caso Tancredo Neves. Os esforços para garantir à população que o presidente eleito passava bem, quando ele caminhava para a morte, tinham se tornado um trauma nacional. Se Giane aparecesse bem no *Fantástico* e logo depois viesse a recair, aí sim se afogaria – junto com a Globo – num mar de suspeitas e teorias conspiratórias. E não precisavam que a situação ficasse mais pesada do que já era.

Selaram o combinado, se despediram e na semana seguinte o ator marcou a entrevista com a jornalista Patrícia Poeta.

Em cima da hora, porém, teve que desmarcar. Sua imunidade, que vinha oscilando bastante, tivera uma queda violenta – e o número de plaquetas (fator de coagulação) também baixara demais, levando-o à internação.

Depois do aniversário na UTI, Giane marcou de novo com o *Fantástico*. E dessa vez chegou firme para gravar a entrevista – que iria ao ar no domingo, 20 de novembro, e daria ao programa um dos seus recordes de audiência.

Falando pela primeira vez em close na TV com a cabeça raspada, o galã foi logo dizendo que gostara de conhecer o formato do seu crânio: "Fiquei com cara de guerreiro." O público se veria diante de um Gianecchini inédito, à flor da pele, sem esconder as lágrimas e dizendo que custara a acreditar que tinha câncer. Mas que estava ali para encorajar a todos os que sofriam do mesmo mal. E para dizer que estava pronto para levar sua batalha até o transplante – previsto para dali a menos de um mês.

Apesar da excelente repercussão da entrevista, as notícias do mundo espiritual não eram boas.

Giane citara sua busca pela fé com a ajuda de líderes de várias religiões, e a edição do programa cortara uma parte das referências ao seu despertar de alma. Ele telefonou para Patrícia Poeta perguntando o porquê dos cortes. Ela explicou que era normal a edição enxugar a entrevista. Depois, a diretora Denise Saraceni ajudou-o a entender o que se passara: o apelo da sua mensagem como ídolo lutando contra a morte já era descomunal, e o risco de soar messiânico (sem querer) era grande. A emissora poupara-o, por assim dizer, de acordar na segunda-feira como o novo guru das massas.

Evangélicos mandaram recados reclamando que ele não citara Jesus. Mas a mensagem preocupante chegara através de Claudia Raia: segundo a corrente Bezerra de Menezes, o transplante de medula marcado para dezembro não ia acontecer.

E a corrente estava certa.

Em dezembro, o guerreiro do *Fantástico* estava de volta à UTI, respirando por aparelhos. Tinha febre alta e dessa vez os médicos não sabiam o que se passava com ele. Heloísa recebeu da Dra. Yana Novis a notícia que ninguém queria ouvir: o transplante do seu filho estava suspenso.

Claudia Raia correu para o Sírio com o coração na mão. A baixa imunidade de Giane era um risco permanente. E aquele mal súbito e violento, que ninguém sabia dizer o que era, reavivara os pesadelos que a faziam chorar cada vez que saía do hospital. Apesar de toda a corrente positiva, temia que tivesse chegado a hora de encarar o pior.

Por recomendação médica, Gianecchini não pudera assistir à sua estreia em *Cabaret*. Depois de acompanhar a montagem passo a passo, com os "pocket shows" de Claudia diante do seu leito hospitalar, ele chegara a ir a um ensaio no teatro (de máscara). Originalmente, Giane seria o par de Claudia no musical – a notícia do câncer chegara na véspera do primeiro ensaio.

A atriz colocara-o quase como um diretor-assistente a distância, consultando-o sobre tudo, trazendo-o do jeito possível para dentro do espetáculo. Mas na grande noite ele não tivera condições físicas de estar lá.

Era difícil vê-lo agora, depois da corajosa entrevista ao *Fantástico*, totalmente inerte, ligado a uma máquina que respirava por ele. Claudia agarrou-se à única expectativa que a encorajava naquele cenário sombrio – a proverbial competência e seriedade da Dra. Yana e sua equipe.

No início acidentado da internação de Giane, a atriz se sentira quase com a vida dele nas mãos. Na ocasião do problema com a colocação do cateter, quando a morte rondara o centro cirúrgico do Sírio, vivera o drama de ter que tentar descobrir o que estava acontecendo. Não se esquecia da cena de Marília Gabriela irrompendo no hospital e, como numa ação de guerrilha, intimando a equipe médica a esclarecer exatamente que acidente fora aquele.

Passada a fase de pesadelo, Claudia constatara ao longo do tratamento que, nas mãos de Yana, uma vida só não seria salva se Deus
não quisesse.

Sem um pingo de vaidade nem um segundo de hesitação, a médica
regia a investigação do mal súbito do paciente. Pelos sintomas, o foco
dos exames eram os pulmões. E uma técnica moderna de ultrassom
chegou enfim ao inimigo.

Tratava-se de um fungo raríssimo, transmitido em meios rurais,
possivelmente por morcegos. Estava feito o diagnóstico: Giane sofria
de uma infecção pulmonar agressiva, causada por um parasita con-
traído décadas antes, nas suas andanças de menino pela fazenda da
avó.

Sentindo o primeiro alívio ao ver a equipe médica saindo do voo
cego e entrando com os antibióticos certos, Claudia Raia se permitiu
o pensamento inevitável: câncer raro do tipo mais raro, cateter que
vira acidente raro, fungo raro... Será que Gianecchini não podia ser
um pouco menos original em tudo?

Não podia. E ela logo ia constatar isso.

A próxima demonstração de raridade, ao menos, seria positiva. O
paciente foi transferido para o quarto, mas ainda precisava de indutor
de respiração. E tinha que fazer séries de exercícios para retomar gra-
dualmente a capacidade respiratória. Um dia Claudia foi acompanhar
sua malhação pulmonar, e é claro que saiu tudo diferente.

Enquanto ele exercitava o fôlego, ela resolveu regê-lo. Começou fazendo movimentos expressivos com os braços, depois as pernas e o
quadril entraram na coreografia. No final da série ela já estava sapa-
teando – e ele gargalhando.

Resultado: pela primeira vez, seu nível respiratório chegava quase
ao normal, e sem aparelho. Dra. Yana entrou no quarto no meio da
travessura e levou um susto:

– Giane! O que você tá fazendo sem o aparelho?!

A médica então constatou o progresso mágico na função pulmonar, olhou para a bailarina e entendeu tudo. Impressionada, dirigiu-se a Claudia Raia:

– Vou te contratar. Agora você vai me acompanhar na recuperação dos outros pacientes.

– Obrigada, Dra. Yana. Mas não posso. Essa técnica só funciona com ele...

O combate à infecção rara levou um mês. No primeiro Natal sem o seu pai, Giane já estava em casa. Reuniu a família para se hospedar lá até o réveillon – já que não podia proporcionar o retiro na Bahia.

Na TV, a voz que desejava "feliz 2012" pelo Banco do Brasil era sua. Numa mensagem de um minuto abrindo a campanha "Meu obrigado", sem rosto nem assinatura, ele fazia o seu agradecimento mais sutil e emocionado ao país que rezava por ele.

E o obrigado de Giane, naquele momento, era também à chance que acabara de ganhar de continuar lutando pela vida. Depois de todos os acidentes, sua quimioterapia dera resultado e seu transplante de medula estava marcado para janeiro.

Depois do quinto dia fechado no quarto escuro, sem comer nem beber nada, transformado em estátua pela dor que fritava seu corpo por dentro e o torturava a cada mínimo movimento, abaixo do suportável, abaixo do humano, desejou ser um bicho para não ter que pensar, para não ter que compreender, para não ter que desejar seu único e miserável desejo: que tudo se acabasse logo, para o bem ou para o mal.

# Bombardeio
# na caverna

Cinco anos depois, o carnaval baiano enfim terminara.

No início de 2007, durante seis dias ele perdera a noção da passagem do tempo. A vigília do prazer apagara a divisão entre noite e dia, era tudo um momento único e interminável de êxtase. Dali em diante, a vida lhe prometia tudo.

No início de 2012, ele perdia de novo a noção do tempo. A vigília da dor transformara seis dias em um só – o dia interminável do sofrimento. A vida de repente não lhe prometia mais nada.

O transplante de medula se iniciara com a internação no dia 2 de janeiro. Depois vinham cinco dias de quimioterapia em altas doses – num bombardeio muito mais intenso do que o das sessões anteriores. O objetivo desse ataque era matar definitivamente a medula "antiga". Aí seriam injetadas as células-tronco saudáveis, colhidas anteriormente dele mesmo. Era o chamado "transplante autólogo".

O desafio era que o organismo aceitasse as células boas, para que elas constituíssem a nova medula. Mas só no meio da operação Giane descobriu o tamanho do desafio anterior a esse.

Ao término da químio intensiva, ele se sentia ótimo, normal. Passou então à infusão das células sadias, que também correu bem. A seguir esperaria a medula nova "pegar", o que teria entre nove e dezesseis dias para acontecer (ou não). Só aí começou a sentir os efeitos do bombardeio.

E parecia mesmo ter engolido uma bomba atômica. Passou de repente a arder por dentro, como se suas entranhas estivessem fumegando.

Boca, língua e lábios eram tostados pelo fogo invisível, como se ele tivesse mergulhado numa nuvem radioativa.

Sentia sede, mas a água caía no estômago como ácido e voltava em jato boca afora.

Respirar também era perigoso. O ar entrava como spray de pimenta.

Falar doía, e olhar também. A mínima luminosidade feria-lhe a vista como raio laser.

Heloísa apagou todas as luzes, tapou todas as frestas, transformou o quarto especial para transplantes em caverna. Fora isso, sua única ajuda possível ao filho mumificado era ficar tão imóvel quanto ele, ao seu lado, pelo tempo que fosse.

A mãe entrava na etapa mais obscura daquela epopeia louca. Atravessando dias e noites num sofá, estirada na escuridão silenciosa, podia ao menos esconder do filho seu medo inconfessável: matar uma medula para esperar por uma nova era um salto sem rede – e o risco de Giane ficar no meio do caminho, isto é, sem medula, apavorava-a. E seu medo, infelizmente, não era infundado.

Mas Heloísa tinha algo maior que o medo: uma fé imune a tudo, até à morte. Sofrera a perda do marido sem um segundo de revolta ou desilusão. Não discutia com Deus. Levara seis anos para conseguir engravidar, depois seu filho virara um astro nacional, e no auge do sucesso tinha que lutar contra a morte. Coisas da vida.

Giane era idêntico. Em mais de seis meses de duelo com o câncer, não se queixara uma única vez. A Dra. Yana chegara a dizer, bem-humorada, que daquele jeito não dava para trabalhar:

– Heloísa, você por favor me diga como o seu filho está passando, porque dele eu só consigo ouvir "tudo bem" e "obrigado".

Na escuridão da caverna, sonhando acordado com torturas medievais e limites de resistência humana, ele permanecia em silêncio. Heloísa quase só ouvia sua voz na pergunta repetida esporadicamente, de olhos fechados:

– Mãe, que horas são?

Como sempre, o relógio tinha levado uma tarde para andar uma hora.

– Não é possível, mãe...

E voltavam ao silêncio.

Após a infecção do fungo, e com o problema da queda de plaquetas no sangue, o paciente fora orientado a não se barbear, nem raspar a cabeça. Qualquer ferimento poderia causar uma hemorragia. Agora, Heloísa fora fazer um carinho no rosto do filho e sentiu a barba saindo toda em sua mão. O mesmo acontecia na cabeça. Delicadamente, colheu com os dedos o cabelo que nascera. Com a bomba atômica, ele também perdera, pela primeira vez, o seu sorriso.

Indo para o sétimo dia sem comer nem beber nada, e sem poder introduzir alimentação pelo soro, devido aos riscos de contaminação, surgia o receio do colapso. Altamente resistente à dor, Giane viu que não ia aguentar. Era a hora de pedir aos médicos uma dose pesada de morfina, que o mandasse para outro planeta. Mas não pediu.

Como se algum general tivesse decretado o cessar-fogo, de um dia para o outro o cenário do bombardeio se desfez. Seu corpo, que na véspera parecia destruído por dentro, voltava a ser um lugar habitável. E até confortável, comparado com o inferno a que chegara. A recuperação súbita fazia sentido: o remédio era para matar a medula, não o dono.

O alívio de poder voltar a beber água e comer sem parecer que estava ingerindo querosene era gigantesco. Nos dois primeiros dias, quando ainda tentara fazer refeições, o enjoo era tamanho que só o cheiro da comida o fazia vomitar.

Logo desistira de comer, mas um dia sua mãe entrou no quarto com o prato dela e o viu ficando verde. Entrou com o prato no banheiro, já ouvindo o primeiro jato. Correu com um saco e uma toalha para ele, e o acesso de vômito continuava, porque o cheiro da comida ainda chegava à sua cama. Por um instante, Heloísa ficou paralisada no meio do caminho. Não sabia se o acudia ou se fechava a porta do banheiro, onde estavam as coisas que precisava pegar para socorrê-lo. Ele só olhava para ela – e vomitava.

No final da segunda semana de janeiro, quando a tortura terminou, mãe e filho puderam contar a cena patética a Claudia Raia – e rir dela. Para Claudia, voltar a ver o sorriso de Giane era, em si, um alívio. Ela chegara a vê-lo no meio do sufoco, com a boca toda estourada de feridas do ressecamento, dizendo-lhe com dificuldade o que nunca dissera antes:

– Claudinha, desculpe, mas não vou poder rir pra você.

Recuperado da surra, Giane já não achava que o sofrimento fora insuportável. O menos suportável era a sensação de que aquilo não ia acabar nunca. Agora estava feliz por ter cumprido aquela etapa importante e decidira não falar publicamente do sacrifício por que passara. Não queria desencorajar os pacientes que ainda fariam o transplante – já que a prova era dura, mas valia a pena.

Agora era sentar, esperar e rezar. Faltavam três dias para o início do prazo em que a medula deveria "pegar". A semana de 21 a 27 de janeiro determinaria o futuro de Gianecchini.

Mas antes de chegar lá ele foi derrubado novamente. Estava de volta à UTI, o quadro era grave, e agora não tinha medula para defendê-lo.

Cumprindo um compromisso no exterior, a Dra. Yana Novis atendeu a ligação urgente do Dr. Vanderson Rocha, que estava chefiando o transplante de Giane. E ouviu a notícia aterradora: na fase crítica da operação, o paciente fora acometido de febre alta e falta de oxigênio, características de quadro infeccioso.

Os dois médicos chegaram rapidamente à mesma conclusão preliminar: possivelmente era a volta da infecção pulmonar causada pelo fungo raro. E naquele momento, sem medula e sem defesas, seu organismo dificilmente resistiria.

A primeira bateria de antibióticos não fez efeito algum. A febre não cedeu um grau, a respiração continuou precária e o quadro permaneceu inalterado.

Com toda a sua experiência, Vanderson foi para casa bastante nervoso. Já era madrugada, ele precisava descansar para prosseguir na batalha do dia seguinte, mas seu estado de alerta não cedia. Se a possível infecção resistira aos medicamentos, poderia estar começando a se espalhar pelo organismo. Nesse caso, o pior poderia acontecer em questão de horas.

Vanderson não dormiria aquela noite.

# Por um fio

O cenário da peça *Cruel* continuava guardado e o teatro FAAP completara seis meses fechado às segundas e terças-feiras. No escritório da produtora Morente Forte, a expectativa era grande pelo resultado do transplante de Giane. O telefone tocou. Era uma repórter da revista *IstoÉ* querendo falar sobre o ator.

Célia Forte atendeu. A repórter tentou ser cuidadosa:

– Oi, Célia. Desculpe, mas preciso checar isso com você. Chegou aqui à redação a informação de que o Gianecchini morreu.

– Não, não é verdade – cortou a produtora, que só não se revoltou porque conhecia a jornalista e sabia que ela era séria.

– Mas você tem certeza? É que não é só aqui, não. Várias redações estão com essa informação. Tá todo mundo segurando, ninguém vai dar. Mas infelizmente não tem pinta de boato. A coisa tá forte e parece que a fonte é de dentro do hospital.

Célia desligou o telefone e mandou imediatamente um sms para Giane: "E aí, meu filho? Tudo sob controle aí?"

Ele nem sempre respondia na hora, mas nunca demorava muito. Dessa vez a resposta começou a demorar. E o telefone da Morente Forte desandou a tocar. A imprensa inteira fazia a mesma pergunta. Alguns jornalistas falavam em tom de consternação. Célia começou a se apavorar.

O grupo de pessoas que tinha informação e acesso direto a Gianecchini era pequeno: Heloísa, Claudia Raia, Mariana Ximenes, Marília Gabriela. A empresária do ator, Márcia Marbá, estava sempre a par de tudo através de Heloísa. Célia Forte também, sendo que evitava ligar todas as vezes para ela. Recorria a Claudia Andrade, com quem trabalhara na produção de *Sua Excelência, o candidato*. Claudia costumava estar em contato com Dona Helô, como a chamavam.

– Oi, Claudia. Você falou hoje com a Dona Helô? Não? Será que você poderia dar uma ligada pra ela e me ligar de volta?

Algum tempo depois, Claudia retornou dizendo que não estava conseguindo falar com a mãe de Giane. Célia gelou.

– Desculpe, Claudia, não quero te assustar, mas a gente precisa falar urgente com a Dona Helô. Tá circulando na imprensa a informação de que o Giane morreu. Eu sei que é uma loucura, mas eu tô atendendo telefone há mais de duas horas e não consigo falar com ele nem com ninguém.

Márcia Marbá estava na Francal, a feira de sapatos, com a atriz Grazi Massafera, que ela também representava. Recebeu uma ligação da Band, com a mesma pergunta. A repórter dizia que estava segurando a informação, mas que em breve teria que tocar no assunto, porque a notícia estava se espalhando por São Paulo. Precisava pelo menos de uma declaração da empresária do ator.

– Querida, o que eu te digo é que ele não morreu. Não dê informação nenhuma. Se ele tivesse morrido eu saberia.

– Pois é, mas o que me passaram é que ele morreu agora há pouco, umas duas horas atrás.

Márcia desligou o telefone e olhou para Grazi, que ouvira a conversa de olhos arregalados. As duas se interrogaram sem palavras, e a atriz espanou:

– Claro que não morreu. Não é possível.

Enquanto ia com Grazi para Congonhas, onde pegariam a ponte aérea, Márcia ligou para Célia Forte. Ao constatar que ela também estava no escuro, sem conseguir saber o que se passava, seu coração disparou. Embarcou a atriz para o Rio e ficou em São Paulo para encarar o pesadelo.

Ligou para a assessoria de imprensa do Sírio-Libanês, e não conseguiu falar com a pessoa que a atendia para tratar de Giane. O andar da carruagem parecia querer, miseravelmente, dar razão à repórter da Band.

Márcia lembrou-se do que ouvira de um médium sobre o ator. Antes do aparecimento do câncer, ele previra que Gianecchini iria se afastar do escritório dela – e não seria por razões profissionais. Quando veio a doença, Márcia se impressionou, e ouviu nova previsão: Giane sobreviveria se o seu pai não sobrevivesse. Segundo o médium, os dois haviam tido câncer ao mesmo tempo porque travavam uma batalha kármica, e só um deles poderia permanecer encarnado.

Era uma tese exótica, mas como Reynaldo tinha falecido, Márcia se agarrou à explicação mediúnica para acreditar que Giane estava vivo.

Lembrou-se também de uma corrente protetora que ele usava no pescoço, trazida da cidade portuguesa de Fátima por sua irmã, a apresentadora Angélica. Ele dizia que, com a correntinha, nada poderia lhe acontecer. Não era possível que Nossa Senhora de Fátima o tivesse abandonado.

Ligou de novo para o hospital. Dessa vez conseguiu falar com a assessoria de imprensa. E perdeu o ar: a resposta era que ainda "precisavam averiguar". Salvo engano, era o quadro típico de informação bloqueada.

A empresária disparou em direção ao Sírio.

Depois de fazer o transplante autólogo de medula, o paciente falecera. Era mais um. Câncer no sangue ou no sistema linfático era quase sempre isso: a cura ou a morte. Mesmo assim, o Dr. Vanderson Rocha não se acostumava. Para ele, não era mais um.

Reunido com sua equipe, fez a pergunta incomum no seu meio:

– O que vocês acharam dessa morte? Eu quero saber o que vocês estão sentindo.

A equipe não conseguia falar daquilo. Então pelo menos teria que ouvi-lo: ele se sentia fracassado. Envolvia-se com os pacientes porque acreditava que a ciência era uma só, mas se multiplicava de acordo com o corpo e o espírito de cada indivíduo. Isso não estava nos livros (ainda). Mas era o que fazia o médico realmente crer que, enquanto alguém estava vivo, suas chances eram de 100%. Assim salvara a vida do menino João Picolo, com uma manobra ousada após um transplante que não "pegara".

A vocação missionária de Vanderson não era feita só de amor ao próximo. Antes de completar 30 anos ele já publicara no *New England Journal* (a elite da elite da medicina europeia), o que era um fenômeno. Suas descobertas na área de transplante de medula logo o destacaram no cenário internacional, valendo-lhe a cidadania francesa. Sua arma de solidariedade era o saber.

Depois de passar a noite em claro, o hematologista correu de volta para o Sírio-Libanês. Sabia que a vida de Gianecchini podia estar por um fio. Mas, no caso de Vanderson, um fio podia ser o suficiente para segurar um paciente que a morte estivesse querendo levar.

Giane continuava com febre alta e grave falta de oxigênio. Os antibióticos continuavam sem fazer nem cócegas na infecção. O médico se debruçou sobre o painel de informações clínicas do ator.

No meio de uma análise obsessiva dos dados, um clarão de repente iluminou sua cabeça.

Gianecchini tinha os sintomas exatos de uma infecção pulmonar, mas o quadro também era compatível com uma síndrome raríssima, que Vanderson conhecera nas suas pesquisas com pacientes do mundo inteiro. A Síndrome da Pega da Medula, que podia vitimar apenas cerca de 2% dos transplantados, era uma reação violenta do organismo causada pelo ataque das células boas, recém-chegadas, às células inflamadas.

O médico fixou-se nessa hipótese preciosa, suspendeu o coquetel de antibióticos – para espanto de sua equipe – e iniciou um tratamento à base de corticoides, conforme seu conhecimento do combate àquela síndrome.

Em algumas horas, os sintomas do paciente começaram a desaparecer. A febre cedia, a respiração ganhava força, a oxigenação ia retomando os níveis normais. O Dr. Vanderson salvava mais um – que, para ele, não era mais um.

Esse, aliás, era bastante singular. E a síndrome rara se somava a um currículo que, como diria Claudia Raia, não precisava ser tão original.

Já sem saber o que fazer em sua sala na produtora, sem notícia nenhuma do hospital, chegando às raias do desespero com os telefonemas da imprensa – tão insistentes que começavam a fazê-la crer na perda do amigo –, Célia Forte viu seu celular piscar.

Agarrou o aparelho rezando que fosse aquilo que ela já quase não acreditava que pudesse ser. E era.

Sob o nome "Giane", quatro horas depois do seu sms, a mensagem voltava com as cinco palavras mais sublimes que ela já lera: "Tá difícil, mas vou aguentar."

A assessoria de imprensa do Sírio fizera a "averiguação", e trazia a Márcia Marbá a resposta que contrariava, deliciosamente, o seu feeling sobre ocultação de informação: Reynaldo Gianecchini passava bem.

Entre aliviada e eufórica, a empresária avisou à Band que aquele era só mais um boato convincente sobre o ator mais falado do Brasil. E continuou atendendo telefonemas da imprensa, agora com grande prazer. Falando com uma jornalista mais chegada, Márcia se lembrou do acidente com o cateter – cuja real gravidade, com a parada cardíaca, ninguém soubera. E resolveu desmentir a morte do astro de um jeito diferente:

— Tá tudo bem com o Gianecchini. Ele morreu em agosto. Mas dessa vez ele ficou vivo.

# Ai, se eu te pego

Totalmente recuperado da Síndrome da Pega, Giane acordou no dia 20 de janeiro se sentindo estranho. Ficou por alguns instantes tentando entender o que se passava com ele, até que matou a charada: estava forte. Mais forte do que jamais se sentira nos últimos oito meses. Chegava a ser estranho.

Tomou seu café e sentiu necessidade de ficar um pouco sozinho, em silêncio. Em um minuto, sua mente decolou. A rapidez com que entrou em estado de meditação mostrava que o fortalecimento era de corpo e espírito. Aproveitou a passagem de primeira classe e voou para o alto da sua árvore, de onde enxergava além do horizonte.

Sentiu de novo a potência da solidão, cantada por Caetano, e viu uma trilha clara apesar da dor. Apalpou a cicatriz na alma e entendeu Edward Albee – quem não foi ferido pela vida, não viveu. Conversou com a voz que falava na sua cabeça, agora novamente com grande nitidez. E ela lhe falou sobre a sua cura.

Giane desceu da árvore imaginária e foi contar a novidade à mãe. Depois de mais um susto para a sua coleção – com a tal síndrome –, Heloísa estava pedindo a Deus que ajudasse seu filho sem medula a ter êxito no transplante. Ele (Giane, não Deus) tinha a resposta:

– Mãe, a minha medula vai pegar amanhã.

Ela ficou um pouco tonta com a "notícia". Mas o olhou nos olhos e viu o brilho de quando ele "enxergava" – que ia ganhar o concurso de desenho, que ia sair do interior para o mundo, que ia ganhar a vida com a arte.

No dia seguinte, 21 de janeiro, um sábado, Gianecchini acordou com fortes dores no peito e nas costas. O Dr. Vanderson foi vê-lo, e entrou no quarto com seu sorriso de monge chinês. Disse que não ia demorar.

Estava ali só para avisar que Giane agora era um homem de 500 neutrófilos. Traduziu: pelo nível a que as células do sistema imunológico tinham se multiplicado velozmente (e isso doía muito), ele acabara de ganhar uma medula nova.

Não era o *Cabaret* hospitalar de Claudia Raia, mas a festa estava animada no quarto de Gianecchini. O longo abraço com Heloísa, que via o novo nascimento do filho, fora interrompido pela fanfarra do Dr. Vanderson. Ele ressurgira batendo palmas com toda a equipe, mais seus outros pacientes – que agora sonhavam com o destino de Giane –, enfermeiras e um grande bolo de chocolate.

O gigante da medicina virara uma criança. Parecia estar mesmo numa matinê de carnaval. Era um homem ao mesmo tempo sério e irreverente, de espírito livre – em muito parecido com seu paciente. Se Giane era o único artista da família, Vanderson era o único médico da sua, também vinda do interior. Ambos tinham decidido ainda crianças ganhar o mundo – e ambos tinham ganhado.

Agora iam formar uma dupla sertaneja. Segundo a Primeira Lei de Vanderson para os curados, Giane teria que dançar um número musical cantado pelo hematologista.

Em homenagem à "pega" da medula, o médico escolhera a música "Ai, se eu te pego", de Michel Teló, com a respectiva coreografia pseudoerótica. Por essa prova o paciente não esperava. Desconversou, enrolou, e acabou dizendo que não conhecia a nova dança, porque andara muito ocupado nos últimos meses.

Vanderson viu que a situação estava complicada (de complicação ele entendia) e resolveu salvar Giane mais uma vez: cantou e rebolou ele mesmo a "Delícia, delícia, assim você me mata..." para delírio da plateia.

Para o médico, essa era a hora em que o campo de batalha virava salão de festas. E aí ele não continha sua euforia ao circular pelo hospital. De tão eufórico, ao passar para visitar outro paciente acabou entrando no quarto errado. Desculpou-se e já ia fechando a porta, quando viu que o homem deitado na cama era o ex-presidente Lula.

Cumprimentou-o e apresentou-se por educação, já que naturalmente o reconhecera. Quando ia se retirando, Lula, que se tratava de um tumor na laringe, lhe fez um pedido. Explicando que sua mulher, Marisa, era fã de Reynaldo Gianecchini, perguntou se Vanderson poderia organizar uma visita do casal ao quarto do ator.

O médico aceitou a missão, e Giane autorizou o encontro. Na tarde de 25 de janeiro, o ex-presidente e a ex-primeira-dama apareceram em seu quarto. Lula tinha só mais um pedido: perguntou se uma terceira pessoa poderia entrar com eles. Um fotógrafo.

O novo pedido foi aceito. Estava garantida a cobertura jornalística do último dia de Gianecchini no hospital. A chance de dar um passo sem ser notícia estava adiada para outras vidas.

No Teatro FAAP lotado, a peça se iniciou, mas logo foi interrompida. Ao surgir em cena o guerreiro Reynaldo Gianecchini, cabeça raspada, corpo sarado e expressão cruel, o público não conseguiu ficar nas cadeiras. Numa manifestação rara, que talvez só os maiores mitos do palco tivessem merecido, a plateia toda se levantou e paralisou o espetáculo, aplaudindo o ator por cinco minutos.

Giane segurou firme a emoção, estático. Depois prosseguiu com a peça e fez sua melhor apresentação desde a primeira estreia de *Cruel*. Ele voltara maior do que era.

Ao final, já despido do personagem, foi até a beira do palco e chorou seus oito meses de guerra. Diante dele, além dos colegas de profissão, amigos e família, estavam os convidados especiais da sessão: Yana Novis, Vanderson Rocha e a equipe do Sírio-Libanês. Giane dedicou a eles o seu renascimento artístico.

No camarim, Claudia Raia veria mais um capítulo da originalidade do parceiro. Ele tinha que ser cumprimentado a distância, por causa da imunidade ainda abaixo dos níveis seguros. A estreia acontecia menos de dois meses depois da "pega" da medula. Era um recém-nascido travesso.

Em janeiro, Claudia também tivera que passar pelo estorvo de ser entrevistada sobre a morte de Gianecchini. Mas na manhã do dia 21, receberia dele, de viva voz, a notícia real que dizimava todas as outras:

– Claudinha, você é a primeira pessoa pra quem eu tô ligando: vencemos.

As duas metades do cérebro dela entraram em êxtase e mal registraram a outra notícia, louca, de que ele planejava praticamente sair do hospital para os ensaios de *Cruel*.

Já Célia Forte fora ao Nirvana com a notícia.

– Tô voltando, palhaça!

O tratamento "carinhoso" que Giane costumava dedicar à produtora tinha sua razão de ser. Diante da impressionante determinação do amigo para retornar ao trabalho em tempo recorde, Célia não perdeu a deixa:

– Claro que você tá cheio de disposição. Ficou oito meses sem fazer nada!

Só a intimidade permitiria deboche tão cruel – no tom da peça. E tinha mais: depois da estreia, vendo que Giane voltara para o personagem com a crueldade ainda mais aguçada, Célia cutucou sua longa temporada como paciente:

– Tá cansado de ser bonzinho, né?

Não era o bonzinho, não era a vítima, não era o herói. Com o Brasil inteiro o celebrando, nem o chapéu de celebridade ele vestia. Em entrevista a Ana Maria Braga (que também vencera o câncer), revelou o prazer de se sentir, mais do que nunca, um mortal. Numa homenagem do apresentador Fausto Silva, promovendo seu reencontro com os brasileiros através de depoimentos de todos os cantos do país, Giane reinou como um plebeu. Seu show de gratidão ao vivo só um homem comum poderia dar.

A maior testemunha disso foi trazida por Faustão em videoteipe. Ana Vitória, 11 anos, paciente de câncer do Dr. Vanderson há mais tempo que Giane, contou ao Brasil que ofereceu seu autógrafo ao ator no hospital – porque ali ela sabia mais do que ele. O depoimento intimista de Vivi era o flagrante definitivo da simplicidade de Gianecchini.

O ídolo sobrevivente desfilava na TV com o seu coração grande. Nele cabiam conquistas recentes, como Vivi, e amores eternos, como Gabi. No programa da ex-mulher, no GNT, a entrevista terminou com um beijo na boca – que virou imediatamente um hit na internet. Ninguém resistia a um final feliz. Ainda mais um que não acabava nunca.

Com Mariana Ximenes, a celebração da vida iria além do banho de cachoeira. O casal de *Passione* estava novamente convocado por Sílvio de Abreu, para estrelar o remake de *Guerra dos sexos*. Dessa vez, sem tapa na cara.

A locomotiva estava de volta. Além da peça e da novela – onde ele dispensaria o dublê e usaria sua própria força nas cenas radicais –, Giane estava avaliando a proposta para publicação de um livro, que contaria a sua história. Mandou a minuta do contrato de direitos de imagem para Érico Magalhães, diretor de planejamento da TV Globo, pedindo sua orientação.

Na batalha contra o câncer, Érico se tornara um grande parceiro. Através dele, a emissora dera ao ator todo o suporte para encarar a travessia, inclusive no aspecto financeiro. O que o diretor recomendasse, ele seguiria de olhos fechados.

Ao ler a minuta devolvida por Érico, porém, esbarrou num ponto. Foi então conversar com sua empresária e comentou que um artigo do contrato não estava fazendo sentido para ele. Era o que fazia referência a direitos para cinema. De acordo com os termos propostos, se o livro desse origem a um filme, este deveria ser lançado pela Globo Filmes.

– Imagina, Márcia! Eu nem sei se a minha história dá um livro. Direitos pra filme?! Isso não faz o menor sentido...

A empresária ponderou que, em questões contratuais, era melhor ser excessivo do que omisso. Até porque as coisas às vezes tinham desdobramentos futuros difíceis de prever. Giane repensou:

– É, até que faz sentido. Eu vou morrer um dia, e o livro fica, né?

Márcia concordou que os livros permanecem. Sobre a perspectiva de que ele ia morrer um dia, ela não disse nada. Mas tinha sérias dúvidas.

# Índice

Este livro é dedicado a João, Maria, Gilda e Narciza.

E a João Batista, eternamente.

INFORMAÇÕES SOBRE OS PRÓXIMOS LANÇAMENTOS

Para saber mais sobre os títulos e autores
da EDITORA SEXTANTE,
visite o site www.sextante.com.br
ou siga @sextante no Twitter.
Além de informações sobre os próximos lançamentos,
você terá acesso a conteúdos exclusivos e poderá participar
de promoções e sorteios.

Se quiser receber informações por e-mail,
basta cadastrar-se diretamente no nosso site.

Para enviar seus comentários sobre este livro,
escreva para atendimento@esextante.com.br
ou mande uma mensagem para @sextante no Twitter.

EDITORA SEXTANTE
Rua Voluntários da Pátria, 45 / 1.404 – Botafogo
Rio de Janeiro – RJ – 22270-000 – Brasil
Telefone: (21) 2538-4100 – Fax: (21) 2286-9244
E-mail: atendimento@esextante.com.br